역사언어학의 원리와 방법

역사언어학의 원리와 방법

PRINCIPLES AND METHODS FOR HISTORICAL LINGUISTICS

Jeffors and Lehiste 지음 / 최 기 호 옮김

한국학술정보[주]

옮긴이의 말

『역사언어학의 원리와 방법』을 펴내며

한국어는 어디에서 왔으며 어떻게 형성 되었을까? 한국어의 계통적 위치는 어떠한가? 이러한 문제는 우리 학계가 풀어야 할 당면한 중요한 과제의 하나이다.

흔히 한국어를 '우랄알타이어족' 이라든지 '알타이어족'에 속한다고 한다. 이것은 서양 학자들이 가설(Hypothesis)로 제시한 것이고 아직 증명(Proof)되기도 전에 확정(Estublishment)된 정설처럼 일부학자들이 받아 들여서 중-고등학교 교과서에까지 써넣고 있기 때문에 오는 혼란이라고 생각한다.

이처럼 한국 역사언어학의 연구 상황은 거의 황무지에 가까운 형편이다. 이제 젊은 학자들이 많이 나와서 한국어의 계통과 형성 및 국어변천사를 정확하게 밝혀 주길 기대하는 바이다.

필자가 대학과 대학원에서 강의하던 원서로서 Jeffors&Lehiste의 "Principles and Methodes for Historical Linguistics"가 있었다. 미국 오하이오주립대학 언어학과에서 저자들이 여러 차례 강의한 것을 책으로 펴낸 것인데 기초적인 개념 정리나 예문이 좋아서 역사언어학을 공부하고자 하는 사람이나 전공자들에게 아주 유익한 책이었다.

그래서 역사언어학에 관심이 있는 상명여대, 연세대, 건국대 대학원생들과 교수 몇 명이 중심이 되어 공동연구를 하고 한 달에 한 번씩 윤독회를 가진 일이 있었다. 구현정, 김두루한, 김송룡, 김슬옹, 김영아, 안주호, 이영숙, 이정택, 임소영, 임용기, 최

기호 등이 윤독회 연구회원이었다.

이 때 제대로 번역하여 발표한 이도 있었지만 대부분 요약한 것이 많아서 몇 해 동안 미뤄오던 것을 이번에 다시 원문과 대조 번역하고 술어를 통일하여 한국어로 번역하고 출간하게 되었다.

특히 김슬옹 선생의 도움으로 색인 작업을 마치고 출판하게 되니 우선 기쁜 일이고 이것이 역사언어학 연구에 조그만 디딤돌이라도 되었으면 하는 마음 간절하다. 역사언어학의 원리와 방법을 공부하기 위하여 번역한 것이기에 더러 오역이 있을 것으로 생각되나 여러분의 질정을 기대하면서 세상에 내놓는다.

최 기 호 적음

머 리 말

이 책은 오하이오 주립대학교 언어학과에서 해마다 강의되었던 한 역사언어학 개론 과정의 강의 노트를 모아온 것이다. 이 과정은 원래 Ldliste에 의하여 계획되어져 1968-69년의 겨울학기에 그에 의하여 처음 강의되었다 이 과정은 처음 개설된 이래로 Lehiste가 5차례, Jeffors가 4차례 강의를 맡았다.

이 책 안에 짜여져 있는 대부분의 내용이 아래와 같은 형태로 학생들에게 이용되어 왔다. 곧 우리는 강의에 대한 그들의 반응에 도움을 받아왔고 여기서 제시한 설명을 준비하면서 그들의 질문에 대한 답을 하려고 노력해왔다. 실제로 모든 장들은 우리 둘이 돌아가며 썼다. 한 사람에 의해 쓰여진 장들은 상대방이 다시 썼고 이런 과정을 몇 번 거친 후 책이 만들어졌다.

우리들의 개인적 스타일을 잘 아는 독자는 아마도 마지막 수정을 한 사람을 찾아낼 수 있을 것이다. 기본적으로 이 책은 우리들의 긴밀한 협동에 의해서 이루어졌다. 따라서 이 책의 장점과 단점 역시 두 지은이의 공동 책임이 된다 하겠다.

이 책의 역사는 그 형식의 몇 가지 양상에서 설명되어진다. 이 과정은 일반 언어학에서 최소한의 한 개론 과정임을 전제로 한다. 왜냐하면 이 책은 우리 강의를 위하여 역사언어학에 관한 기본적인 정보를 제공하는 교과서로서의 성격을 띠고 있지, 일반 언어학 소개를 시도하지는 않았기 때문이다.

만약 이전에 언어학을 공부하지 않은 독자로서 이 책에서 최대한의 이득을 보려한다면 간단한 일반 언어학 교재를 읽어 두는 편이 좋겠다. 그렇지만 우리가 일반언어학 개론 강의에서 소개되어야 할 기본 용어들을 용어 해석에 싣고 정의해 놓았기 때문에 이전에 언어학을 형식적인 강의로 공부하지 않았던 내용이라도 이해는 가능할 것이다.

오하이오주립대에서는 일년에 4학기로 운영된다. 이중에 시험 기간과 휴일을 빼면 매 학기마다는 10주씩 된다. 이 책은 10과로 구성되었으며 50학과 시간을 위한 충분한 내용이 포함되어 있다. 주석은 각 장의 마지막에 제공되어 있다. 이러한 목록들은 교사가 그때그때의 선택한 주제를 위해 그와 관련된 영역의 확장제시에 이용될 수 있다.

그러면 더욱 알찬 수업이 될 것이다. 실제 수업에서는 연습과 더불어 보충강의와 과제가 항상 주어졌었다. 이 책에서 몇몇 연습문제는 싣고는 있으나 연습문제가 인쇄화 된 이래로, '분류된 부록'은 싣지 않았다. 교사는 강의에서 준비되어질 것과 비슷한 수준의 언어학적 지식은 연습문제에서 찾아낼 수 있다.

이 책이 교재로서 반영된 다른 특징은 이것이 상대적인 중립성을 지키고 있다는 점이다. 어떤 특정의 언어학계의 사상을 옹호하지 않았고, 더구나 서로 다르게 취급되는 같은 역사적 사실을 서로 다른 관점에서 보는 언어학 주장에는 공정성을 유지하려 했다. 또한 다른 관점에서의 평가는 제공하기로 하되 어떠한 편중은 피하려 노력하였다.

결론적으로 우리의 강의와 평가를 즐겁게 받아들였던 학생들에게 감사한다. 또한 우리에게 도움을 준 Marlene Deetx Payha의 유능함과 인내심과 훌륭한 유모를 지니고 준비에서 출판까지 힘써준 데 대하여 감사한다.

Jeffors and Lehiste

차 례

PRINCIPLES AND METHODS FOR
HISTORICAL LINGUISTICS

Jeffors and Lehiste

1장 음성변화

말소리에 영향을 끼치는 변화의 본질과 유형에 대한 탐구는 언어변화 연구에서 가장 잘 발달된 분야이다. 가장 폭넓은 뜻으로 볼 때, 소리변화(sound change)라는 용어는, 음운론적 과정(phonological processes)의 조작으로 나오는 분절음과 초분절음적(suprasegmental) 자질의 음성 유형의 변화를 의미해 왔다.

특정한 형태소나 낱말들의 음성 구성은 한 언어의 문법유형에서 변화를 이룬다. 소리변화(sound change)는 일반적으로 특별한 음성 조건 아래서 특정한 소리나 소리계열의 발생에 영향을 주는 음변화 만을 뜻한다. 소리변화라는 용어를 어떤 역사적 맥락에서 볼 때, 한편으로는 음성작용(phonetic process)에 관련되는 것이며 한편으로는 음성대응(phonetic correspondences)에 관련되는 것으로서 구별해 사용하는 것이 중요하다.

음성작용에 의해 우리는 약간의 조음적 어려움을 나타내는 소리나 연속된 소리들을 그런 어려움이 적은 다른 소리나 연속된 소리들로 바꿀 수 있다. 음성대응은 언어역사에서 한 시점의 소리와 그 언어역사에 뒤따르는 시점에서, 그것의 직접적 흔적인 소리 사이에 존재하는 것으로 말할 수 있다. 음성대응은 한 분절음에 연속적으로 영향을 끼쳐 온 여러 음성작용의 결과를 때때로 반영한다.

음성작용은 공시적(synchronic)현상이지만, 그것은 때때로 통시적(diachronic) 결과를 포함한다. 비음이 아닌 모음이 비자음과 잇달아나는 환경에서 비음으로 되는 현상은 세계 모든 언어에서 예측가능하고 또한 규칙적으로 발생한다. 그러한 현상이 나타나지 않던 한 언어에서 그러한 현상에 대한 설명이 음변화를 나타낸다.

우리가 기술문법에서 생산적 과정으로서 이러한 생동적인 현상을 유형화시킬 때, 우리는 V→Ṽ/__N에서와 같은 빗금을 사용한다. 역사적으로 그런 똑같은 과정의 정형적 규칙화에서 우리는 V〉Ṽ/__N에서 같이 수학 기호인 부등호와 비슷한 화살대가 없는 화살머리(〉)를 사용한다.

그렇지만 x〉y유형에 대한 앞선 진술은, 한 언어에서 단일한 새로운 과정 도입에서 나온 음변화에 제한되지 않는다. x〉y라는 표현은 음변화라는 용어 그 자체와 같이 일반적으로 어떤 음성대응에 관련되곤 한다.

예를 들면, 그리스말의 역사에서 다음의 음변화가 발생한다 : s〉Ø/V __V. 울림소리 사이의 S는 우선 h로 되고(s〉h/V__V), 그리고 나서 h는 그 위치에서 탈락된다(h〉Ø/V__V)는 것을 보여주는 중요한 증거의 실체가 있다. 다른 말로 말하면, s〉h〉Ø/V__V는 s〉Ø/V__V라는 진술과 혼동될 수 있다. s〉Ø/V__V라는 음변화는 그리스말에서는 적어도 두 개의 혁신적인 음성작용이 도입된 결과다.

그것의 각자는 음변화를 나타낸다. s〉Ø/V__V라는 진술은 음성대응을 표현한 것이지 음성작용을 기술한 것은 아니다. 비슷한 보기로 현대 그리스말의 모음 i의 일정한 표지는 그리스말의 아주 초기 단계에 발생한 u 모음으로부터 유래된 것이다(우리는 잠시 그것을 초기 단계의 초기 그리스말(PreGreek)이라 부르기로 한다).

그래서 그리스말의 역사에서 u〉i라는 음변화가 발생한다. 그렇

지만 초기 그리스말의 u는 적어도 두 개의 음변화 작용의 결과로
서 i가 된다. 고대 그리스말에서 u는 첫 번째로 [y]가 된다. 그것
은 '전설모음화(fronting)'라고 불리는 과정이다. 소리변화 u〉i(직
접적인 음성대응)는 좀 더 u〉y〉i라는 진술에 의해 다듬어진다.
거기서 u에 영향을 끼치는 그 과정은 그것이 i로 발달함에 따라
동일하게 된다.

　물론 음변화 연구에서 가장 재미있고 중요한 측면은 그것의
설명이다. 이러한 문제는 6장에서 폭넓게 고찰할 것이다. 이 장
의 나머지 부분에서 우리는 음변화의 여러 유형과 그러한 변화
가 쓰여진 문학에서 용어를 다루게 될 것이다. 소리변화의 전통
적 기술분류학(taxonomies)에 의해 제시된 일정한 문제들은 또한
더 크게 조명될 것이다.

소리변화들의 분류

　소리변화 유형을 구분하기 위한 가장 큰 분류는 일정한 변화
발생영역에 관련된다. 무문맥(contexxt free)과 문맥의존(contexxt
sensit-ive) 사이의 근본적인 구별은 공시적인 기술 언어학도들에
게 잘 알려져 있다. 통시적인 역사언어학에서 무조건적(uncon-
ditioned)이나 조건적(conditioned) 소리변화 용어는 각각 무문맥
과 문맥의존이라는 용어보다 더 잘 알려져 있다.

　무조건적 소리변화는 모든 환경에서 소리의 음성 가치에 일관
성 있게 영향을 끼치는 것으로 기술된다. 무조건적 소리변화는
때때로 자동적(spontaneous)이라 불린다. 조건적 소리변화는 일
정하고 안정되게 일반적인 음성 환경에서 소리의 음성 가치에
영향을 끼친다. 그러한 조건 요인들은 매우 다양하다.

소리는 앞서거나 뒤따르는 다른 소리들의 영향을 받을 수도 있고, 강세(stress)와 같은 운소적(suprasegemental) 요인, 음성학적으로 까다로운 소리 이음을 내거나 들을 때의 상대적인 어려움, 그리고 그 밖의 다른 요인 따위들에 영향을 받기도 한다.

조건적 소리변화는 다음과 같이 네 가지 범주로 갈래지어진다. 동화(assimilation), 이화(dissimilation), 분절음의 재배열(reorderining of segmens), 삽입(insertion)과 생략(deletion)이 그것들이다. 이러한 것만이 조건적 소리변화의 분류에 가능한 것은 아니다. 그러한 한계를 지운 범주에는 얼마간 겹치는 부분이 있다. 그럼에도 이런 분류는 현상 분석 목적을 위해 많은 도움이 된다.

동 화

동화(assimillation)는 결합적(syntagmatic) 또는 선조적(linear) 관계를 갖는 두 소리가 서로 더 비슷해지려는 상황을 나타낸다. 음운론적 자질과 관련하여 음운론자들은 (이야기 분절)음(speech segments)이라고 한다. 동화에서, 울림소리와 같은 일정한 자질 또는 자질군에 대한 분절음의 표지(＋ 또는 －)는 변화되는데 그것은 자질 또는 그것의 경계에 있는 일정한 분절음에서 복잡한 자질을 처리하기 위한 상술에 걸맞게 하기 위한 것이다.

일정한 자질 또는 복잡한 자질은 동화에 의해 영향 받는다. 역사적 동화의 보기는 언어의 역사 문법의 집합이다. 자음은 다른 자음이나 모음에 닮게 되는 경우가 있다. 자음에 동화되는 경우로 라틴말 factum 을 생각해 보자. 그것은 이탈리아말에서 fatto가 되었다(다양한 로망스말(Romance)-프랑스말, 스페인말, 포르트칼말, 이탈리아말, 루마니아말 등-은 대부분 고정된 형태인 고전 라틴말에서 유래되었다).

[t]에 대한 [k]의 동화 현상을 주목해 보자. 이탈리아 초기 시대에는 모든 파열음과 비음들이 이런 방법으로 동화되었다: 예를 들면 라틴말 septem 'seven', sommum 'sleep'는 이탈리아말에서 sette, sonno가 된다. 자음은 이웃한 모음을 닮는다. 예를 들어 구개음화(Palatalization), 순음화(Labialization)는 보통의 역사 과정이다.

church(OE circe), chide(OE ciden), cheek(OE ceace)와 같은 영어 낱말에서 앞의 구개 파찰음(palatas affricates)은(고대 영어에서는 C로 쓰였음) k로부터 발전된다. 그것은 다음 입천장 모음의 환경에서 구개음화를 수행하였다.

파열음(Stops)은 보통 모음과 같은 다른 지속음(continuants)이 있는 곳에서 지속음이 된다. 힌디말(Hindi)의 초기 시대에서는 울림소리 사이의 파열음은 과도음이 되었다. 고대 인도말인 산스그리트말 형태인 gata-'gone'와 현대 힌디말에서 그것의 잔영인 gayaa를 고려해 보라. 비슷한 보기로 고대 그리스말의 유성 파열음(voiced stops)은 현대 그리스말에서 마찰음으로서 발달된다. 고대 그리스말 αδελΦoϑ [ádelpʰos]와 현대 그리스말 αδελΦoϑ[aðelfos]에서의 δ의 발음을 비교해 보라.

동화에는 완전동화(complete assimilation)와 부분동화(partial assimilation)가 있다. 완전동화의 결과는 한 쌍의 동일 분절음이다. 이탈리아말의 자음동화가 완전동화의 보기다. 아마도 대부분이겠지만 많은 완전동화는 일정한 언어의 순행 발전 과정에서 이루어진 일련의 분리 과정 결과라는 것이 주목되어야 한다.

예를 들면 Itsonno의 경우, 그것의 형태가 라틴말 somnum에서 온 swepnom 형태에서 유래된 것으로 알려져 있다. 그것은 그 자체가 It sonno의 어원이다. sonno 의 중세 음군은 그것의 초기 시대에 적어도 두 개의 동화 과정을 겪어 왔다: 하나는 부분동화인데 양순파열음 [p]가 양순비음 [m]이 되는데 그것은 [비음]자질과 관련된 잇따른 [n]에 호응하기 위함이다.

그리고 두 번째 동화는 조음점을 위한 것이다. 부분동화의 결과로서 음변화를 수행하는 소리와 조건 짓는 소리가 아주 많은 자질들에 대해 같은 특징을 나누게 된다. 완전 또는 부분동화라는 용어는 일반적으로 연속되는 자음에 대해 끼치는 변화와 관련되곤 한다.

우리가 이제까지 고려해 온 많은 동화의 보기에서, 조건이 되는 분절은 그것이 변화시키는 소리에 뒤따른다. 이탈리아말의 자음동화와 지금까지 기술한 영어의 여린입천장의 구개음화 등이 그러한 보기가 된다. 이와 같은 변화는 한 소리가 다음에 오는 분절음에 어느 정도 따르기 위해 참가한 일정한 형태를 통하여 변화되는 것으로 역행동화(regressive assimilation)라 부른다.

다른 상황에서는 조건이 되는 요소가 동화된 소리에 앞선다. 초기 feito(〈 factum)에서 온 fecho와 같은 스페인말에서 ch[č]에 t를 앞에 놓은 것이 그 보기다. 순행동화(progressive assimilation)라는 용어는 그런 변화를 기술한다. 슬라브말들은 순행동화의 비슷한 보기를 보여 준다.

모든 슬라브말에서 일어나는 변화 때문에, 우리는 파찰음(affricates) c [ts]와 ʒ[ʤ]가 본래적인 것이 아니라 역사적으로 연구개파열음 k와 g에서 온 것임을 확신할 수 있게 된다. 그런 변화가 일어나는 상황은 특정하게 앞에서 나는 전설 모음의 환경에서이다.

이른바 슬라브말의 순행 구개음화는 다음과 같이 공식화 된다: k, g 〉c, (d)z/{i, ĭ, ě}__. 예를 들어 고대 교회 슬라브말(Old Church Slavic: OCS) ovĭca 'sleep'〈 *ovika를, 산스크리트말인 avikā 'sleep'과 비교해 보라: 고대 교회 슬라브말 stĭ(d)za 'path'

〈 stiga를 그리스말 stokhos 'line'와 비교해 보라: 고대 교회 슬라브말 kŭně(d)zǐ, kŭnězǐ 'king', prince〈 *kuningaz를 고대 상류 독일말 kuning 'king'과 비교해 보라. c와 (d)z의 역행동화, 이른바 슬라브말의 두 번째 역행 구개음화의 결과로 발달된 것이라는 것을 주목하는 것은 재미있다. 슬라브말에서 k와 g는, 역사적으로 이중모음(i와 ě[æ]〈 ei 와 oi, ai, 각각)에서 유래된 앞모음이 따라날 때, c와 [d]z으로 된다.

이상에서 살펴 본 모든 동화의 보기에서 조건이 되는 분절음은 변화되는 소리에 바로 인접해 있다. 그러나 늘 그렇게 되는 것은 아니다. 그리고 우리는 계속 인접동화(adjacent assimilation)와 간격동화(distant assimilation)를 구별한다. 예를 들면 때때로 모음들은 인접 음절에서 대응되는 음질(quality)의 모음 상황에서 앞에 놓이거나 뒤에 놓이거나, 상충되거나 하강 된다.

조건 짓는 모음이 음질의 변화를 후행하는 모음을 따를 때 독일 용어인 우믈라우트(umlaut)는 일반적으로 그러한 변화를 기술하곤 한다. 만약 조건짓는 모음이 연속체(sequence)에서 첫 번째일 경우, 모음조화(harmony)라는 용어가 사용될 것이다. 아일랜드말 (Irish)에서 고모음에 대한 모음조화의 보기는 3장에서 폭넓게 논의될 것이다.

이　화

이화는 한 소리가 그것의 경계 부분에서 다른 소리와 달라지는 것을 나타낸다. 모든 소리들의 연속체가 쉽게 이화되는 것은 아니다. 유음(Liquids), 비음, 그리고 기음(aspirated), 기식음(murmured), 성문 폐쇄음(glottalized stops)과 같이 성문에서 복잡한 재조정이 필요한 분절음들은 특별히 쉽게 이화되는 경향이 있다. 유음의 이화는 특히 세계의 언어에서 일반적이다.

영어는 많은 라틴말이 영어로 유입되었다는 증거를 갖고 있다. 예를 들어 라틴말 peregrinus와 purqur를 영어 pilgrim과 purple를 비교해 보라. 또한 프랑스말 flairer 'to smell'를 초기의 라틴말에서 fragrare 'to smell'와 비교해 보라. 이탈리아 도시 이름인 Bologna는 비음의 연속으로 인한 이화의 보기를 제공한다. 그 장소 이름의 초기 형태는 Bononia 이다.

아마도 역사적 이화의 가장 잘 알려진 보기는 고대 그리스말과 그라스만의 법칙(Grassman's Law)으로 알려진 산스크리트말에서의 현상을 들 수 있다. 그리스말에서 유기 파열음은, 다른 유기음이 다음 음절에 나타날 경우 예사 무성 파열음이 된다. 산스크리트말에서도 비슷하게 유성 유기(기식음;murmured) 파열음은 뒤따르는 유성(기식음) 파열음 상황에서 예사 유성 파열음이 된다.

이러한 발달의 결과는 특별히 중첩된(reduplicated) 동사의 형태에서 두드러진다. 'Iplace'의 뜻인 그리스말 tithēmi, 산스크리트말 dadhāmi를 'I gave'뜻인 그리스말 didōmi, 산스크리트말 dadhāmi와 비교해 보라.

분절음의 재배열

분절음의 순서는 특별한 어휘 항목이나 명시적(한정된) 분절음의 연속체를 보여 주는 일정한 형태에서 때때로 뒤바뀌는 경우가 있다. 음위전환(자리바꿈, metathesis)이라는 용어는 차례의 바뀜이 이웃 분절음에 영향을 끼치는 상황을 나타낸다. 그런 바뀜 현상에 관련된 스푸너 현상(spoonerism)은 관련된 분절음이 다른 음절 또는 더 일반적인 다른 낱말에 나타날 때이다.

그 보기는 "Sew her shadylip to her sheet"로 레버런드 웰리암 에이 스푸너(Reverend William A, Spooner)가 내세운 것인데 그는 "Show her ladyshop to her seat"라고 말하길 원했다고 한다. 스푸너 현상은 일반적으로 드문드문 일어나며 단지 한 번의 생산의 실수를 반영한다. 그 현상은 오랜 기간의 영향을 갖는 경우는 적으며 언어변화(linguistic change) 연구에서 최소한의 관심이 있을 뿐이다. 한편 음위전환은 산발적이거나 규칙적이고 때때로 언어변화의 결과를 낳는다.

음위전환은 언어적이고 일시적인 의미에서 뜨문뜨문 일어날 수 있다. 어떠한 음위전환은 하나 또는 몇 개의 낱말에서, 때때로 특정개인의 말에서도 일정한 연속체에 영향을 끼친다. 대부분의 영어 말할이들은 때때로 [æks] 'ask'에 대해 [æks]와 같은 형태를 듣거나 내본 적이 있다.

그렇지만 그런 변화는 드문 헛말(laps)에 제한되지 않는다. 그것들은 언어변화가 될 수 있고 때때로 그런 결과가 되기도 한다. 일부 고대 그리스의 방언은 규칙적으로 음위전환 ps 〉 sp/#-__을 보여준다. 아티마말(Attic)에서 Psyche는 방언 Spyche와 상응한다.

역사적 음위전환은 반드시 특별한 낱말 또는 소규모의 낱말류에 제한되지 않는다. 아르메니아말(Armenian; Arm)은 완전히 규칙적인 음위전환을 하는 두드러진 보기이다. 그것은 일정한 위치에서 자음(C) 더하기 유음(L) 유형으로 된 모든 음군에 영향을 끼친다.

예를 들면, 아르메니아말 surb 'bhght' 초기 형태 subhro-에서부터 유래된 것이라고 알려져 있다. 연관된 산스크리트 형태 subhra 'bhght'와 비교해 보라. 아르메니아말의 음위전환은 그것들이 말머리 위치에서 나타날지라도 CL 음군에 영향을 끼친다.

산스크리트말 (SKT)bhrātar와 아르메니아말 etbayr 'brother'를 비교해 보라. r은 때때로 아르메니아말에서 t로 된다. 그리고 말머리 또는 어두 모음은 흐름소리로 시작하는 낱말에서 규칙적으로 발달한다.

대부분의 경우 음위전환은 연속체의 흐름소리와 모음 또는 자음뿐만 아니라 연속체의 분절음의 특정한 유형-즉 치찰음(sibilant)과 폐쇄음을 포함하는 음군-에 제한된다. LV에 대한 VL의 규칙적인 음위전환은 슬라브말에서 나타난다(예를 들면, 초기 슬라브말*gordu 〉 OCS gradŭ 'town'). 음위전환은 의심할 여지없이 이러한 슬라브 음변화의 경우에, 하나의 기술 장치로서 적절하게 사용된다.

그것은 한 언어 역사의 두 단계에서 일련의 형식의 유형 사이에서 이뤄지는 형식적인 관계를 나타낸다. 그것은 음성대응을 나타낸다. 그렇지만 이 장에서 논의된 많은 유형의 음변화가 그러하듯이 모든 역사적 음위전환은 반드시 음위전환의 음운론적 과정의 작용을 반영하지는 않는다. 슬라브말 발전의 경우는 아마도 그러한 핵심적인 보기가 된다.

많은 음운론자들은 VL 〉 LV 또는 LV 〉 VL 형태의 역사적 음위전환이 다음과 같이 특징지워지는 변화의 연속체의 마지막 결과를 반영한다: ...CVLC... 〉 ...CLC... 〉 ...CLVC...(L은 음절적 유음을 반영한다): 그 반대 과정은 ....CLVC...와 같은 본래의 연속체에 영향을 끼친다.

[wɛstərn∼wɛstrn∼wɛstrən]로 되는 westem와 같이 영어 낱말의 변화 발음은 슬라브말에서 주목되는 유형의 역사적 음위전환을 설명하는 바로 똑같은 과정의 작용을 분명히 예증한다.

고대 그리스말은 음위전환으로 불리어왔던 역사적 대응의 또 다른 보기를 보여 준다. 그러나 그것은 아마도 좀 더 복잡한 변화의 연속체를 보여 주는 것이다. 동사 bainō 'I go'와 명사

moira 'fate'는 초기 그리스말에서인 gu̯m̩yō 〉bamyō 〉banyō와 morya에서 각각 유래한다.

  이러한 낱말들은 비음들 또는 유음들에 과도음이 더하여진 것이 음위전환 되는 변화를 예증한다. 그렇지만 자리바꿈에는 아주 큰 제한이 있다. 전위(spift)는 단지 음군을 앞서는 모음이 높지 않을 때와 앞에 오지 않을 때 즉, a나 o일 때만 발생한다. 다음 일련의 과정은 분명한 음위전환을 설명하는 것으로 제시되어 왔다.

(1.1)

  gu̯m̩yō 〉bamyō 〉banyō 〉bańyō 〉baińyō 〉baińō 〉bainō

  이러한 일련의 발달이 비성절음(nonsyllabic) i의 환경에서 유음 또는 비음이 구개음화됨을 나타내는 것에 주목하라(banyō 〉bańyō). 그리고 구개 모음과 잇따르는 구개음화(palatalization)한 자음 사이의 이른바 변이 과도음의 연속 도입도 주목하라(bańyo 〉bańyō).

  이것은 전자음 위치에서 과도음의 도입에 제한이 됨을 설명해 준다. 왜냐하면 a와 d는 최소한의 구개모음이고 주요 조음 변이는 필요하기 때문이다. 더욱이 우리는 고대 그리스말에서 많은 다른 발달을 알게 되는데 거기에는, 잇따르는 비성절음 i의 환경에서 자음의 폭 넓은 구개음화가 있다. 그리고 비성절음 i의 연속 소실과 구개음화의 손실이 있다.

  비록 음위전환이라는 용어가 초기 형태의 banyō와 GK 형태 bainō 사이의 관계를 유용하게 기술해 준다고 여겨지지만 그것은 그 용어가 관련되는 음성대응을 불러일으키는 실제 발달(이 경우는 일련의 발전이다)을 기술해 주지는 않는다는 것을 주목하여야 한다.

역사적 언어 문학에 사용되듯이, 음위전환이라는 용어가 완전한 분절음에 영향을 끼치는 변화 기술에만 제한되지 않는다는 것이 강조되어야 한다. 예를 들면 고대 그리스의 아티스 방언은 그것의 초기 시대 중에서 양적 음위전환(quantitative matatheses)에 의해 영향 받아 왔다고 말해진다. V̄V̆형의 연속체는 V̆V̄로 바꿔진다.

고대그리스말의 장모음으로 끝나는 어간(줄기, stems)으로 된 속격(genitive case)을 고려해 보라. 규칙적인 속격 어미(씨끝, ending)는 -OS이다(podos; nom. pods 'foot'에서와 같이). 그렇지만 basileus 'king'와 같은 낱말들은 어미가 장모음인 속격을 갖는다. basilēōs 는 초기의 basilēos 로부터 유래되었다(고대의 속격 basileos를 비교해 보라. 그것은 호머(Homer)에 나온다. 그것은 양적 음위전환을 나타내지는 않는다).

공명음(resonance)의 음위전환도 또한 발생한다. 그런 현상은 독일말인 고트말(Gothic)에 영향을 끼쳤다. sunus 'son'라는 낱말의 복수는 sunjus이다. 우리는 sunjus가 *sunewes(*sunewes > Goth. sun-iws > sunjus)라는 형태에서 유래되었음을 알고 있다. 그곳은 j가 8비성절음 i를 나타낸다) 독일말에서 한 낱말의 마지막 음절, 모음이 손실되고 e를 i로 상승시킨 뒤에는 VR 연속체(R = 공명음)가 고트말에서의 대응되는 RV 연속체에 의해 대체된다.

비슷한 연속체로 된 낱말들은 같은 방법으로 변화된다. 이러한 형태의 변화에 대한 원인은 다양하고 복잡하다. 우리는 그것들이 때때로 음절 구조에 영향을 끼치는 강세의 전이에 관련되리라고 예측한다.

분절음의 삽입과 생략

우리는 분절음의 음성 가치가 한 언어의 발달 과정에서 아주 다양한 방법으로. 변화될 수 있다는 것을 보아 왔다. 분절음이 특별한 조건 아래에서 없어진다는 것 또한 보통이다. 그리고 얼마간의 보기에서는 특별한 분절음이 완전히 한 언어 소리 체계에서 제거되기도 한다.

더욱이 분절음은 그것들이 이전에 존재 하지 않았던 상황으로 도입된다. 그런 침투된 분절음은 그 언어에서 발생한 소리일는지 모른다. 그렇지 않다면 그것들은 완전히 소리 체계에 새로운 것이다. 여러 기술 용어들은 소리의 역사적 도입 또는 생략을 분류하곤 한다.

모음 소실(loss)은 보통 혁신적인 강세 조직(보통 강세 조직)의 발달과 관련된다. 전모음의 소실은 두 음절 생략(aphesis 또는 aphaersis)이라 불린다. 방언 영어로 opossum에서 온 possum이 한 보기다. 어말모음소멸(Apocope)은 낱말 끝 모음의 소실이다. 영어나 프랑스말의 이른바 e 묵음은 더 이상 발음되지 않는 어말모음으로 철자된 많은 낱말들에서, 어말모음의 초기 존재에서 보증 되는 예스러운 말투(orthographic archism)를 나타낸다.

영어 낱말 tale 은 초기중세 영어에서 [ta:lə]로서 마지막이 ə로 발음되었다. 어중음소실(Syncope)은 한 낱말 안에서 모음이 소실되는 것에 관련된다. 예를 들면, 고대 영어 munecas 'monks'는 중세 영어에서는 munkes~monks가 된다(현대 영어 단수 monk는 4장에서 논의된 어중음이 손실된(syncopated) 복수 형태에 기초를 두고 제시되어진다.

모음은 때때로 자음 사이에서 덧나는데 그것은 조음적으로 어려운 자음군을 발달시켜 온 형태의 발음을 유화시키기 위함이다. 어중음첨가(epenthesis)는 그런 현상을 위해 가장 일반적인 용어이다. 말 가운데 어중모음삽입(anaptyxis) 또는 어중음첨가(svarabhatti) 도(그리스말과 산스크리트말 각각) 마찬가지로 보통 모음의 어중음첨가와 관련되곤 한다.

그것의 음질은 그것들의 음성 환경인 분절음의 바탕에서 예견될 수 있다. 초기 faclis dhk poclum으로부터 온 라틴말 facilis 'easy' 와 poculum 'gobles'는 뒤따르는 모음의 음질에 의존하는 모음의 어중음첨가를 보여준다. 어두 모음의 발달은 어두음 첨가(prothesis)라 불린다. 아르메니아의 자음 더하기 유음의 역사적 음위전환의 초기 논의에서 어두 유음 앞의 어두음첨가 모음(prothetic vowel)은 etbayr 'brother'에서와 같이 주목된다.

스페인말에서는 s 더하기 파열음군의 환경에서 어두음삽입이 나타난다. escuela 'school'를 라틴말 schola에서 주목되는 초기 형태와 비교해 보라. 어말음첨가(paragoge)라는 용어는 일반적으로 어말모음의 발달을 위해 사용된다.

그러나 이것은 아마도 특별한 음성바뀜 변화이고 단지 조음적으로 어려운 어말 음군의 발달 결과로서 가능하게 일어나는 것이다. 대부분의 어말 모음은 언어접촉의 결과이며 자음에서 낱말어미가 모든 어말음이 모음으로 끝나는 토박이말 말할이에 의해 차용될 때 발달된다. 다음 열람표는 모음의 첨가와 소실을 위한 주된 용어를 나타낸다.

(1.2)

	어두(Initial)	어중(Medial)	어말(Final)
첨가 (Addition)	어두음첨가 (prothesis)	어중모음삽입 (anaptyxis) 어중음첨가 (epenthesis) 어중음첨가 (svarabhakti)	어말음첨가 (paragoge)
소실 (Loss)	어두음절생략 (aphaeresis) 어두모음소실 (aphesis)	어중음소실 (syncope)	어말모음소멸 (apocope)

중복되거나 또는 거의 중복된 음절을 포함한 한 연속체에서 모든 음절의 소실을 어중유사음생략(haplology)이라 부른다. 이러한 과정으로 라틴말의 초기 말인 nūtritrīx에서 nūtrīx, 그리고 stīpipendum에서 stīpendium로 바뀌었다. 비슷한 보기로 영어에서 interpretative는 interpretive로 되었고, phonemicization는 phonemization로 변했다.

자음이 덧보태지는 가능한 방법 중에서, 가장 자주 보여지는 것은 비음이 더하여진 자음군에서 쓸데없는(excrescent) 파열음(plosives)의 발달이다. 이러한 파열음은 보통 이웃소리와 더불어 조음 자질점을 공유한다. 그리고 그것들의 발달은 비음 통로가 닫히는 곳에서 포함된 조음 동작이 이루어질 때의 변화에 따라 설명될 수 있다.

그런 과정에 의해서 고대 스페인말 vendé 'come'은 라틴말 venire와 같은 형태에서부터 가운데 소리 i의 어중음생략(syncopa-tion)과 더불어 발달했다. 스페인말에서는 쓸데없는 자음 같은 것이, 아라비아말(Arabic)의 alhamra에서 온 Alhambra와 같은 아랍으로부터 빌린 말에서조차 발달한다.

쓸데없는 자음은 보통 비음을 포함하지 않는 음군에서 덜 발달한다. 예를 들면, 통속(Vulgar) 라틴말 essere는 고대 프랑스말 estre(두 번째 음절의 어중음소실(syncope) 다음)으로 발달했다. 그것으로부터 현대 프랑스말 etre가 발달했다.

자음 소실에 대한 특별한 용어는 존재하지 않는다. 자음은 다양한 상황에서 대부분 복잡한 자음군에서 소실이 일어난다. 중세 영어 answerie 'answer'와 gospel를 초기의 andswerin 와 godspelle를 비교해 보라. 자음은 또한 울림소리 사이에서 없어진다. 울림소리 사이의 자음 소실은 때때로 일련의 과정의 궁극적인 결과이다. 대부분의 자음 소실의 경우에, h나 과도음으로 된 가운데 단계는 유지되거나 재구(reconstructed)될 수 있다.

한 자음 소실은 앞선 모음의 음량(quantitiy)의 증가와 관련되어 있는 것이 보통이다. 그런 발달은 보상장음화(compensatary lengthening)라 부른다. 그리고 일반적으로 한 음절의 질적 통합을 유지시키는 데 도움을 준다. 현대 영어 낱말 night의 철자는 초기 낱말의 어말 자음군을 지향한다. 고대 영어에서는 night 가 [nixt]로 발음된다. 그 자음 x의 소실과 관련하여 우리는 i에 대한 ī의 모음 긴소리되기를 주목한다. 그러므로 고대 영어에서 현대 영어까지 낱말 night의 발달에서 첫 번째 단계는 보상 긴소리되기의 보기다. 즉 nixt 〉 nīt 〉 nait로 변화한 것이다.

보상장음화는 때때로 일련의 음성작용(phonetic processes)으로부터 야기되는 것으로 보여질 수 있는 음성대응(phonetic correspondence)과 관련 된다. 산스크리트말 nīdā '보금자리'(nest)와 같은 말을 고려해 봐라. 그 말의 근원은 ni'아래로(down)＋sd(형0 태론적 이형태는 sad) '앉다'(sit)의 합성어로 알려져 있다.

nisd-로부터 *nīd*에 이르는 말 어근(root)의 발달은 (1) 규칙적인 소리 동화, *nisd-*〉*nizd*; (2) i-후의 z의 규칙적인 반전음(retronexion), *nizd-*〉*niẓd-*; (3) 반전 치찰음 후의 치폐쇄음(dental stops)의 규칙적인 반전음(retroflexion), *niẓd-*〉*niẓḍ-*; (4) z〉y의 규칙적인 변화, *niẓḍ-*〉*niɟḍ* 그리고 (5) 구개 모음과 구개 활음의 규칙적인 수축, *niɟḍ*〉*niḍ-*. 요약하면, *nisd-*〉*niẓd-*〉*niẓḍ*〉*niɟḍ*〉*niḍ*와 같이 된다.

음성변화의 영역

일정한 언어에서 음성작용(phonetic process)이나 일련의 과정의 영역은 때때로 그 낱말보다 더 크다. 한 낱말에서 다른 낱말로의 변화 상황에서 한 소리의 소실, 도입 또는 변화의 연성(sandhi)이라고 부른다. 그런 과정은 특별히 조건 된 요소가 없어졌을 때, 때때로 널리 미치는 역사적 효과를 갖는다.

아일랜드말(Irish)의 초기 시대에 어말 분절음은, 명사와 동사와 같은 통사구에서 잇따르는 낱말들의 어두 분절음의 소리변화를 조건지운다. 대부분의 마지막 음절은 연속적으로 없어지고, 어두 자음의 변화(mutation)에서 그 조건을 불분명하게 한다. 고대 아일랜드말의 한 결과로서 차음과 끝의 낱말들에 영향을 끼치는 것처럼 보인다. 아일랜드말에서 연성의 역사적 효과에 대한 좀 더 명확한 토론이 3장에서 논의될 것이다.

무조건적 소리변화의 분류

무조건적 소리변화의 분류는 조건적 소리변화의 분류보다 훨씬 덜 발달 되었다. 왜냐하면 일반적으로 무문맥(context-free)과정은 문맥의존 과정(context-sensitive)보다 덜 잘 이해되지 못하기 때문이다.

모음의 조음에서 혀 위치와 입술 둥글기의 변화를 위한 용어는 분명하다. 중설모음화(centralization), 고모음화(raising)와 저모음화(lowering), 전설모음화(fronting)와 후설모음화(backing), 원순모음화(rounding), 자음은 그것들의 영역, 곧 방법과 조음점에서 무조건적 변화에 의해 비슷하게 영향을 받는다.

자주, 무조건적 소리변화는 한 언어에서 소리의 모든 분류에 영향을 끼친다. 그런 발달은 소리추이(sound shift)라 부른다. 영어는 훨씬 널리 미치는 두 개의 소리변화 반사형(reflex)을 나타내고 있다. 이른바 첫 번째의 독일말 자음 옮김 그리고 영향을 끼치는 긴모음, 이른바 영어의 모음 옮김이다.

첫 번째 독일말의 자음전이의 결과로서 무성파열음이 마찰음으로 되고, 유성 파열음이 무성, 그리고 유기 파열음이 된다고 널리 가정된다. 곧 p, t, k > f, θ, x, b, d, g > p, t, k; b^h, d^h, g^h > b, d, g. 영어의 모음 전이는 장모음의 일반적인 상승과 고모음인 i와 u의 이중모음화(diphthongization)를 일으킨다.

다음 그림표를 고려해 보라.

(1.3)

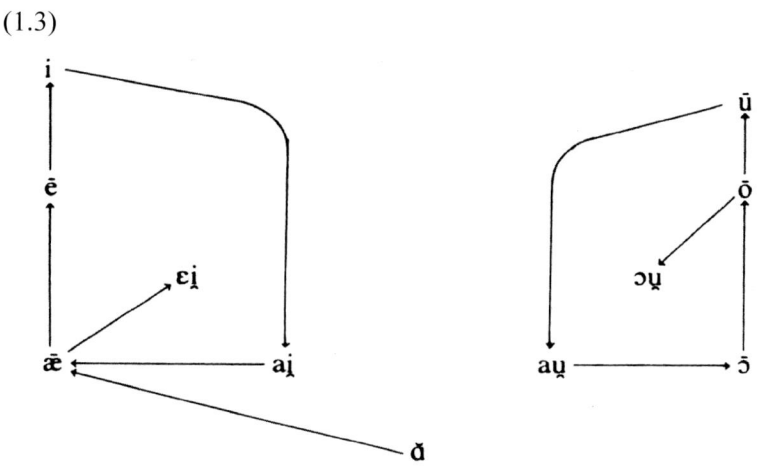

운율 자질의 변화

음운론적 변화가 분절음의 소리 체계에 영향을 끼칠 뿐만 아니라, 한 언어의 운율 체계(prosodic system)는 변화의 다양한 형태에 작용한다. 그것은 차례로 분절 체계에 영향을 끼친다. 세 음절 자질음량, 음향(bne), 그리고 강세- 각각은 그 변화에 포함될지 모른다. 언어는 본래의 음량 대조(quantity opposition)를 잃거나 새로운 것을 발달시킨다.

언어는 분별적인 음향을 잃거나 얻는다. 앞에서는 자유롭고 분별적인 강세가 고정적이 될 수 있고 경계 신호의 가치를 얻을 수 있다. 강세전이 유형이 그러한 얻어지는 언어적 기능을 발달시킬지 모른다. 모든 이러한 운율 바뀜은 분절적 변화와 접촉하게 된다. 또는 분절 체계의 변화에서 오거나 초분절(suprasegniental)의 변화 결과로서 분절 체계의 변화를 생산하거나 한다.

다음 보기는 얼마간의 가능성을 보여준다. 라틴말이 한 번에 모음에서 음량대조를 소유한다는 것은 잘 알려져 있다; populus 'people'와 pōpuous 'poplar'와 같은 낱말은 최소 변별쌍을 구성한다. 다양한 로망스말로의 발달로 조어(parent language)가 원래의 음양(q-uantity) 대조를 잃었다. 음질이 구별되는 더 많은 모음을 포함하고 있는 체계에 의해 대치되었다. 다섯 모음의 기본 체계로 시작한다.

그것은 길거나 짧을 수 있다; ī, i; ē, e; ā, a; ō, o; 그리고 중간 단계(때때로 통속 라틴말로 참고되는)에서, 길이 대조가 없어진다. 긴소리 ī와 ū는 [i]와 [u]으로서 계속되고, 짧은 i 는 [e]으로서 ē 장모음으로 병합되고 짧은 u 는 [o]으로서 긴 ō로 병합된다. 짧은 e는 음성인 [ɛ]가 되고 짧은 o는 [ɔ]으로 발달된다. ā와 a사이의 긴소리의 차이는 사라지는 데 그것은 긴 대조가 없는 일곱 모음 체계로 남는다.

(1.4)

Vowel	Latin	Italian	
ĭ	cĭnere	cẹnere	'ashes'
ē	cēra	cẹra	'wax'
ĕ	dĕcem	dici	'ten'
ŭ	crŭce	crọce	'cross'
ō	corōna	corọna	'crown'
ŏ	bŏnu	buono	'good'

Italian e=[e]. e=[ɛ].Ọ= [o].O = [ɔ].).

개개의 로망언어들은 더 많은 발달을 이루어 왔다. 예를 들어 이탈리아말은 개방 음절에서 짧은 e와 o를 그대로 가지고 있는 라틴말의 단어에 대해 이중모음을 보여준다.

개방음절에서 이탈리아말의 강세 모음은 비강세 모음보다 음성으로 더 길다. 단모음으로부터의 이중모음의 발달이 양적 대조의 소실은 장모음의 지속의 감소를 통하여서보다 단모음의 장음화에 의해 발달되어 왔다는 것을 주목하라.

라틴말에서 모음 길이는 강세에 독립적이다. 이탈리아말에서 강세는 모음의 길이를 조건지운다. 그리고 모음의 길이는 강세의 단서로서 된다. 하나의 초분절 자질(음량)에서 변화는 음운론적 체계의 여러 다른 측면의 재건을 불러 일으킨다.

참고 문헌

Bloomfield, L., (1933). Language, Holt, Rinehart and Winston, New York, chapters 20 and 21.

Sapir, E., (1921). Language, Harcourt, Brace and World, New York, chapter 8.

2장 비교 재구

   비교 방법은 두 가지 가정에 바탕을 두고 있다. 첫째는 동계가설(relatledness hypothesis)이고, 둘째는 규칙가설(regulatity hyopthesis)이라 불리운다. 동계가설은 서로 친근성이 있는 것으로 보이는 여러 언어에서 단어들 사이의 유사성을 설명하려는 것으로, 비교되는 언어들은 하나의 공통조어(common ancestor language 또는 protolanguage)에서 이어져 내려온 것으로 가정된다.

   규칙가설은 소리변화는 규칙적이라는 전제 아래 그 조어 재구를 가능케 하는 것으로, 주어진 언어의 각 소리는 만약 변화가 있다면 같은 환경에서 항상 비슷하게 변화한다고 가정하는 것이다. 비교 방법은 음성대응(sound correspondences)을 찾아내어 그 공통조어를 재구하기 위하여, 공통 조어에서 분화되었다고 생각되는 언어들에서 비슷한 의미를 가진 단어들을 조사하는 것이다.

음성대응 설정

   이는 어떤 형태소의 특정한 위치를 차지하는 음운들을 조사하는 방법이다. 예를 들면, 동계어(cognates)로 보이는 단어들에서 그 첫째 자음들은 서로 비교되어진다. 동계어란 하나의 또는 같은 조어로부터 내려온 단어들을 말한다. 동계어는 일반적으로 형태와 의미면에서 유사성을 갖는다. 비슷한 위치에 있는 모든 음성들이 조사되고 음성대응이 이루어지고 나면, 조어로서 그 단어의 모습을 재구하게 된다.

한 예로서, 서로 친근성이 있다고 생각되는 세 언어 "산스크리트말", "고대 그리스말", "고대 교회 슬라브말"에서 "cloud"뜻을 가진 단어들을 비교함으로써 "cloud"라는 뜻의 인구조어 단어를 재구해 보자.

산스크리트말: (skt.) nábhas, 고대 그리스어: (GK) néphos, 고대 교회 슬라브말: (OCS) nebo, 인구어 (Indo-Eutopea: IE)란 유럽과 서아시아에서 옛날과 현대에 말해지고 있는 큰 어족을 규정하기 위해 사용하는 술어로, 영어도 이 어족(language family)에 속한다. 인구어들이 파생되어 나온 조어는 일반적으로 "인구조어"(Proto-Indo-European)라고 한다.

이들 세 언어의 단어들에서는 형태의 유사성과 의미의 일치성이 발견된다. 따라서 이 단어들은 동족어휘라는 가설을 세울 수 있다. 이들 세 단어에 있는 일련의 대응(set of correspondences)이 표 2.1에 나타나 있다. "cloud"를 뜻하는 대응들은 이들 세 언어의 다른 형태소에서도 많이 보이고 있다.

(2.1)

산스크리트말	고전 그리스말	고대 교회 슬라브말
n	n	n
a	e	e
bh	ph	b
a	o	o
s	s	

이와 같은 대응을 바탕으로 재구된 형태를 통해서 딸언어

(daughter language)에 있는 모든 음운이 그 재구형으로부터 음운의 변화에 의해 변화되었다고 할 수 있는 것이다. 딸언어란 그 이전의 어떤 언어를 이어 받은 것으로(어떤 언어의 역사적 후손으로)서로 친족관계에 있는 각각의 언어들을 말한다.

일군의 딸언어들 사이에 있는 동족어 관계는 자매어(sister language)란 말로 규정된다. 이 경우 첫째 자음으로 n을 재구하기란 아주 쉽다. 왜냐하면 세 언어 모두 같은 반사형(reflex)을 갖고 있기 때문이다. 반사형이란 말은, 여기서는 어떤 형태소의 특정한 위치를 차지하는 소리를 말하는데, 이 소리는 그 이전의 어떤 시기에 같은 형태소의 그 위치에 나타났던 소리를 이어 받은 것이다.

첫 음절 모음의 재구는 덜 명확하다. 산스크리트말의 a가 고대 그리스말, 고대 교회 슬라브말의 e에 대응된다. 두 딸언어가 하나의 딸언어에 맞서고 있다. 이때는 한 언어가 개신(inno-vated)을 했고 두 언어는 원래의 형을 가지고 있는 것으로 볼 수 있다. 게다가 음성적 근거에서 볼 때, 이런 상황에서는 e에서 a로의 변천이 설명에 더 용이하다.

중자음 재구에서 세 언어는 각기 서로 다른 반사형을 보여 주고 있다. 그렇지만 세 자음 모두 양순 파열음이다. 산스크리트말과 고대교회 슬라브말은 유성 자질을 갖고 있고, 반면에 산스크리트말과 고대 그리스말은 유기 자질을 갖고 있다. 산스크리트말의 분절음이 그 자매어들과 공통되는 자질을 하나씩 갖고 있기 때문에 일반적으로 bh를 선택한 것은 특별히 관심거리가 된다. 이 부호는 비록 널리 쓰이고 있기는 하지만, 재구형의 실제 음성은 인구어 전문가들 사이에서 논란거리가 되고 있다.

이 부호는 관찰된 대응을 보여 주는 단순한 공식이다. 재구형 뒤에 남아 있는 음성 실체는 때때로 설정하기가 어렵다. 명심해야 할 것은, 재구형은 대응을 부호로 나타낸 것이지 재구된 단어의 음성 모습을 보여 주는 마지막 단계는 아니라는 것이다. 재구된 분절소는 조어 음운 조직의 구조적 실체라는 것이다.

이 단어의 첫 모음의 경우처럼 둘째 음절 모음에서도 고대 그리스말과 고대 교회 슬라브말은 그 반사형이 일치하나 산스크리트말은 그렇지 못하다. 비슷한 이유에서, 그 조어(parent language)로 o를 재구한다.

그러나 다시 한 번 강조하지만, 재구된 모음의 정확한 음성은 이것보다는 오히려 산스크리트말의 개조된 음운 체계와 더 관계가 깊다. 그 조어에 서로 다른 두 모음이 있었음에 반하여 산스크리트말에는 그에 대한 하나의 모음이 있었을 뿐이었다. 각각의 선택은 산스크리트말은 고체를 반영한 것으로, 고대 그리스말과 고대 교회 슬라브말은 혁신한 것으로 가정된다.

그런데 규칙가설이 옳다면, 조어의 분절소가 딸언어에서 하나 이상의 반사형을 보일 때 각각의 반사형이 발전 되어 온 음성 환경을 설정할 수 있을 것으로 예상된다. 그러나 어떤 그럴듯한 음성 환경이 자료에는 나타나 있지 않다.

어말 자음에 있어, 산스크리트말과 고대 그리스말은 s를 갖고 있으나 고대 교회 슬라브말은 어말 자음을 갖고 있지 않다. 이런 경우에는 어말 자음이 있는 단어로 재구를 하고, 고대 교회 슬라브말의 경우는 s가 최소한 어말의 위치에서 탈락한다고 하는 것이 좋다.

"cloud"라는 뜻의 공통 인구어의 재구형은 * nebhos 로 나타난다. 별표(*)는 실제 언어나 기록에 있는 언어라기보다는 증명하기 어려운 어떤 사실이나 재구된 단어를 나타낼 때 사용된다.

그리하여 언어학자들이 설정할 수 있는 각각의 대응에 하나의 분절소가 (최소한 일시적이나마) 조어에 그 자리를 잡을 것으로 기대된다. 그런데 두 대응이 비교되고 있는 환경에서 나타난다

면, 조어에 하나의 음절을 세우기 위해, 그들 중 하나만이 정당
화된다. 다음의 보기는 언어학자들이 조어 음운체계를 재구할 때
따르는 절차를 보여 준다.

(2.2)

	산스크리트말	고트말	
1.	t(ásti)	t(ist)	'is'
2.	t(pitár)	d(fadar)	'father'
3.	t(bhr å tar)	b(bropar)	'brother'
4.	d(déhí)	d(digan)	'wall', 'knead'
5.	d(véda)	t(wait)	'know'
6.	dh(mádhyas)	d(midjis)	'middle'

　여기서는 조어 음운체계의 분절소 재구 방법을 쉽게 설명하려
는데 목적이 있으므로 산스크리트말과 고트말의 관계 자료에서
보이는 세부적인 설명은 피하기로 한다. 그럼에도 불구하고 2.2
는 인도말과 게르만말 반사형(reflexs)을 기초로 하여 공통 인구
어 치음을 재구하는 데 있어 꽤 정확하게 묘사를 하고 있다. 여
기서는, 각 대응에 있어 한 쌍의 동계어가 주어지지만 이들 한
쌍의 동계어들은 두 언어의 어휘 항목을 통해서 규칙적으로 나
타나는 대응을 대표하는 것으로 이해될 수 있다.

　이에 조사자는 각각의 대응을 대표하는 것으로 조어에서의 여
섯 개의 분절음(segments)을 만들 것이다. 그런 후에는 모순이
생기지 않도록 이런 대응이 나타나는 음성 환경을 고려해야만
한다.

　대응 2는 오직 유성 환경에만 나타나고 산스크리트말에서는
강세가 그 앞에 나타나지 않는다. 반대로 대응3은 대응2가 나타

나지 않는 모든 환경에 나타난다. 따라서 대응-2와 3에 하나의 분절음 */t/를 세우게 된다. 대응-5는 실제로 모든 환경에서 나타나고 거의 확실하게 조어의 한 분절소를 반영하므로 */d/로 한다 (산스크리트말의 d가 유성 동화 규칙(voice assimllation)에 의해 유성화 된 것은 몇 가지 예외적인 현상으로 본다).

대응-4는 산스크리트말에서 다음 음절이 유기음일 경우에만 나타나고, 대응-6은 대응-4가 나타나지 않는 곳에 나타난다고 할 수 있다. 이리하여 */dh/를 대응-4와 6의 조어형으로 세울 수 있다. 대응-1은 대응-2나 대응-3과는 달리 s뒤에서만 나타난다고 말하는 것으로도 충분하다. 그리고 대응-1은 대응-2와 대응-3과 대립하므로 대응 1은 */t/의 반사형 중의 한가지로 다시 재구될 수 있다.

간단하나마 이와 같은 역사적 비교방법으로 알 수 있는 것은, 산스크리트말이나 고트말의 치음들이 그 조어 음운체계를 세우는데는 단지 세 분절소를 재구하면 된다는 것이다. 게다가 하나의 분절소가 다른 음성 환경에서는 다른 변화를 겪을 수 있다는 사실이 고트말에서는(반사형3) 공통 인구어 *t의 발전으로, 산스크리트말에서는(반사형2) 공통 인구어 *dh의 발전으로 명확하게 보여지고 있다.

재구에 대한 심화 연습을 위해 다음의 동계어 집합 (2.3)을 생각해 보자. 이 동족 어휘들은 "핀-우그릭말"(Finno-Ugric) 어족에 속하는 세 개의 "발토-피닉말"(Balto-hnnic) 자료를 바탕으로 하고 있다. 공통-발토-피닉말을 재구함에 있어 두 개의 자음은 장음을 가리키고, 리보니아말(Livonian)에서 모음의 길이는 " : "라는 부호를 사용하여 표시하고 있다. a 는 저-전설-비원순 모음이고, u는 고-전설-원순 모음이다. r는 음절을 이루지 않은 i이다. 리보니아말의 l'나 r'는 구개음화된 l과 r이다, 에스토니아말(Estonian)의 g와 d는 무성 연음이고, 리보니아말의 g와 d는 유성음이다.

(2.3)

	리보니아말	핀란드말	에스토니아말	
1.	säv	savi	savi	'clay'
2.	tämm	tammi	tamm	'oak'
3.	säpp	sappi	sapp	'bile'
4.	lüm	lumi	lumi	'snow'
5.	o:da	hauta	haud	'grave'
6.	umal	humala	huaml	'hops'
7.	ja:lga	jaka	jalg	'foot'
8.	ne:l'a	neljä	neli	'four'
9.	ä:rga	härkä	hrg	'ox'
10.	o:r'a	harja	hari	'brush'

동계어 집합 1에서는 첫째 모음의 자질과 마지막 모음 i가 본래적인가 아닌가를 걱정해야 한다. 그 동계어의 다른 자질들은 일치하고 있다. 리보니아말 sav의 전설 모음은 간격동화(움라우트)의 결과로 설명되어질 수 있다. 비전설 모음이었던 것이 다음 음절에 전설모음이 뒤따를 경우 움라우트에 의하여 전설 모음으로 된 것으로 설명된다. 물론 이것은 음변화를 보여 주는 것이다. 그렇다면 마지막 모음 i는 본래적인 것이 되고, 재구된 단어는 *savi가 된다. 한편 한 단어의 마지막 모음이 자발적으로 생겨나는 경우는 거의 없다. 따라서 대응 Ø: i : i /__#의 설명을 위해서는 리보니아말에서의 마지막 모음 i가 탈락된 것으로 보게 된다. 2와 3과 4에서 이와 같은 대응이 보여지고 있다. 더욱이 2, 3, 4 형태는 리보니아말의 프랑스말 현상에 대한 가설을 밑받침해 주고 있다.

2에 대해서 *tammi를 재구한다면, 리보니아말형은 위에 설정된 음운변화로 설명되어질 수 있다. 그러나 에스토니아말의 단어 마지막 모음 *i의 탈락은 또 다른 설명 방법이 요구된다. 몇몇 개의 에스토니아말형은 핀란드말과 그리고 가끔은 리보니아말에서 보이는 마지막 모음을 갖고 있지 않다. 에스토니말에서는 1과 4를 제외한 모든 형태에서, 핀란드말이 마지막 모음을 갖고 있는 자리에 마지막 모음을 갖고 있지 않다. 핀란드말에서 1과 4는 유일하게 CVC__ 뒤에 마지막 모음이 나타난다는 점에서 다른 형태들과 구별된다. 다른 형태에서는 마지막 모음이 긴 자음(2, 3)이나, 자음군(7, 8, 9, 10) 두음절(6) 또는 선행 음절이 단음절이 아닌 모음(이중모음 5) 뒤에 나타나고 있다. 에스토니아말에 시험적으로 다음과 같은 음변화를 제시할 수 있겠다.

(2.4)

$$V \rangle \emptyset \; / \; \begin{bmatrix} CC \\ \tilde{V}C \\ CVCV \end{bmatrix} \text{—} \; \#$$

3에 *sappi를, 4에는 *lumi를 재구하게 되면, 그 설명을 위해 새로운 음변화를 보일 필요가 없게 된다.

5의 형태에서 핀란드말과 에스토니아말은 무성-연-중간 자음을 가진다는 점에서 일치하고 있으나 (비록 에스토니아말의 철자는 d로 나타나 있지만) 리보니아말 형태는 유성 자음으로 나 타나 있다. 비슷한 대응이 7에 있는 연구개 장음에서 관찰되는 바, 리보니아말의 음변화, 즉 무성 장애음이(최소한 t와 k) 유성 분절음 사이에서 유성화하는 것을 암시하여 주고 있다. 위 자료는 유성 환경(모음, 유음, 반모음)에서 그 사이에 있는 음이 유성화하는 것을 증명해 준다. 따라서 리보니아말의 음변화는 다음처럼 규정되어진다:

t, k 〉d, g/S__ S(S는 유성환경). 5와 10에서 리보니아말의 o는 au 가 단모음화(monophthongization) 과정을 거친 결과로 여겨진다. 그 au는 핀란드말과 에스토니아말에서는 변화하지 않은 채로 남아 있다. 또 6의 설명을 위해서는 (리보니아말의 프랑스말) 공통-발토 -피닉말의 a가 리보니아말의 두 음절 이상의 단어에서는 마지막 위치에서 탈락된다고 보아야 한다.

7에서 리보니아말은 장모음을 나타내는데, 다른 두 언어는 그렇 지 않다. 같은 현상이 8과 9와 10에 나타나, 일반 대응 Ṽ : V : V 를 보여준다. 이러한 대응의 경우 문제의 모음은 항상 유음 앞에 나타나고 있다. 리보니아말의 음변화, 즉 V 〉Ṽ/__ L(L은 유음)는 타당한 것으로 보인다. 그러므로 7은 *jalka로 재구된다.

8과 9에서는 대응집합 a:ä: Ø /__#을 보게 된다. 에스토니아말에 서 마지막 모음이 탈락되는 경우는 이미 설명되었지만, 리보니아 말과 핀란드말의 자질이 다른 이유는 다시 설명되어야 한다. 세 언 어 모두 첫 음절에 전설 모음을 갖고 있음에 유의하자.(e와 ä). 핀 란드말에서는 모음 자질이 순행동화(progressive assimilation) 즉 a 〉ä/V(front)__가 연상된다. 리보니아말의 역행동화(regressive assimilation)(프랑스말)과 비교해 볼 수 있다.

에스토니아말 nedi 는 마지막 모음이 탈락으로 r가 소리를 내 게 된 것으로 보인다. 즉 j 〉i /C__#. 에스토니아말 hari(10)은 같은 과정을 보여 준다. 리보니아말의 8과 10은 유음이 구개음 화되어 나타나는 것이 특징이다. 핀란드말에서 음절을 이루지 않 는 반모음 j는 공통-발토-피닉말 형태에서 분명히 재구될 것이다. j는 에스토니아말에서는 음절을 이루는 것으로 발전했고, 리보니 아말에서는 유음이 구개음화한 후에 탈락한 것으로 설명된다. 1, r 〉l' r'/__j; j 〉Ø / L'__. 마지막으로, 10에 있는 첫 음절의 모음 이 a라는 것이 분명하다. 우리가 이미 리보니아말의 V 〉Ṽ/__L

과 같은 음변화를 제시해왔다. 그것은 o; 〈 r' a에서의 길이를 설명해 준다. 그리고 실제의역사적 설명이 훨씬 더 복잡할지라도, 여기서 제시된 자료에 기초하여 우리는 임의적으로 열린 음절에서의 o〈a가 발전했다는 것을 시사할 수 있다.

재구된 공통-발토-피닉말의 형태는 다음과 같다. *save, *tammi *sappi, *1umi, *hauta, *hamala, *jalka, *nelja, *harka, *harja. 그리고 각 언어에 영향을 미친 음변화는 아래와 같다.

(2.5)
리보니아말(Livonian)

1. V(nonfront) 〉 V(front)/___Ci
2. i 〉 Ø /___#
3. C(unvoiced) 〉 C(voiced)/sonorant__sonorant
4. h 〉 Ø
5. au 〉 o
6. a 〉 Ø/ CVCVC__
7. r, l 〉 r', l'/__j
8. j 〉 Ø/r', l'/__V
9, V 〉 V/__ r l
10. a: 〉 o; /-CV

핀란드말(Finnish)

a 〉 ä /V(front)C__

에스토니아말(Estonian)

1. $V > \emptyset$ / $\begin{bmatrix} CC \\ CVCVC \\ VC \end{bmatrix}$ #

2. $j > i$ / C__#

　한편, 리보니아말에서 시기적으로 1은 반드시 2를 앞서며, 7은 반드시 8을 앞선다는 사실에, 그리고 에스토니말에서 음변화 1은 분명히 시기적으로 2보다 앞선다는 것에 유의하여야 한다.

　지금까지 우리는 조어 음운 체계를 만들기 위해서 재구해 온 분절음의 음성 특징에 대해서는 거의 주의를 기울이지 않았다. 그러나 음성의 정확성은 음운론의 발전 결과로 더욱 가능하게 되고 있다. 음성의 세부 사항이 재구를 통해서 보다 더 정확히 설명될 수 있음을 보여주기 위해 공통-인구어 자음 체계를 재구한 지점으로 돌아가 보자. 2.2 에서 공통-인구어 장애음에 대한 부분적 연구가 시도되었었다. 무성음(t), 유성음(d), 유성 유기음(dh)을 포함한 일련의 치-장애음들이 제시되었다. 이것들은 공통-인구어를 위해서 재구된 것들과 대응된다. 순음, 연구개음, 경구개음의 여러 연속체들이 전통적으로 재구되어 그 결과 아래의 공통-인구어 장애음에 대한 하위 체계가 나타난다.

(2.6)

Voiceless	Voiced	Aspirates
p	? b	bh
t	d	dh
p	g	gh
ku	gu̯	guh

  19세기 이래로 대부분의 인도 –유럽어 학자들은 2.6에 나타
난 체계를 당연한 것으로 받아들였었다. 그러나 1970년대의 발
달된 음운보편성(phonological universals) 이론에 힘입어 세밀하
게 구별을 한 결과 전통 체계에 나타난 음성 특질들이 심각하게
문제시 되게 되었다. 전통적 재구에는 여러 가지 충격적인 문제
점들이 있다. 주요 문제점은 다음과 같은 사실에서 나온다.(1)
유성 대립을 갖고 있는 언어에서 무성-유기음을 갖고 있지 않으
면서 유성-유기음을 갖고 있는 경우는 어떤 언어에도 없다. 만
약, 한쪽에만 유기 자질이 나타나는 경우라면 그때는 일반적으로
무기음이 나타난다. (2) 유성-양순음 b를 재구할 타당한 근거가
없다(2.6에 ?를 보라. 그렇게 틈이 생기는 것은 세계 언어에서
일반 적인 것이 아니다). (3) 인구어(Indo-Eu개pean)에서 어근이
"유성 파열음＋ 모음＋유성 파열음"의 형태를 취하는 예는 전혀
없다. 예를 들어 deg는 불가능한 형태소이다. 형태소 구조에 대
한 이러한 어색함은 전적으로 일어나지 않았으리라 여겨진다. 이
외에도 다른 문제점들이 많지만 우리의 목적을 위해서는 이 세
가지로도 충분하다.
  이런 문제점들이 지적되자 몇몇 학자들은 공통-인구어 파열음
의 음운 기술에 수정을 할 것을 요구했다. 그런 수정의 대부분
의 경우에서(예를 들면 1973년 Hopper) 전통적인 유성 파열음은
성문 파열음으로 재분석되고 있다. 성문 파열음을 가진 언어에서
는 일반적으로 순음(p')이 결핍되어 있다. 게다가 "성문 파열음
＋모음＋성문파열음"이 아주 드물게나마 나타난다. 따라서 deg
가 t'ek'로 재해석된다면 deg라는 형태가 어색하다는 것이 전혀
문제가 되지 않는다. 마지막으로 유성-유기-파열음 때때로 중얼
거리는 파열음이라고도 불리운다. 음운적으로 유성 대립을 갖고
있지 않은 경우에는 별로 문제시되지 않는다. 왜냐하면 비전통적

인 음성 분석에서 유성 유기음은 중얼거림으로 알려진 음성자질
(phonetic feature)로 규정되기 때문이다, 파열음의 이 세 종류는
성문음과 중얼거림(＝유성 유기음)의 자질로 구별된다. 2.6에 있
는 파열음들과 아래의 예를 비교하여 보라.

(2.7)

Voiceless	Glottalized	Murmured	(＝Voiced Aspirate)
p	p'	b	(bh)
t	t'	d	(dh)
k	k'	g	(gh)
kṷ	kṷ'	gṷ	(gṷh)

   2.7에 나타난 재구는 인구어 학자들 사이에 논란의 여지를 남
기고 있다. 그럼에도 어쨌든 이것은 음성 체계 재구에 보다 정
밀성을 가하려는 현대인들의 시도를 보여 주고 있다.

계통수설

   이미 언급되었듯이 비교 방법은 비교되는 언어들 사이에 친근 관
계가 있다고 가정한다. 이런 친근 관계의 본질을 규정하기 위하여
August Schleicher는 1871년 계통수설(the family tree hypothesis)을
소개했다. 계통수설은 그 시대의 관심사였던 진화론을 반영한 것
으로, 다른 종이 발전하는 것에 대한 가설을, 한 조어에서 딸언어
로 발전하는 데에 적응한 것이다. 계통수설은, 그 이전의 시기에는
꽤 동질적이었던 것들이 변화가 일어나는 동안 계속적으로 분화한
다는 것. 그리고 더욱 심하게 분화한다는 것을 전제로 한다. 그런

연속적인 사건들이 규칙적으로 일어나면서 어족(language families)은 증식하는 것이다. 조어가 둘 또는 그 이상의 딸언어로 분화한 후에는, 딸언어의 말할이들은 언어적으로 그리고 가끔은 심리적으로 그들의 독자적인 길을 가는 것으로 보여진다. 그 이상의 어떤 언어접촉이 딸언어의 말할이들에게는 일어나지 않는다. 예로써 우랄어족(Uralic family)의 일부가 그림 2.1에 나와 있고, 인구어족에 대한 제한된 설명이 그림 2.2에 나타나 있다.

어족의 역사를 재구할 때, 한 언어가 둘 또는 그 이상의 언어로 분화한 것을 설명하기 위해서는 설명 방법을 갖는 것이 중요하다. 일반적으로 언어의 분화는 음운 재구의 개념에서 이루어진다. 한 언어의 음성 체계는 낡은 대조가 상실되고 새로운 것이 소개되어지는 방법으로 음운 대조 체계가 바뀔 때, 또는 단순히 그 체계의 요소들이 밝혀질 때에 재구성된다. 만약 어떤 언어의 두 방언 중 한 방언이 그 음운 체계를 재구성하는 일련의 과정을 겪는다면, 본래의 언어는 두 언어로 나뉘어졌다고 할 수 있다. 그런 상황에서 변화는 취소할 수 없는 것이 되며, 그 음운 체계는 조어의 음운 체계에서 볼 땐 혁신적(innovative)이고 그 동족 어휘의 음운 체계와는 거리가 먼 것으로 확립된다.

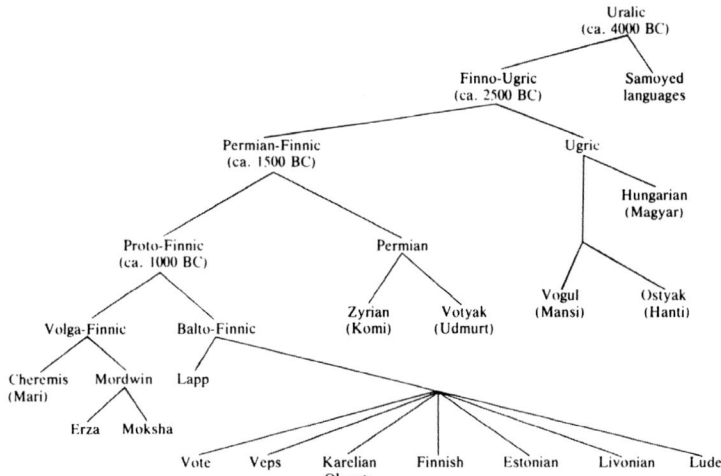

Figure 2.1 A partial family tree of Uralic languages

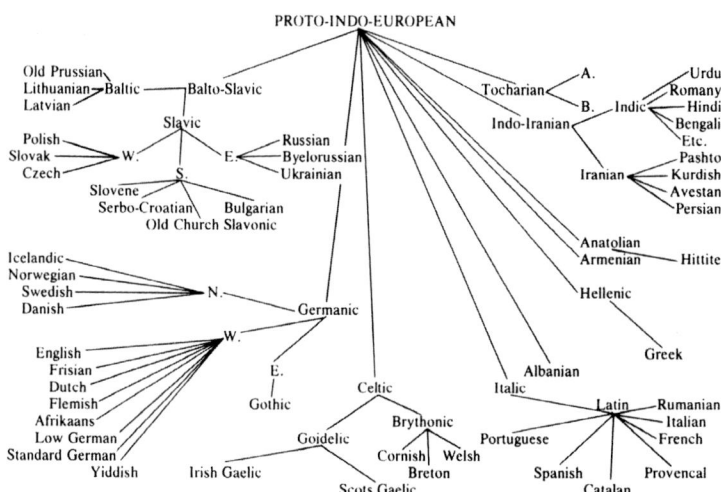

Figure 2.2 A partial family tree of the Indo-European languages

예로서, 고대 인도말에서 길이는 고모음에 있던 특징이다. 그러나 아래의 자료서 보이듯이 벵갈말에는 그런 특징이 없다. 힌디말에는 본래 인도말 모습을 갖고 있다.

(2.8)

Bengail	Hindi	
jib	jīh	'tongue'
din	din	'day'
dur	dūr	'distant'
šona	sun-	'hear'

인도 어족사에서 볼 때 벵갈말과 힌디말이 분화된 것이라는 사실은 벵갈말 음운 체계의 재구를 통하여 재구되어질 수 있다.

고대 아일랜드말의 자음 체계에 나타난 발전 과정에서 이와 비슷한 또 다른 유형의 예를 보게 된다. 인구어의 유기음과 유성 장애음이 초기 켈트말(Early Celtic)에 함께 전해졌다. 그러나 고대 이리쉬에는 공통 인구어에 있었던 그리고 고대 아일랜드말과 같은 많은 인구 동계어(Cognates)들에 나타나는 유기음과 유성 장애음의 대립이 없어진다.

(2.9)

PIE	IRISH	GREEK	
*g	gein	genos	'birth'
*gh	geis	khen	'swan'
*d	deich	deka	'ten'
*dh	dorus	tyra	'door'
*b	toib	{Lat.tibia	'side'

'shin bone'}*
*bh   berid   pherō   'carry'
*NO cognate occurs Ancient Greek.

뱅갈말의 경우에서처럼 아일랜드말의 혁신은 돌이킬 수 없는 변화이다. 아일랜드말 말할이들은 어떤 유성 파열음이 유기음에서 나왔으며, 또 어떤 유성 파열음이 유기음에서 나온 것이 아닌지 알 방법이 없다. 더구나 그 단어들의 음성 구조에서 그 이전 단계의 상황을 보여주는 것이라곤 전혀 없기 때문에 다음과 같은 가설적인 변화조차 아일랜드말에 나타난 음성요인이나 그 밖의 다른 요인에 근거하여 설명되어야 한다.

(2.10)

$$
\text{b. d. g} \left\langle
\begin{array}{l}
\text{b, d, g} \\[1em]
\text{bh, dh, gh}
\end{array}
\right.
$$

새롭게 재구된 음운체계는 그 본래의 모습과는 관계없이 발전하므로 분화된 언어의 설정은 그런 재구에 바탕을 두게 된다.

물론 특징적인 음변화가 하나 이상의 관련 언어에 나타날 수는 있다. 몇몇의 언어가 특정 변화를 함께 할 수 있다는 것은 하나의 어족 안에 발생적인 하위 집단(subgrouping)이 있음을 뜻한다. 쉴라이허(Schleicher)가 말한 대로 만약 어족이 계속적인 분화를 보이고 있다면 그런 하위집합 사이의 발생적 관계(genetic relationship)는 계통수설이라는 말로 정의되고 비교방법을 수단으로 하여 설정된다.

세 개의 딸언어 A, B, C가 있다고 하자. 만약 B와 C가 함께

파생되어 나온 음운체계가 재구되어질 수가 있다면-물론 이 음
운 체계는 공통 A, B, C의 음운체계와는 다른 것이다-B와 C는
A와의 관계에서보다 더 밀접한 관계를 갖고 있다고 말해진다.
이런 경우 그 어족에는 중간 단계점(node)이 설정되어진다.

(2.11)

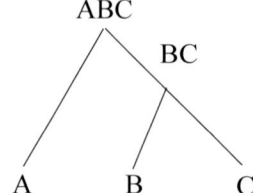

공통-BC의 공시체계를 ABC의 공시체계에서 구별 짓는 발전과
정을 공통개신(shared(or common) innovation)이라고 하는데, 이
것은 BC가 함께 발전되고 있는 시기를 특징짓고 있다.
  2.12에는 두 언어의 동족 어휘가 앞서 논의된 힌디말, 벵갈말
자료에 첨가되어 있다.

(2.12)

Oriya	Assamese	Bengali	Hindu
jibh	zibha	jib	jīb
din	din	din	din
dur	dur	dur	dūr
sun	xun	šona	sun

  네 언어를 바탕으로 하면 네 개의 고모음 I; ī; u; ū가 재구되
어진다. 그러나 만약 힌디말을 제외시킨다면, 하나의 음운 체계

는 나머지 세 언어가 두 개의 고모음 I, u를 갖는 것으로 재구될 수 있다. 이 세 언어에서는 장단의 길이가 중화된 고모음을 갖게 되는 개신을 공유하고 있음이 관찰된다. 이런 현상으로 이들 세 언어는 인도말족에 하나의 하위 집단으로 간주되고 공통된 중간 조어 proto-Oriya-Assanese-Bengali 또는 공통-동부-인도말을 갖게 된다.

(2.13)

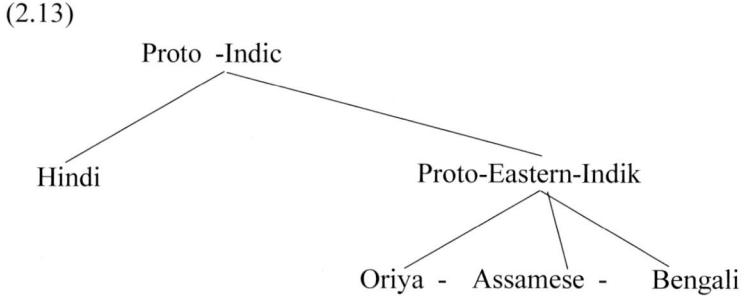

파동설

언어 발전의 계통수설에 대한 가장 중요한 경쟁자가 파동설 (wavetheory)이다. 1872년 Johannes Schmidt가 제창한 파동설은, 언어학적 개신은 이웃하는 언어, 말할이들과의 접촉을 통하여 퍼지는 것이라는 주장이다. 이 이론의 지지자들은 또, 그 원인이 공통 조어에 있다고 볼 수 없는 개신을 공유하고 있는 언어들을 보여준다. 예를 들어 두 언어 A와 B가 같은 음변화의 반사형을 보여준다고 하자. 그런데 A는 A에만 있는 고유한 것으로써, B언어에 있는 것과 같은 발전 현상을 앞서고 있는 또 다른 변화의 반사형을 갖고 있을 수 있다. 둘 이상의 언어의 공통된 변화는 공통 조어에서 물려받음으로서 일어난 변화가 아닐 때 그것은 평행적 발전 (parallel development)이라고 불리운다.

잘 알려진 많은 개신들이 한 언어에서부터 다른 언어로 물결처럼 전파된 결과로 인해서 생긴 경우를 보게 된다. 예로서, 게르만 말에 나타난 움라우트는 게르만 조어(Proto-Germain)의 개신 (innovation)을 반영한 것처럼은 보이지 않고, 오히려 변화를 거친 게르만 방언을 통해 전파된 것으로 보인다. 아주 초기의 게르만 말, 즉, 고트말에는 움라우트가 있지 않았다. 움라우트의 발전은 북부 게르만말과 서부 게르만말에서 발견된다. 북독일과 비교해 볼 때 남독일 말할이들의 언어에는 움라우트된 형태가 없다는 사실로 물결 같은 개신의 전파가 있었다고 생각할 수 있다.

몇몇 사람에 의해서 계통수설과 파동설은 서로 대립되는 것으로 여겨져 왔지만 두 이론이 언어 발전에 있어서 상호 배타적이라고만 여길 이유는 없다. 게르만 조어를 위해서 많은 변화가 재구될 수 있고, 이런 변화는 모든 게르만말에 반영될 것이다. 예를 들면 공통-인구어의 ǎ와 ǒ가 a로 중화된 것이 바로 그것이다. 그러나 다른 것, 예를 들면 움라우트 같은 것은 그 어족 전체로 퍼진 것이다. 두 이론이 상호 보충적인 것만은 분명하다. 다만 언어들이 역사적 추정을 목적으로 비교되어 질 때는, 발생적 관계를 반영하는 변화와 전파를 잘 구별 짓는 주의가 요구된다.

차용어 구별

한 언어에 있는 단어를 다른 언어에서 차용(borrowing)하는 경우, 만약 차용된 단어가 전혀 관련 없는 언어에서 소개되어진 것이라면 비교 재구에 어떤 어려움을 주지 않는다. 그런 경우 그 언어들 사이에는 아마도 동계어는 없을 것이고, 차용된 형태는 대응 항목에 나타나지 않을 것이다. 그런데 서로 친근 관계에 있는 언어에서 어떤 단어가 차용될 경우 이 언어들에는 아마도 동계어가 있겠는데 비교학자들에게 정말 문제가 되는 것은 이런 종류의 차용 상황이다. 그 언어들 사이에는 아마도 동계어는 없을 것이고, 차용된 형태는 대응 항목에 나타나지 않을 것이다. 그런데 서로 친근 관계에 있는 언어에서 어떤 단어가 차용될 경우 이 언어들에는 아마도 동계어가 있겠는데 비교학자들에게 정말 문제가 되는 것은 이런 종류의 차용 상황이다.

일반적으로 낱낱의 소리변화는 언어사의 특정 시기에 국한된다. 따라서 특정한 소리변화의 시기를 거친 후에 차용된 단어는 그 소리변화를 겪지 않는다. 이런 현상으로 언어학자들은 어떤 단어가 차용된 것인지를 결정할 수 있게 된다. 만약 한 형태가 수 많은 항목을 바탕으로 세워진 음성 대응 체계에 들어맞지 않는다면 그것은 의심의 대상이 된다. 한 단어가 그 자매어로부터 차용된 예를 생각해보자.

슬라브말의 goǐ(러시아말의 gus'; 거위)는 분명히 인구어의 단어이다. 그런데 슬라브말에서는 첫 자음으로 g를 생각할 수 없다. 라틴말(anser 〈 *hanser), 산스크리트말(hamsa-), 고대 그리스말(khēn), 그리고 게르만말(*gan 영어의 goose, 독일말의 gans, 고대 노르웨이말(Norwegan)의 gás 등의 재구된 형태이다.)에 동족 어휘들이 있다.

라틴말과 그리스말 그리고 게르만말의 동계어를 바탕으로 공통 인구어 *ǵh를 재구할 수 있다. 게르만말의 g, 라틴말의 h, 산스크리트말의 h, 그리고 고대 그리스말의 *ǵh에서 파생된 것이다. 그러나 슬라브말의 g는 공통 인구어의 *ǵh를 반영한 것이 아니다. 예상되는 슬라브말의 반사형은 z이다.

그것은 다음과 같은 동계어의 집합에서 보여진다: 고트말의

-wigan, 라틴말의 veho, 산스크리트말의 vah-, 고대 그리스말의 kheima, 슬라브말의 zima, 겨울; 라틴말의 humus, 고대 그리스말의 khamai, 러시아말의 zemla, 지구, 땅, 그러므로 슬라브말에 있는 gosǐ는 *ǵhans가 발전한 것이라고 볼 수 없다. gosy는 이웃하고 있는 게르만 방언 가운데 한 언어로부터 차용된 것으로 생각된다.

슬라브말의 gosi의 경우, 그 이탈적인 단어는 자매어(게르만말)로부터 차용된 것이다. 한 단어가 그 조어에서 딸언어에로 혹은 그 언어와 밀접히 관련된 다른 방언 속으로 소개되어지거나 재소개되어지는 경우가 있을 수 있다. 그런 예는 주로 영향력 있는 문학 작품이 전승됨으로 일어난다. 현대 힌디말에 있는 두 단어가 이런 예를 설명해주고 있다.

고대 인도말(산스크리트말)과 현대 힌디말 사이에 있던 한 시기의 특징으로 모음 사이의 장애음은 탈락되거나 반모음화했던 때가 있었다(산스크리트말 bhrātar 〉힌디말 bhāi, 형제: 산스크리트말 caturtln 〉힌디말 cautha, 4). 그런데 힌디말 단어 rājā(왕)에는 모음 사이에서도 장애음이 그대로 나타나 있다. 이 단어는 힌디말의 선조어 산스크리트말에는 흔히 있는 것이며, 다른 인구어에도 많은 동계어가 있다(예를 들자면 라틴말의 rēx).

이 단어가 힌디말에 나타나는 것은 따라서 다음과 같이 설명될 수밖에 없다. 힌디말에서 모음 사이의 장애음이 탈락되는 음운 현상이 그친 후, 그 어떤 시기에 산스크리트말로 쓰인 고대 문학 작품의 영향으로 그 단어가 재도입된 것이다

힌디말 단어 nam도 마찬가지로 이탈형이다. nāman-이라는 형태가 산스크리트말에 나타나고 있는데, 그것은 중기 인도말에서는 nām으로 되어 나타난다. 힌디말은 마지막의 -Vm 이 Vw로 규칙적으로 변한 예들을 보여 준다: 산스크리트말의 grāma, 마을 〉중기인도말 gam 〉힌디말 gãw. 힌디말과 밀접히 관련된 대

부분의 방언들도 gãw̃와 nãw̃를 나타내고 있다. 그러므로 힌디말
에 nām이 나타나는 것은 또 다른 상황을 설명하는 것으로, 현
대 힌디말이 그 언어사의 이전 단계를 보이는 언어에서부터 차
용한 경우라 하겠다.

참고 문헌

Bloomfield, L., (1922). Language, New York: Holt, Rinehart and
Winston, chapter 18.

Haas M.. R., (1966). "Historical Linguistics and Genetic Rela-
tionship," in Current Trends in Linguitics, vol.3, Mouton, The
Hague, pp.113-153.

Hall, R. A., (1950). "The Reconstruction of Proto-Romance," Lan-
guage 26, 6-27.

Hockett, C. F., (1948). "Implications of Bloomfield7s Algonquian
Studies," Language 24, 117-31.

Hoenigswald, H, .(1963). "Criteria for Sub-grouping Languages,"
in H. Bimbaum and J. Puhvel, eds., Ancient Indo-European
Diulects, University of California Press, Los Angeles, California.

Hoenigswald, H., (1950). "The principal Step in Comparative
Grammar," Language 26, 357-364.

Hopper, P. J. (1973). "Glottalized and Murmured Occlusives in
Indo-European," Glossa 7.2, 141-166.

Meillet, A., (1970). Le methode comparative en linguistique his-
torique, H.Champion, Paris.

3장 내적 재구

　내적 재구(Internal reconstruction)란 "한 언어의 공시 기술에 유용한 요소와 그 자료로부터 그 언어 역사의 부분을 추론하는 절차"(chafe 1959)라고 정의했다. 내적 재구의 가장 간단한 형태는 동계어 형태(cognate form)의 비교를 내포하므로 비교방법(comparative method)이라 말해질 수 있다.

　비교 재구(comparative reconstruction)에 활용된 절차는 분석되는 언어들이 개별적이면서도 관련되어 나타나는 것처럼 주어진 형태소의 다양한 형태들에서 나타나는 차이에 대한 관찰과 범주화에 기초를 두고 있다.

　내적 재구에 있어서 언어학자들은 연구 중인 그 한 언어에서 주어진 형태소의 다양한 형태들을 고려한다. 형태론적으로 관련되어 있으면서 형태음소론적으로도 뚜렷한 이형태를 가지는 어형변화(paradigm)는 내적 재구의 한 종류를 위한 출발점이다.

조건적 소리변화의 재구성

　비교방법이 관련된 형태소들의 이형태들이 동일한 기원을 가지며, 그래서 언어의 특정 변화가 문서 상에 나타나는 차이를 설명해 준다고 가정하는 것과 마찬가지로, 내적 재구는 어형변화 이형태

(paradigmatic allomorphy)가 색다른 것이 아니라, 대체로 하나 또는 그 이상 역사적 발전의 결과인 조건적 소리변화(coditioned sound change)를 반영한 것이라고 가정한다. 그래서 역사언어학자들은 내적 분석(internal analysis)을 통해 언어 형태의 초기 모습뿐만 아니라 공시교체(synchronic alternation)가 되는 특정 변화를 재구하려고 한다.

내적 재구를 적용할 수 있는 상황의 예들은 특히 광범위한 파생(derivational), 그리고 또는 굴절 형태론(inflectional morphology)을 가진 언어에서 흔하다. 독일말의 경우, 다양한 명사 격형태들 가운데 유성 파열음(voiced stop)과 무성 파열음(voiceless stop) 사이의 교체를 관찰할 수 있는 단어들이 상당히 있다.

'd'를 가지는 Bund[bunt] 'alliance'의 낱말은 bunt 'gay-colored'와 동일하게 발음된다. 굴절 형태에서 Hund의 어말 [t]는 [d]로 교체하고, 반면 buntdml [t] 는 모든 상황에서 무성음으로 남아있다. 실제로 상응하는 이형변화 교체(paradigmatic alternative)들은 독일말에서 유성과 무성 파열음의 모든 쌍에서 일어난다.

무성화 교체는 Bund와 같은 단어의 계열에서 무조건 어말위치에 나타난다. 이러한 사실을 기초로 하여 역사언어학자들은 독일말 역사의 초기 단계에서 Bund와 같은 단어들이 어말유성 분절음을 가진 단지 한가지의 음성형을 가졌다고 가정할 수 있다.

그렇다면 어말위치에서 'd'에서 't'로의 역사적 변화, 또 더 일반적으로 obstruent (voiced) /__#를 재구하는 것이 가능하다. 조건적 소리변화는 공시 교체를 설명하기 위하여 독일말 초기 시대의 부분으로서 재구되어 왔다.

문제는 독일말에서 유성장애음들이 제한된 분포의 음성들이라고 강조되어 왔다는 점이다. 유성 장애음들은 결코 어말 위치에서는 나타나지 않고 단지 무성장애음들만이 거기에서 나타난다.

분포상 그러한 제한은 하나의 소리변화가 일어났었을 수 있다는
단서들을 제공한다.

같은 유형의 또 다른 예를 고대 그리스말에서 볼 수 있다. 고대
그리스말에서는 어말 파열음이라고는 없다. 파열음은 굴절어형변
화(inflectional paradigm)에서 영(zero)으로 교체한다. 몇 예들을 살
펴보자. legon 'speaking'(주격/대격. 단수. 중성)-legontos(속격. 단
수), meli 'honey'(주격. 대격. 단수. 중성)-melitos(속격. 단수) -pais
〈 *paid-s 'boy'(주격. 남성. 단수)-paidos(속격. 단수) -pai(호격.
단수), gunai(호격. 단수).

그리스말에서 중성명사의 주격이나 대격 단수 그리고 모든 명사
의 호격 단수에서는 어떤 명백한 격표지도 없다. 더구나 명사들의
속격어미는 pur '불'(주격. 단수. 남성)-puro(속격. 단수) 그리고
-pater 'father'(주격. 단수. 남성)-patros(Homer풍의), pateros(속격.
단수)와 같은 단어들의 부류에서 나온 '-os'인 것이 분명하다. 그러
므로 1egontos와 melitos의 't', 그리고 paidos의 'd', gunaikos의 'k'
는 이러한 단어들의 어간들과 관련시켜야만 한다.

주격/대격 그리고 호격 형태들에서 어간말 파열음 부재에 관
한 역사적 설명은 규칙적인 소리변화의 결과에 따라 어말 위치
에서 상실되어졌다는 것이다. 다시 말해 공시체계에서 조건 교체
의 바탕위에 하나의 조건적 소리변화를 재구할 수 있다.

방금 논의한 두 예를 볼 때 조건적 소리변화의 내적 재구는
복잡한 것이 아니다. 왜냐하면 교체를 일으킨 뒤에 연속해서 일
어나는 어떠한 것도 이러한 교체들이 받아들인 변화의 결과를
모호하게 만들지는 않기 때문이다. 독일말과 고대 그리스말 격의
경우에, 관련된 교체는 공시체계에서 전적으로 자동적이고, 단
하나의 규칙적인 소리변화의 결과를 충실하게 반영한다.

즉, 독일말에서는 어말 유성장애음이 나타나지 않으며, 고대

그리스말에서는 어말 파열음이 나타나지 않는다. 더 일반적으로는 그 사실들이 그렇게 간단하지 만은 않다. 확실히 일치하지 않는 자료들이 내적 재구를 시도하는 언어학자들에게 주어지기 때문에 다양한 소리변화들의 축적된 결과들은 공시체계를 종종 복잡하게 만든다.

Chafe(1959)에서 논의된 몇몇의 고대그리스 방언에서 일어나는 다음의 상황을 살펴보자. 고대 그리스말에서 s와 Ø는 널리 보급된 교체이다. 예를 들어 대부분 방언에서 단어 race에 대한 속격 단수는 geneos인 반면 여격 복수는 genessi이다. 고대 그리스말에서 속격 단수어미는 '-os'라고 이미 지적된 바 있다. 따라서 여격 복수 어미는 '-si'이다(phulak 'guard'와 phulaksi(여격. 복수)를 비교하라).

그러므로 'gene-/genes-' 교체는 's'가 몇 가지 특별한 조건하에서 상실되었던 초기 시대의 소리변화를 암시한다. 왜냐하면 's/Ø'교체를 가지는 이들 형태소들은 단지 모음사이의 위치에서 's'를 잃어버리기 때문이며, 그 소리변화는 s > Ø/V__V형이었다는 것을 시험적으로 가정할 수 있다.

그러나 그러한 설명은 그 언어의 다른 사실들과 일치하지 않는 것처럼 보인다. 비록 제시된 소리변화가 's/Ø'교체를 가지는 어형변화(paradigm)를 설명할 수 있다고 하더라도, 고대 그리스말에서 모음 사이의 'S'는 확실히 나타난다. 여러 방언에서 ambrosia 'elixir of life'와 같은 많은 단어들이 's/Ø' 교체로 특징지워진 계열군에 속하지 않으며, 모음 사이의 's'를 가지고 나타난다.

그러나 ambrosia와 같은 단어의 출현이 's'의 조건 상실에 관한 우리의 가설을 쓸모없이 보이게 함에도 불구하고 꼭 그런 것은 아니다. 만약 고대 그리스말에서 모음 사이의 's'가 제거된 단어가 나중의 발달에 의해 다시 들어왔던 사실을 보여줄 수 있다면, 언어학자들은 그리스말의 초기 시대에 일어났던 어떤 소리 변화의 설명을 발견할 수 있을 뿐더러, 또한 이러한 발달의 상대 연대기(relative chronology)를 세울 수 있었을 것이다.

ambrosia의 경우에 어근 bros-는 ambrotos 'immortal' 같은 계열상 관련된 단어에서 's'의 대신에 't'로 나타난다. 이 't/s'의 교체는 ploutos 'Wealth'와 plousios 'wealthy' 같은 단어들의 여러 부류에서 나타난다. 그러나 모든 경우에 어말 's'를 가진 교체는 'i'가 뒤따른다. 't/s'교체는 공시적으로 자동적이며, 역사적 발달 t > s/ __i를 반영하는 것이라고 추정 해 볼 수 있다.

만약 역사적으로 't'로부터 유출된 모든 's'가 ambrotia에서 ambrosia와 같이 회복될 수 있다면, 우리가 제안했던 "s상실에 관한 가설"이 더 이상 혼동되지 않는다. 그래서 우리는 내적 증거 (internal evidence)만을 기초로 하여 그리스말의 경우 모음 사이의 's'상실이 제한된 환경에서 모음 사이의 's'가 재도입되는 개별적 발달(많은 방언에서) 이전에 완료되었음을 가정할 수 있다.

우리가 지금까지 이번 장에서 고려해 왔던 어형변화 교체에도 불구하고, 교체가 일어났던 조건들을 즉시 회복시킬 수 있다. 이것은 각각의 경우에 적절한 변화를 조건지우던 분절음들이 후속 변화에 의해 영향을 입지 않은 채 있어왔기 때문이다.

그러나 언어 역사의 한 시점에서 소리변화의 조건으로 작용했던 그 분절음들이 나중의 발달에 영향을 받는 경우가 가끔 있다. 하지만 그 경우에 있어서도 그러한 변화에 조건적인 음성의 유형을 변화의 특성으로부터 추리해낼 수 있다.

내적 재구의 한계

예를 들어 고전 산스크리트말(Classical Sanskrit)은 연구개 파열음(velar stop)과 구개 파찰음(palatal affri cates)사이의 어형변화 교체를 보여준다. 예, vāk 'voice'(주격. 단수. 남성), vāci(처격. 단수), vācas(주격. 복수), k/c[ts]교체가 구개모음 'i'앞에서 그럴 듯하게 나타날지라도 [-고모음], [-전설]모음인 'a'가 선행하는 자음에서 비구개음이 구개음으로 되는 변화를 조건지울 수 없다는 것은 분명하다.

더구나 산스크리트말(예, kas '누구')에는 'k+a'의 연결이 빈번한데, 거기에서 연구개 파열음은 분명히 뒤따르는 'a'에 의해 영향받지 않는다. 이것과 다른 동일한 교체를 바탕으로 해서 접미사 '-as'의 'a'는 원래의 형태가 아니며, 산스크리트말보다 앞선 형태에서 더 많은 구개모음이 'a'와 함께 사라져 왔기 때문에 그곳에 나타났다고 가정하는 것은 부당한 일이 아니다.

이런 점에서 독자들은 앞장에서 동계어(cognate language)의 비교를 통해서 모음 'a'와 'e'가 확실히 산스크리트말에 통합되었던 점을 기억할는지 모른다. 그러나 비교방법의 강력한 기술조차 없었지만 어형변화 교체에서 한 유형의 내적분석은 'k/c'에서 'k'의 분화에 대한 재구를 허용하였고, 또한 'a'와 'i' 외에 몇 전설 모음의 통합과 같은 나중 변화의 기본형태(basic form)를 암시해왔다.

'분화'(split)는 다른 음성 환경에서 한 분절음이 많은 분절음으로 대치되는 것에 사용되는 전문용어이다. 또한 이에 대응하는 통합(merger)이라는 용어는 둘 또한 더 많은 분절음이 한 분절음으로 대치되는 상태를 말한다. 통합(merger)은 종종 융합(coalescence)과 동의어로 쓰인다.

　통합의 현상은 회복할 수 있는 주어진 변화에 대하여 공시체계에 남아 있는 변화의 어떤 증거를 위하여 필요한 내적 재구의 가장 심각한 한계임을 강조한다. 우리가 보아온 것처럼, 일반적으로 분화의 회복은 분석되는 언어에서 어형변화 교체의 존재로 도움을 받는다. 그러나 음운론적 변별(phonological distinction)의 완전 상실인 절대 통합(absolute merger)의 경우에는 그러한 남아있는 증거가 별로 없다.

　사실상 절대통합은 만일 통합된 분절음의 하나가 통합을 선행했던 변화의 조건으로 작용하지 않으면 , 내적 분석을 통해서 완전하게 회복될 수 없다. 이 상황은 산스크리트말 'e'와 'a'의 통합일 때에 행해진다. 통합은 무조건적이나 초기의 'a'의 존재는 선행하는 연구개 폐쇄음(velar stop)의 영향에 의한 것으로 나타난다.

　아직 이 경우에서조차 우리는 연구개 파열음에 뒤따르는 초기 시대 'e'의 증거로서 내적 재구를 한다. 모음 'e'가 다른 환경들에서 나타났음이 틀림없다고 가정할 수도 있지만, 그 출현의 특성은 이 제한된 환경을 제외하고는 내적 재구를 통해서 결정될 수 없다. 예를 들어 산스크리트말 nabhas 'cloud'의 첫째 모음이 역사적으로 'e'(l＼*nebhos)임을 입증하기 위해서는 비교증거(camparative evidence)가 필요하다.

　게르만말은 초기 시대의 통합이 내적 방법만으로는 회복할 수 없는 예를 제공한다. 'i, e, u, a'의 네 모음은 영어, 독어, 스칸디나비아말, 소멸된 고트말과 몇 개의 다른 북유럽어의 조어(parent language)인 공통 게르만말에 의해 재구되었다. 게르만말에 관련된 언어를 기초로 하여보면 우리는 후기 인구조어(Proto-Indo european)가 게르만말의 한 갈래로서 다섯 개의 단모음 'i, e, u, o, a'를 가졌다는 것을 알게 된다.

　게르만말 역사의 아주 초기 단계에서 게르만말은 o와 a의 변별을 상실한다. 통합은 무조건적이며, 게르만말의 단모음 'a'가 초기에 그리고 음운론적으로 구별되는 두 개의 분절음을 반영하였다는 어떠한 흔적도 게르만말에서는 없다. 그러므로 역사언어학자들은 내적 재구만으로는 게르만말의 단모음들이 유래된 것으로부터 선사 시대의 모음체계를 완전히 회복할 수 없을 뿐더러 현존 체계에 미쳤던 모든 소리변화를 결정할 수 없다.

공시체계가 산스크리트말의 'a'의 경우처럼 선사 시대의 통합의 조건을 제공하는 경우에조차 넓은 시기 이상의 어떤 것에 선사 시대의 음성환경을 세우기는 종종 어렵다. 내적 재구를 통하여 산스크리트말 'a'가 적어도 한 구개모음(palatal vowel)에 대치되었다는 것을 자신 있게 가정할 수 있어도 공시적 증거는 그러한 모음('i'는 산스크리트말의 모든 위치에서 계속 나타나므로 'i'를 제외한)의 조음높이(arbiculatory height)를 언어학자에게 분명히 보여주지 못하며, 또한 그 단 하나의 전설 모음이 통합에 관계되었다는 것도 보여주지 못한다.

그렇지만 내적 분석으로 회복될 수 있는 부분 통합(Partial merger)의 경우에는 음성의 내적 재구가 좀 더 쉽다. 부분통합은 특별한 음성 환경에서 하나 또는 그 이상의 음운론적 차이들이 없어지는 것이다. 공시교체의 분석을 바탕으로 한 내적 재구의 이러한 유형을 도표로 설명하기 위하여 우리는 고대 아일랜드말(Old Irish)에서 매우 도움이 되는 일련의 자료를 검토하자. 다음은 고대아일랜드말 'man(사람)'에 대한 단수 어형변화이다.

(3.1)

주 격(nom)	fer	[fʲr]
속 격(gen)	fir	[fʲr']
여 격(dat)	fiur	[fʲrʮ]
대 격(acc)	fer	[fʲr]

몇 가지 흥미 있는 차이는 이 일음절 단어의 다양한 격 형태에서 보여진다. 주격과 대격은 'e'모음을 제시하는 반면, 속격과 여격은 'i'를 갖는다. 더구나, 마지막 자음은 구개음화(속격에서), 순음화(여격에서)되거나, 또는 중화(주격과 대격에서)된다(물론 fer형태는 유사한 교체로 단어의 부류를 나타낸다).

모음이 선행하는 자음의 변화를 결정하는데 도움이 되는 것과 마찬가지로 선행하거나 후행하는 음절의 모음 자질에서의 변화를 또한 결정할 수 있다. 그렇다면 고대 아일랜드말인 fer의 활용형태에서 교체들은 연속변화에 의해 잃어버렸던 뒷모음에 의해 결정된 소리변화를 반영할 지도 모른다.

만약 이 잃어버린 모음들의 존재가 초기 아일랜드말에 대해 임시로 받아들여진다면 현존 언어에서 교체의 속성을 바탕으로 이 모음들의 음성자질과 연관하여 많은 것이 회복되어질 수 있다. 예를 들어 속격과 여격형의 고모음은 뒷음절이 상실한 고모음을 암시하는 반면, 주격과 대격의 중간모음은 이 단어들의 가설된 어미에서 대응하는 비고모음의 재구를 암시할 것이라고 가정할 수도 있다.

더구나 속격에서 어말 구개음화 된 자음과 여격에서 어말 순음화 된 자음은 이 두 형태들이 상실한 고모음이 각각 구개음('i'같은)이고 , 순음('u'같은) 이라는 것을 함축한다. (속격 상실모음의 구개음 특성에 대한 공시 증거로서 구개모음 앞에서 자음 (여기에

서는 f)의 자동적 구개음화를 의미한다. 첫 음 'f'의 어떤 구개음화
도 일어나지 않는 fáith[faΘ'] 'prophet'와 비교하라).

우리의 재구는 이 때 멈출 필요가 없지만, 고대 아일랜드말로
부터 다음의 '명사+형용사'의 어형변화를 생각해보자.

(3.2)

nom.sg.	fer gel	[f'er g'el]
gen.sg.	fir gil	[f'ir' ɣ'il']
dat.sg.	fiur giul	[f'irụ ɣ'il] 'a bright man'
acc.sg.	fer ngel	[f'erɣel]

형용사 gel 'bright'은 모음과 어말자음 교체가 명사 fer의 경우
와 일치하는 것을 보여준다. 분명하게 fer와 같은 명사에 영향을
미치는 것들과 유사하거나 일치하는 결정적 요소들이 어떤 형용
사의 경우에도 또한 작용했다(마찬가지로 교체의 이런 유형이 고
대 아일랜드말에서 특별한 명사군의 특징인 것처럼 그것은 형용
사의 하위류에 한정된다).

그러나 형용사 gel의 음성형태의 변화는 머리 명사(head noun)
에 영향을 주는 것들에 제한받지는 않는다. 형용사의 첫 자음에는
세 가지 형태인 연구개 파열음, 연구개 마찰음, 연구개 비음이 있
다. b-β-m과 d-ð-n 유형에 대응하는 교체들이 또한 나타난다.

만약 우리가 역사적 변화에 의해 공시교체를 설명하는 것이 가
능해야 한다는 가정을 계속한다면 이러한 어두자음 교체(아일랜
드말 문법에서 칭하는 것처럼)는 역사적 처리를 요구한다. 어두자
음교체는 '관사+명사' 또는 '명사+형용사'와 같은 밀접한 문법
적 연합(grammatical association)을 보여주는 구절에서 비초두어
(noninitial word)에 주로 제한받음을 주목해야만 한다. 이 요인은

'연성 현상'(sandhiphenomenon), 다시 말해 "음성변화의 영역이 개별적 단어보다도 더 넓은 환경에서 그 유래를 가져야 하는 절차"로 우리가 다루고 있음을 보여준다.

만약 이것이 그렇게 되고 있다면, 상실된 어말분절음이 한 때 밀접한 결합접촉(syntagmatic contact)에 있었던 어두음에 나타나는 공시교체의 속성분석에 의해서 상실된 어말음의 복구를 더 진행시키는 것이 가능할 지도 모른다.

관련된 음성요인들이 종종 꽤 복잡할지라도 우리의 목적들(아마 일반 원칙들처럼 단순해지겠지만) 곧, "파열음은 모음 사이에서 '약화된다'고 진술하는 것이 틀린다고 할 수 없다. 이 약화 (weakening)의 결과는 다른 환경들에서 다양하지만 그러한 변화는 자주 유성과 무성 파열음에 대한 마찰음화 형태를 취한다(고대 아일랜드말에서 무성 어두파열음이 fir chain[fʲirʲ xanʲ](속격)일지라도 fer cain[fʲer canʲ](주격) 'good man'에서처럼 b, d, g 〉 β, ð, ɣ 가 되는 바로 그런 환경들 속에서 마찰음으로 된다는 것을 지적하는 것은 유익한 것일 것이다).

모음 사이에서 파열음이 마찰음으로 되는 이 평범한 변화는 (3.2)의 'gel'어두음에서 보기로 나타났던 교체에 대한 역사적 설명을 암시한다.

만약 단어 fer의 속격과 여격 형태에 대하여 임시로 재구했던 고모음이 확실히 어말이라면 파열음 〉 마찰음 /모음__모음의 음성 변화에 대한 적절한 모음 사이의 문맥(context)' '를 설명할 수 있을 것이다. 한편으로 형용사 주격단수의 어두파열음 지속은 전술한 fer의 선사 시대 주격에서는 어말자음이었을지도 모른다.

여기까지 fer의 주격과 대격 형태들의 모습에서 드러난 표면적 동일성은 우리의 재구에서 지속되어 왔다. 비고모음과 비구개모음에서도 재구되었다. 그러나 만약 뒤에 나오는 형용사의 모양을 고려한다면, 또한 어말음들이 이어지는 어두음에 영향을 주었다는 가정이 옳다면, 명사의 주격과 대격이 한 때는 구별되었다는 것이 분명해진다.

형용사에서의 'g-ŋ'와 같은 어두음 교체는 선행 명사의 대격에서 초기의 어말 비음(nasal)의 영향이 반영되었다는 것을 암시한다. 동시에 선사 시대의 주격으로 암시된 어말자음은 비음이 아니었을 것이라고 추측할 수도 있다.

비교 가능한 많은 동족어를 가지고 있는 고대 아일랜드말의 경우에는 다행스러운 것이다. 따라서 아일랜드말 선사시대 형태에 대한 우리의 상(picture)은 단지 내적 분석의 방법을 통하여 재구할 수 있는 어떤 것보다 완벽하다. 그렇지만 재구가 다양해질 수 있는 상황에서 내적 재구의 가능성과 한계를 제시하는 것은 재미있고 유익한 연습이다.

고대아일랜드말의 명사활용에서 뚜렷하지만 제한된 정도의 정확은 우리가 여기서 고려했던 명사류에서 달성될 수 있다. 내적 재구를 통해서 회복시킨 어미들과 (3.3)에서 나타난 것처럼 다른 겔트말과 인구어들의 비교를 바탕으로 하여 초기 아일랜드말이 정확하다고 알려진 어미들을 비교하여 보자.

(3.3)

내적 재구에 의한 회복			실제 재구
	(V)owel	+	(C)onsonant	
	(-high)			
nom.	(-palatal)		(-nasal)	-os
	V			
	+high			
gen.	(-palatal)		(e.g.,-i)	-ī
	(+labial)			
	V	+	C	
	(-high)			
acc	(-palatal)		(+nasal)	-om

구조적 비일관성과 내적 재구

지금까지 여러 차례 지적되었던 바와 마찬가지로, 뒤에 흔적을 남겨 놓은 언어변화만이 내적 재구의 방법에 의해서 재구될 수 있다. 그러나 그러한 변화의 흔적들은 어형변화 이형태(paradigm allomorphy)의 경우에만 한정되지는 않으며 공시체계의 다양한 유형들의 구조적 비일관성(structural inconsistency)의 출현을 포함할지도 모른다.

다음의 구조적 현상이 어떤 언어에 나타날 때는 그 언어 역사 초기 단계에서의 언어변화를 암시할 것이다. 구조적 현상이란, (1) 언어 구성의 통제적 산출에서 불균형적인 수, (2) 언어의 구조적 유형에서 반대칭(예를 들면 음소목록에서 이유 없는 빈칸), (3) 언어형태들의 기본형(canonical shape)에 관한 변칙이다.

위의 (1)과 (2)의 경우에 변화의 요소에 대하여 추측하기란 쉽지만, 이러한 종류의 근거로써 변화의 상세(detail)나 환경을 입증하기란 극도로 어렵다. 예를 들어 현대 그리스어에서는 'i'는 단연 가장 많이 나타나는 모음이다. 왜냐하면 다행히도 우리는 그리스어에 관한 오랜 역사의 기록 문서를 가지고 있어서, 우리는 현대 그리스어 'i'는 무조건 통합되었던 9개의 다른 모음에서 나왔다는 것을 알 수 있다.

현대 그리스어에 대한 우리의 지식이 고립되어 있고 현대 그리스어가 옛 철자법을 쓰지 않았다면, 그리스어 안에서 'i'의 특별한 통계적 우세는 원래의 체계가 다를 것이라는 것에 대해 유일한 실마리가 될 것이다. 물론 어떤 현대어도 그 차이나 상세나 양을 암시하지는 못한다.

언어변화 (2)가 일어났을지도 모르는 증거로서 구조적 유형의 사용은 "언어들이 일반적으로 어떤 원칙들에 순응하려는 경향이 있을 것이다"라는 잘 확립된 가정에 바탕을 둔다. 예를 들어 음성체계(sound system)들은 보편적으로 대칭일 것이라고 격렬하게 주장된다.

그렇게 언어가 하나도 부족하지 않은 완벽한 일련의 유성파열음을 갖는다면 잃어버린 무성파열음은 음성변화의 작용으로 제거되었다고 가정하는 것이 온당하다. 고대 아일랜드말는 파열음 'g, d, b, k, t'가 나타난다. 파열음 'p'는 분명히 그리고 최근에 약간의 라틴말에서 빌려온 차용어에서만 나타나며 모국어 어휘에서 한결같이 결핍되어 있다.

아일랜드말 역사의 초기에 'p'를 상실했다라는 추론은 그러한 상황에서 잘 이끌어낼 수 있었고, 이 경우에 그러한 가설은 전적으로 옳을 것이다. 초기 아일랜드말 음소목록에서 'p'의 출현이 가능한 것이었다 할지라도 특별한 형태소들 속에서 'p'출현에 대한 입증은 다른 류의 입증을 요구할 것이다.

분석가들이 한 언어에서 우세한 구조적 유형들 (3)이 아닐 예외적인 언어 형태들에 직면하는 상황에서는 내적 재구의 방법이 종종 놀랍게도 설득력이 있다. 내적 재구의 이러한 유형의 예로서 스위스 언어학자 쏘쉬르(1879)가 제공하였으며 훨씬 뒤에 직접, 증거에 의해 확인된 두드러진 예를 생각해 보자.

인구어 후두음의 내적 재구

쏘쉬르(Saussure)는 재구된 공통 인구어의 어근 구조를 조사했다. 대체로 어근들은 'CVC', 'Consonant-Vowel-resonant-consnat'이었다. 두 유형에 나타난 모음의 기본형태는 'e'이었고, CVRC 유형의 공명음은 'CeC, CeRC, CReC'처럼 모음 직전 위치에서 일어날 것이라는 가능성이 있었다(C는 모든 'R'을 포함한다). 이들 형태는 (부분적으로) 인구어 어근의 이른바 '정상계제'(normal grade)를 나타낸다.

특별한 형태론적 조건하에서 이러한 모든 어근 유형들은 어근 모음 없이 일어날 수 있다. 이 형태를 어근의 '영계제'(Zero grade)라고 부른다. 그러한 경우에 자음성 공명음(Consonantal resonant)이 두 자음 사이에 우연히 나타난다면 그것은 모음이 될 것이다. 몇 예가 다음에 나온다.

(3.4)

Normal/Zero(PIE)		Normal(Skt.) (lst sg.perfect indic. active	Zero(Skt.) (lst sg.perfect indic. medio- passive)	(Past Participle)
*bher/bhr-bhr	'carry'	ba-bhar-a	ba-bhr-e	bhr-ta
*ǵém/ǵm-ǵm	'go'	ja-gam-a	ja-gm-e	ga-ta(*m̥)
*mei̯/mi-mi	'fix'	mi-may-a	mi-my-e	mi-ta
*ḱleu̯/ḱlu̯-ḱlu	'hear'	śu-śrav-a	śu-śr(u)v-e	śru-ta
*deiḱ/diḱ	'point'	di-deś-(*ei̯ 〉 e)	di-diś-e	diṣ-ṭa
*i̯euku̯/i̯uku̯	'join'	yu-yoj-a(eu̯ 〉 o)	yu-yuj-e	yuk-ta
		(3rd sg. present indic. active)	(3rd sg. Injuncitive)	
*pet/pt	'fly'	pat-ati	pa.pt.at	

이러한 교체들은 인구어에서 '모음교체'(ablaut)라고 말하여지는 교체의 더 복잡한 어형변화의 부분을 나타낸다. 이와 같은 자료를 기초로 하여 인구어애는 영등급 교체에서 공명음의 부수적인 모음화를 지닌 'e'와 'Ø'의 형태음소적 교체(morphophonemic alternation)가 존재했었고 언제든지 그 공명음이 어근 모음의 삭제결과로 자음 사이에서 나타난다고 말할 수 있다.

널리 입증되었으며 흔히 사용되는 소수의 어근들은 방금 기술한 일반적 유형에서 분명한 예외들을 만들어낸다. 그러한 어근들에는 단 하나의 자음이 있고, 그 자음이 어두인 형태소에서는 어근의 모음이 정상계제 문맥에서 장음이 되며, 더구나 어근 모음은 'e,a' 또는 'o'인 세 음질로 구성되어 있다.

말하자면 영계제 문맥에서는 표준 유형의 어근들이 어근 모음을 삭제하는 문법적 상황에 '*ə'로 재구된 단모음이 나타난다. 이 '*ə'는 대부분이 인구어에서 'a', 인도말과 이란말계에서 'i', 고대 그리스말에서 'e:a 또는 o'로 상응하는 공통 유형(prototype)을 나타내기 위해 사용된 가설적 구조이다. 이 어근 유형은 다음과 같이 도표로 나타낼 수 있다.

(3.5)

Normal/Zero (PIE)	(lst sg.present indic.		/ (passive paricle)	
	active			
	Sanskrit	Greek	Sanskrit	Greek
*dhē/dhe 'place'	da.dhā.mi	ti.thē.mi	/hi.ta	the.to
*stā/ste 'stand'	ti.ṣṭhā.mi	hi.stā.mi	/sthi.ta	sta.to
*dō/de 'give'	da.dāmi	di.dō.mi	/di.ta	do.to

1879년 쏘쉬르는 "'a'를 가지는 교체에서 장모음이 특징적으로 나타내는 어근들의 부류는 한 때 더 평범한 어근 유형과 구조적으로 일치했고, 음성변화는 이런 초기의 동일시를 모호하게 했다고 가정하는 것이 적절할 것이다"라고 제안했다.

우리가 알다시피 표준어근 중에 어근 모음의 교체로 생긴-모음교체(ablaut)는 다음과 같이 도식화 되었다.

(3.6)

Normal	Zero
e	Ø
ei	i
eu	u
er	r
el	l
em	m
en	n

만약 'ə'를 위의 영등급향에 끼워 넣으면 우리는 정상계제 교체 (normal grade alterant) '*eə'를 예상할 수 있다. 이것이 교체의 원래형태인 'eə'임에 틀림없었다. 또한 뒷모음 'ə'는 음성변화를 통해 선행 모음의 보상(compensatory lengthening) 장모음인 'eə〉ē'로 바뀌었음에 틀림없다고 쏘쉬르는 지적했다.

이러한 방법으로 새로운 교체 'ē-ə'가 그 언어에 받아들여진다. 더구나 쏘쉬르는 정상등급에서 일어나는 장모음의 다양한 자질을 설명하기 위하여 한가지의 'ə'이상을 가정했다. 그는 이렇게 재구된 분절음들을 유성계수음(coéffi cients Sonantigue)이라 불렀다.

쏘쉬르의 가설이 제안된 뒤 수십 년 동안 관심을 거의 끌지 못했다는 것은 흥미 있는 사실이다. 40년이 지난 1927년에 히타이트 말이 터키의 아나톨리아에서 발견되었고 1915년에 B.Hrozný에 의해 해독된 후에, 폴란드 언어학자 Jerzy Kurytwicz가 지금 후두음이라 불리는 쏘쉬르의 유성계수음의 존재를 결정적으로 입증했다.

그는 인구어에는 알려지지 않은 어떤 히타이트말의 형태소들의 히타이트말 'laḫḫ-u'를 그리스말 'lā-os'와 비교함으로써, 공통재구음이 쏘쉬르의 가설에 의해 예상되어진 많은 위치에서 실재 분절음(h, ḫḫ으로 쓰여진)을 보여주었다. 그렇게 전적으로 고찰과 내적 재구를 기초로 하는 재구는 뒤따라 발견된 비교증거를 통하여 확증되었다.

비교방법과 내적 재구의 관계

내적 재구(Internal reconstruction)는 언어 역사의 일부를 추론하는 절차이므로 내적분석 방법의 결과는 비교방법의 결과와는 꽤 차이가 난다. 비교방법은 완전한 공시체계(synchronic system)나,

음소목록(phonemic inventory) 선사 시대에 있었을거라 추정되는 일련의 굴절어미와 같은 실질적인 하위부분들을 이상적으로 재구하려고 시도한다.

언어역사의 단계들이 비교방법에 의하여 재발견되는 한편 고대문법들의 특정한 역사적 결과와 개별적인 자질들은 내적 재구를 통하여 발견된다. 예를 들어 동계형태소(Cognate morpheme)와 동계 음운체계(Cognate phonological system)의 비교는 조어 음운체계와 조어형태소의 어휘목록에 대한 재구를 가능케 한다.

동시에 음성변화들도 현존 형태소들과 그것들이 유래되었을 것이라고 가정되는 가설형태들 사이의 관계에 근거하여 추론되어진다. 또한 단일어의 특별한 음운적 자질(phonological feature)의 분석은 그 특별한 공시적 자질(Synchronic feaature)을 설명해 주는 음성변화인 결과를 직접적으로 발견할 수 있게 한다. 그러나 그러한 분석들은 음성변화가 일어난 더 큰 체계에 관한 어떤 정보도 줄 수 없다.

조어와는 다른 초기언어(Prelanguage)는 내적 재구를 통하여 재구할 수 있는 어떤 자질이나, 현존하거나 내구되어 공시체계에 반영된 정해진 언어변화(또는 일련의 변화들)와 관련된 언어역사의 한 시대를 언급하기 위하여 일반적으로 사용된다. 그러므로 선사 그리스말의 모음 사이 's'발견에 대한 설명으로 s〉Ø/V-V 변화는 고대 그리스말 시대에 속한다고 할 수 있다.

마찬가지로 게르만 조어와 인구조어의 단모음 체계를 구별해 주는 a와 o의 a로의 통합은 재구된 게르만 조어에서 실현된 반사형으로써 초기 게르만말에서 일어났던 음성변화를 고려해야만 한다. 언어분류의 '계통수설'에 의하여 계보의 중심점(nodes)들은 조어와 현존어를 나타낸다고 생각할 수 있고, 반면에 그 중심점들을 연결하는 선은 초기언어(prelanguage) 시대를 언급한다고 할 수 있다.

물론 내적 재구가 고대 조어의 유형들을 예상할 수 있는 변화들을 발견해 내는 것과 마찬가지로 분명하지 않은 길이의 선들은 칼기로부터 궁극적으로 그 동족에 있어 '조상(anestor)'을 끌어낼 수 있는 유성계수음이라는 쏘쉬르의 재구를 상기하라.

공통조어란 용어 또한 역사언어학 문헌에서 종종 보인다. 예를 들어 공통슬라브언어란 용어는 슬라브말의 역사 발달 중에 방언 분화에 바로 앞서는 단계를 언급한다.

언어재구에 대한 실제적 절차로서 내적 재구와 비교방법 사이의 관계는 고려되어져야만 한다. 물론 언어학자가 알려지지 않은 어떤 관계 사항들로 언어의 선사 시대에 관심을 가질 때에는 단지 내적 재구가 유일하게 쓸모 있는 도구가 된다. 그러나 관계 있는 언어들은 존재하며 그러한 상황에서는 절차상의 결정을 내려야만 한다.

주어진 연구에서 다른 어떤 방법을 배척 해야만 하는 방법이란 있을까? 그렇지 않다면 어떤 절차가 적용의 순서나 결과의 정확성에 관하여 우선권이 있는가? 기대하다시피 이러한 물음에 대한 어떤 쉬운 대답이란 없고 언어학자들은 각각의 경우에 그들 자신의 판단을 이용해야만 한다.

예를 들어 만약 여러 자매어 가운데 하나가 계통의 도처에서 비할 데 없는 교체를 보인다면, 내적 재구는 교체하는 형태소의 보다 더 원형(archaic form)을 결정하기 위하여 사용되어야만 한다. 그리고 나서 이러한 형태들이 비교 분석에 대응하는 집합(Correspondence set)을 성립하는 데 사용될 수 있다. 그런 상황에서 내적 재구가 선행하지 않는다면, 역사적 비교는 늦게 나타나는 형태들의 혼란과 조어를 재구하는 방법에 거의 또는 전혀 통찰력을 줄 수 없는 언어의 특정 발달에 의해 방해를 받을 것이다. 그러나 여기서 우리는 내적 재구가 항상 비교분석에 앞선다는 뜻으로 해석해서는 안 된다. 반대과정을 나타내는 많은 상황들도 있다. 슬라브언어사가 하나의 예로 제시된다.

모든 슬라브말의 형태음소적 체계들은 적어도 세 개 아니면 네 개의 연대적으로 배역된 구개음화 결과를 보여준다. 모두는 아니지만 대부분의 슬라브말들에 있어 통찰력 있는 언어학자들은 단 하나의 내적 증거로 일련의 소리변화를 재구할 수 있어야 한다. 고대 교회 슬라브말이나 러시아말(Russian)의 형태론적 체계에서 구개자음을 가지고 있지 않은 선사 시대의 음운론적 체계를 발견하기 위한 충분한 자료가 있다.

내적 재구의 충분한 가능성이 각 슬라브말에 나타난다면 비교분석에 들어가기 이전에 구개자음들을 보든 자음들로부터 제거될 수 있다. 그러한 절차는 매우 불행할 것이다. 구개음화는 모든 슬라브말에 공유하는 가장 두드러진 일련의 음운론적 혁신을 나타낸다.

이들 몇 언어들이 평행적 혁신의 결과로서 똑같은 역사적순서(말하자면, 다른 공유하는 발달에 관하여 같은 상대연대를 보여주면서)에서 나타나는 네 개의 조건적 소리변화를 공유한다는 것은 믿기 어렵다. 이러한 발달들은 초기 슬라브말이거나 그것들이 최소한 슬라브말 방언 분화의 시대와 연관되어 있다고 가정하는 것은 훨씬 더 합당하다.

슬라브말에서 보여지듯이 내적 재구가 비교 방법에 대해 항상 먼저 되어야 하며 독립적이라는 것이 잘못이라고 하는 방법론적 가정이 언어학 문헌에서 흔히 보인다. 어떤 공시체계를 위해 형태음소적 교체가 전혀 없는 초기언어를 재구하는 것은 이론적으로 가능하다. 이것이 실제로 행해졌다면 형태음소적 교체(또는 음운규칙들)가 그렇듯이 어떤 조어로 재구할 수는 없을 것이다.

이것은 자연언어(natural language)의 처지에서는 받아들일 수 없는 제약이다.

그러므로 조어에 그러한 제약을 두는 절차상의 방법론은 역시 받아들일 수 없다. 왜냐하면 이것은 조어들이 실제 언어체계를 비춰보려고 시도하는 것으로 가정되었기 때문이다.

참고 문헌

Anttila, R., (1968). "The Relation between Internal Reconstruction and the Comparative Method," Ural-Altaische Jahrbucher 40, 159-173.

Chafe, W. L., (1959). "Interanl Reconstruction in seneca." Language 35, 477-495.

de Saussure F., (1887). Memoir On the Primitive System of Vowels in the Indo-European Lsnhushrd. Memoire sur le systeme primitif des voyelles dans les langues indo-europeennes, authorized reprimt of the 1879 edition, Vieweg, Paris.

Hoenigswald H. M., (1944). "Internal Reconstruction," Studies in Linguistics 2, 78-87.

4장 형태론적 체계와 언어변화

　지난 장에서 내적 재구가 종종 한 어형변화표(paradigm) 내에서 형태음소적 교체의 실험을 포함하고 있다는 사실은 지적되었다. 어형변화표(paradigm)는 확실히 그것을 언어변화의 어떤 절차(방법들)에 대한 영역으로써 기능을 하게 하는 언어사용자들에 대한 심리적 실재를 가진다. 하나의 그런 과정(절차)은 내적 재구의 기초적 자료로써 사용된 바로 그 계열 교체를 제거하는 경향이 있다.

　명확한 계열조건들 F에서 변이형태를 수평화 또는 계열적 수평화라고 불린다. 수평화란 용어는 음성학적 변화의 결과인 교체가 제거되거나 한계점에 달하기 때문에 적당하고, 균일은 어형변화표(paradigm)로 회복된다. 수평화의 결과로써 내적 재구의 방법을 통한 언어학적 재건은 종종 방해받거나 불가능하게 된다.

계열적 수평화의 효과들

　계열적 수평화의 한 예로써, 고대 그리스 한 방언의 역사 속에서 다음과 같은 변화를 생각해 보라. 초기 그리스말(pre-Greek)에서는 상당한 변이형태(allomorphy)는 소위 i-어간 명사들의 어미굴절 어형 변화표(inflectional paradigm)에서 나타난다.

역사적으로 적어도 이 어간 형태의 3가지 변형(변이)들은 모어로부터 물려받았다. 인구조어; poli-, pole-, pole(i는 그리스말에서는 음성으로 손실된다) 호머시의 언어는 전적으로 상세하게 초기 그리스말(Pre-Greek)의 상황을 필수적으로 반영하지는 않는다. 다음 가능한 그리스 호머식 어형변화표(paradigm)는 교체의 실례이다.

(4.1)

	Homeric GK	Doric GK
nom. sg.	poli-s	poli-s
acc.	poli-n	poli-n
gen.	pole-os	poli-os
dat.	polē-i	poli-i
voc.	poli	poli
nom/voc.pl	pole-es/polē-es	poli-es
acc.	pol-ns	poli-ns
gen	pol-ōn	poli-on
dat.	pol-si	poli-si

다른 한편, 만약 우리가 고대 그리스 방언(Greek Doric)에 부합하는 어형변화표(Paradigm)를 생각한다면, 한때 i어간 어형 변화표(i-stem paradigm)에 나타나는 교체는 전적으로 제거되어 왔다는 것은 확실히 되었다. 그리스 방언에서 i에서의 어간 교체는 계속해서 일반화되었다.

수평화의 결과로써, 필수적이지는 않지만 종종 대치되어 왔던 언어학적 형태의 경우가 역사적으로 소리변화가 회복되기 때문이다. 표면적으로 음성변화가 전환됨을 나타낸다. 그러나 전체적으로 언어 이해의 한 역전은 한 어형변화표 내에서 아주 종종 문법적으로 결정된 조건하에서만 발생해온 것이 명확하게 만들 것이다.

러시아의 명령문의 역사는 그런 현상을 이해하기 쉽게 예를 제공한다. 고대 교회 슬라브말과 고대 러시아말에서는 2인칭 단수의 명령법은 초기 슬라브말(Pre-Slavic)과 인구조어-oi로부터 파생된 i로 끝나는 형태를 형성한다. 이런 -i 〈 *-oi는 K 〉 C, 9 〉 (d)z에 근거하여 소위 슬라브말의 제2역행 구개음화를 조절하는 분절(segments) 사이에 있었다.

그리하여 동사 nesti(to carry 옮기다)와 delati(to do 하다)(명령형 어미 -ti의 명령법은 각기 nesi와 de1aj였다.) '돕다(to help)' promogti의 명령문과 '파다(to drag)' vlekti의 명령형은 구개음화의 재귀를 보여주는 pomo(d)zi와 vleci였다.

14세기 러시아말에서 연구개 자음들은 구개음화에 의해 영향을 받지 않은 동사 어형변화에서 다른 형태들의 문맥 속에서 복귀되기 시작했다. 부정사 pomogat와 (pri)Vlekat와 같이 첫 번째 대격으로 추정되는 형태인 pomogaju와 (pri)vlekaju). 현대 표준 러시아말(Modem Standard Russian)에서 명령형(imperative) pomogi와 (pri)vleki는 규칙적이다.

두 번째 구개음화의 결과는 일반적으로 러시아말에서는 역전되지 않음은 강조할 가치가 있다. 이런 명확한 역전(상반됨)은 계열적 규칙화의 결과이다. 그것은 음성변화나 음성 복귀의 어떤 형태 때문이 아니다.

금방 토론된 수평화(leveling)의 두 예에서, 혁신(변화; innovation)이 일어나는 어형변화표(paradigm) 문맥은 형태학적(morphologicalclass)분야이다. (i-어간 명사같이) 유사한 방법 속에서, 어떤 문법적 범주의 표시 과정에서의 표준화는 형태학적 어형변화표

(paradigm) class를 넘어서 발달한다.

그런 경우에 수평화(leveling)가 일어나는 계열적 문맥은 범주 (grammatical category)이다(명사의 대격단수). 다시 그리스말이 좋은 예가 된다. 고대 그리스말에서 종결 -in〈 *-m은 자음 어간을 제외하고 모든 대격 단수 형태에서 발생한다. treasure(보물)-tamian, city(도시)-polin, lukon 'wolf'늑대-그러나 patera 'father'(아버지), Hellada 'Greek'그리스) patera와 Hellada에서 마지막 'a'는 역사적으로 tamian; patera〈 *paterm같은 단어들의 -n과 같은 기원이다.

원래 대격 단수 마지막 -m은 자음 뒤에 마지막이 있을 때 모음처럼 생각된다. 그것은 결국 음성변화에 의해 -a로 된다. 현대 그리스말에서 대격 단수 종결 -n은 모든 명사에 일반화되어 왔다. 현대그리스말은 pateran과 Helladan을 가지고 있다. 대격 단수 형태소의 형태에서 변이형태(Allomorphy)는 수평화(leveled out)되었다.

혼 성

변화의 한 특별한 분야는 어떤 의미에서 수평화(leveling)와 관련되어서 나타난다. 그러나 그것의 영역은 형태학적이지도 문법적 어형변화표(paradigm)도 아니다. 단어나 형태소의 음성 형태는 단어나 형태소 둘은 어떤 밀접한 의미 관계에 의해 한정된 분야에 속한 상황 속에서 어떤 다른 단어 또는 형태소와 더 비슷하게 되는 그런 방법 속에서 변화됨이 종종 일어난다.

우리는 의미 어형변화표(paradigm) 내에서 수평화(leveling)의 형태를 변화하는 이런 형태를 생각한다. 그런 변화들에 대한 전통적 용어는 혼성(contamination)이다. 영어가 좋은 예를 제공한다. 현대 영어 단어 father[faðər]는 인구조어와 초기 독일말 patér로부터 규칙적 방법으로 없다. PIE의 중간 t는 강세가 선행했을 때 초기 독일말 p[θ]가 되었다. 그렇지 않으면 d가 되었다. 결국 ð는 고대 영어(OE)에서 d로, 그래서 OE형태는 fæder, 중세 영어는 fader였다. 중간의 치조 폐쇄음은 중세 영어 시기 이후로 더 이상 수정되지 않았고 현대 영어 형태는 중간적인 음인 'd'로 되었다. 일반적으로 대치(치환)는 (d->ð)로 만들어졌다. 왜냐하면 father는 중간적인 음 ð가 규칙적인 방법 속에서 PIE t로부터 '유래된' brother⟨인구조어 bʰratēr와 같은 단어를 포함하고 있는 의미적 set를 포함한다.

혼성(Contamination)은 일반적으로 목록에서 발생하는 단어에는 특별히 공통적이다. 예를 들어, 영어 four(넷)는 첫 글자 f를 가지지 말아야만 한다(라틴말 quattuor, skt, catvaras와 비교하라). 'f'는 첫 글자 f가 첫 번째 독일말 자음 변이의 규칙적인 작용이 있는 숫자 five(다섯)의 영향아래서 도입된다.

그리고 러시아말(일반적으로 slavic어) der'at' 'nine'은 기대되지 않는다(라틴말 novem, skt, navam 영어 nine을 비교하라). 이 'd'은 des'at' ten(열)에서부터의 혼성을 확실하게 반영한다. 고대 아일랜드말(OIr)에서 혼성은 그 언어의 형태학상의 복잡한 체계에까지 영향을 끼친다.

초기 켈트말에서, 고대 아일랜드말의 조상, 어떤 문장론 조건하에서, 어떤 첫 번째 자음이 선행하는 단어가 비음으로 끝났을 때 변화를 한다. 예를 들어 처음 무성자음은 단어의 끝이 비음에 의해 선행될 때 유성화 되었다. 마지막 음절들은 에이레말에서는 손실되고 물론 그것들과 더불어 마지막 비자음(nasal consonant)으로 되었다.

그러나 다음 단어들에 끼친 영향들은 언어에 남아 있었다. 그리하여 secht'seven(일곱)과 같은 단어가 cenela/kenela/tribes(종족)과 같은 단어에 의해 달라진다. 그 순서는 secht genela로써 되어진다. 숫자 noi nine(구)과 deich 'ten'(십)은 그것들이 역사적으로 마지막 비음을 가진 형태로부터 파생되었기 때문에 똑같은 효과를 가진다.

에이레말 ocht 'eight'(팔)은 따라오는 첫 무성 자음을 일으키지 말아야 한다. 왜냐하면 역사적으로 그것은 마지막 비음을 가지지 않았기 때문이다.(októ) 그러나 유성음화는 seven, nine, ten 같은 단어들로부터 확실하게 혼성된 결과인 고대 에이레말인 ocht 뒤에는 발생하지 않는다.

그리하여 이 장에서 이제까지 토론된 변화들의 모든 것 중에서, 하나 또는 그 이상의 변이형태는 형태소의 표현이나 형태소의 부류(class)에 통일성을 가져오기 위해서 그 체계로부터 제거되어 왔다. 그러나 그것은 종종 변이형태가 감소되거나 제거되지 않는 경우이다. 어떤 계열적 문맥 속에서 교체의 분포의 변화가 일어난다. 그런 혁신은 그 조건이 어떤 형태음소적 교체의 도입이 후속의 변화에 의해 모호하게 되었던 것에 책임이 있는 결과이다. 어간 끝이 연구개 폐쇄음을 가지고 있는 산스크리트말 명사들의 역사를 생각해보라.

초기 인도말에서 다음 소리변화가 작용했다:

(4.2)

$$k, \ g > c[t\check{s}], \ : [d\check{z}]/\text{-} \begin{bmatrix} (i) \\ (e) \\ (y) \end{bmatrix}$$

결과적으로 단어 vāk voice(목소리) < 초기 인도말 u̯ōk의 어미 굴절 속에서, 교체된 u̯ōc > 는 확실하게 소리변화의 조건에서 소개된다. 다음 어형변화표의 AB를 보아라.

(4.3)

	A	B	C	D
nom.s.	u̯ōk	u̯ōk	vāk	vāk
gen.sg.	u̯ōk-es	u̯ōc-es	vāc-as	vāc-as
inst.sg.	u̯ōk-e	u̯ōc-e	vāc-ā	vāc-ā
loc.sg.	u̯ōk-i	u̯ōc-i	vāc-i	vāc-i
nom.pl.	u̯ōk-es	u̯ōc-es	vāc-as	vāc-as
gen.pl.	u̯ōk-om	u̯ōk-om	vāk-am	vāc-ām
inst.pl.	u̯ōg-bhis	u̯ōg-bhis	vāg-bhis	vāg-bhis
loc.pl.	u̯ōk-si	u̯ōk-si	vāk-si	vāk-si

후속의 음성변화는 é, ó, ǎ의 연합을 a로 했다. 결과적으로, 구개파열 마찰음을 가진 교체의 분포는 음성 근거 위에서 더 이상 예상할 수 있는 것이 아니다. inst, sg, vācā와 gen, pl, *vākān(4.3의 c)을 비교하라.

산스크리트말 역사 속의 이런 가설적 단계에서, 말할이들은 하나 또는 다른 교체가 사용되는 경우를 암기하도록 강요받을 것이다. 그러나 고전 산스크리트말에서, 이런 형태소의 변이형태들은 (그리고 구개폐쇄음으로 끝나는 모든 어간) 분포의 언급 과정에서 단순화(simplihcation) 결과로 재분포되어 왔다. (4.3 항목 D)

고전 산스크리트말에서 구개음을 가진 교체의 끝은 모음 또는 공명음을 가지고 시작하는 모든 어말에서 발생한다.

유 추

역사적 언어학에서 토론된 언어변화의 광범위한 수와 대단한 다양성은 유추로써 알려진 언어학적 절차(방법)의 탓으로 돌릴 수 있었다. 유추는 종종 문장 체계 속에서 여러 가지로 확실히 변칙적인 것으로 역사적 설명으로써 부주의하게 사용되어 왔지만, 유추의 많은 진정한 경우는 언어들의 역사 속에서 알려져 있다.

유추라는 용어는 a:b::c:d 형태의 4가지 용어 진술을 묘사하기 위한 수학적 용어로써 그리스말로 처음 도입되었다. 그리스말과 로마어 둘은 언어 속에서 유사한 관계의 복잡성을 설명하기 위해 이동된 의미로 그 용어를 또한 사용했다. 4개 구성 비율의 용어로 언어학적 유추에 대한 Varro의 정의를 생각하라.

"만약 둘이 서로 같지 않는 양상에 있지만 어떤 관계에 속해 있는 똑같은 부류(분야)의 두 가지가 있다면, 그리고 만약 이들 두 가지 것들과 나란히 똑같은 관계가 위치되어 있는 두 가지 것들이 있다면, 그러면 단어들의 두 set는 똑같은 Lógos에 속하기 때문에 각각의 것은 분류적으로 한 유사물이 되고 Analogía의 4개의 구성성분과 비교되어서 말해진다.

역사적 유추의 진정의 경우에, 언어에 선재하는 구조적 패턴의 기초위에서 새로운 패턴이 유추 창조(analogic creation)에 의해 소개되거나 또는 기존(old)의 패턴은 유추 확장(analogic extension)에 의해 재배치된다. 결과적으로 고대의 비율의 모델은 전통적으로 그런 유추적 발달을 특징화하는데 이용되어져 왔다. 유추 확장의 두 경우를 생각해 보라. 하나는 고대 교회 슬라브말 여성 r-어간 명사들의 굴절에서 -어형변화표 (4.4)에서 보여주는 것처럼, 두 번째는 후속의 예에서 보여지는 어떤 고트말 자음 언간 (C-stem)명사들의 굴절 속에서 나타난다(4.4의 경우와 중앙 컬럼에서 나타나는 것과 같다).

(4.4)

	i-stem(fem.)	C-stem(fem.)
nom.sg.	kost 'bone'	mati 'mother'
acc.	kostĭ	= materĭ
gen.	kosti	matere
dat.	kosti	→ materi
loc.	kosti	→ materi
inst.	kostyǫ	→ materĭyǫ
nom.pl.	kosti	→ materi
acc.	kosti	= materi
gen.	kostii	materu
dat.	kostĭmŭ	→ materĭmŭ
loc.	kostĭxŭ	→ materĭxŭ
inst.	kostĭmi	→ materĭmi

종결의 대등함은 소리변화의 우연한 결과이다. where->appears (어디->나타난다), i-Stem 종결이 C-Stems으로 확장되었다.

여성형 r- 어간 명사들이 한 방법으로 반영되는 것은 여성형 i-어간 명사들이 반영되는 방법과 구별하기는 어렵다. 역사적으로 그런 것은 그 경우는 아니다. 그리고 r-어간어형변화표에서 -i -와 -ĭ-의 돌출은 i-어간 종결이 자음 어간 명사까지 확장되었음을 나타낸다. 두 가지 중요한 질문이 이런 점에서 대답할 필요가 있다.

왜 자음어간의 원래 종결이 결국 재 배치되어 와야만 했을까? 그리고 한때 그것은 설명된다. 왜 i-어간 종결은 o-어간, jo-어간, 또는 a-어간 같은 어떤 다른 형태학적 부류의 종결을 넘어서 확장되어왔다.

첫 번째 질문에 대한 대답은 다소 복잡하다. 그러나 그것은 소위 열린 음절의 법칙으로 불리워지는 슬라브말에서 새로운 음절 구조제약의 도입을 말하기에 충분하다. 자음을 가지고 시작하는 접미사(desinence)와 자음에서 명사 어간 종결의 병치의 결과로 끝나는 것들을 포함하는 모든 내적 자음군의 삭제를 요구했다. 몇몇 그런 상황들은 r-에서의 여성형과 같이 슬라브말 자음 어간의 굴절에서 일어난다. 그것은 두 번째 질문에 대한 대답이다- 왜 i-어간은 확장되어 와야만 했을까- 그것은 현재의 토론에 더 들어 맞는다.

몇몇 선재하는 패턴의 새로운 상황으로의 확장이 있는 역사적 유추, 만약 i-어간종결의 팽창은 유추라는 용어로 설명된다. 그것은 그런 패턴을 건설하는데 필수적이다. 이런 경우에, 그런 패턴은 나타난다. 대격단수에 대한 인구어 종결은 *-m이다. 슬라브말에서 단어종결 연속 -im은 규칙적 음성변화에 의해 -ǐ가 된다. 그리하여, i-어간 acc.sg, kostǐ는 (4.4)에서 보여주는 것처럼 규칙적이다.

자음 뒤의 종결 -m은 조어에서는 음절이다. 즉 *-m̩이고, 슬라브말에서의 *m̩은 ǐvia *ǐm이 된다. 그리하여 대격단수 materi는 또한 규칙적이다. 이런 방법에서 우연히 발생하는 동일성은 여성형 i-어간으로 그리고 대격단수에서 r-어간 명사로 이루어진다. 그것은 일반화 된 동일성의 이 패턴이다. 위치격(처격)의 발달은 한 예이다.

(4.5)

Kostǐ : materǐ: : kostǐxǔ: x

x → materǐxǔ

고트말에서 유추 확장은 그것의 범위 내에서는 훨씬 제한적이다. 그러나 우리는 특별히 한 결과로써 유익한 것으로 생각한다.

고트말 명사류 체계에서 r-어간 s을 포함하고 있는 어떤 C-어간은 기대된 재귀가 명확히 있지 않는 주격 복수 종결을 보여준다. 예를 들어 brôpar(brother)의 주격 복수는 brôprjus이다. 종결 -jus는 전적으로 r-어간 명사로 기대되지 않는다.

그러나 아주 확실하게, 주격 복수형 sunjus를 가진 sunus 'son'처럼 u-어간 명사로 기대되는 접미사와 일치한다. 어떤 이는 다음과 같은 질문을 한다. 왜. u-어간종결은 다른 어떤 명사 부류의 주격 복수보다 오히려 더 일반화되는가? 왜 u-어간이 형성하는 -jus는 단지 r-어간까지만 확장되고 다른 부류에까지는 아닐까? u-어간 종결의 침입은 임의적 발달이 될 수 있을까?

이런 질문에 대한 대답은 r-어간 굴절 내에서 확실히 동기화된 변화인 유추적 문맥의 팽창 속에서 발견된다. 고트말의 혁신의 결과는 남성형 u-와 r-어간 s의 주격 복수형에서의 형식적인 동일성이다. 결정적인 것은 그런 동일성에 대한 패턴이 이미 이들 두 명사 분류의 대격 복수 형태로 건설되었다는 것이다. 고유한 대격 복수형의 종결은 -ns이고 u-어간의 대격 복수형의 역사적 파생은 이해하기 쉽다.: sunu+ns->sununs.

그러나 독일말에서 음성 공명음은 후속의 u가 공명음의 자음적 교체에 더해지도록 발달한다. 결과적으로 고트말 brôprruns 〈 bhrātr+ns는 -ns의 n이 자음과 -un으로 발달한 것 사이의 음절이기 때문에 C-어간 대격 복수의 기대된 반영이다. 한때 sununs와 brôpnms같은 대격 복수 형태의 우연한 동일성을 이룩되었다. 임의적 형태학적 팽창으로 나타나는 것은 대단히 부자연스럽고 동기가 잘 유발된 발달이 된다.

(4.6)

    sununs | sunjus | | brôpruns | X

                                    X $\rightarrow$ brôprjus

유추적 현상이 오래된 형성소가 새로운 문맥으로 팽창할 뿐 아니라 전적으로 새로운 형태의 도입을 포함한다는 것은 이미 언급했다. 후자가 사실인 경우에 우리는 유추 창조를 말한다.

유추 창조

유추 창조의 한 예는 아르메니아말(Armenian)로부터 유래한다. I have carried(나는 옮겼다)라는 1인칭 부정과거 직설법의 중간 beray에 의해 보여진 것처럼 능동태와 중간태 둘 다에서 부정과거직설법의 구성을 잇는다. 언어는 또한 1인칭 단수 부정과거 주격 능동 beric같이 부정과거 가정법의 능동을 공식적으로 구성하는 일련의 형태를 물려받는다.

역사적으로 이런 범주는 아마 접미사 -ske/o로 풍부해진 기원법 형태를 반영한다. 이런 오래 된 기원법들은 확실히 beri형태의 직설법의 능동형과 일치하는 가정법(subjunctive)이 되도록 그것은 만드는 의미 변화는 겪는다. 부정과거 가정법 중간은 모어로부터 물려받은 것과 일치하지 않는다. 그리하여 차이는 그 체계 속에 남는다. 그러나 그 차이는 유추 창조의 과정을 통해 제거된다.

(4.7)

    beri : beray :   : beric' : X

                           X $\rightarrow$ berayc'

berayc'같은 구조의 도입(그리고 완전한 어형변화가 그것과 연관된)은 선재하는 패턴들의 문맥 속에서 유일하게 설명될 수 있다.

유사한 유추 창조는 인도유럽어족의 고대 언어인 히타이트말 (Hittite)에서 발생한다. 히타이트말에서는 동사의 2가지 어휘적 (lexical) 범주가 존재한다. 이런 두 분야는 현재 시제에서 1인칭 단수종결의 형태에 의해 대부분 현저하게 구별된다. 종결이 -mi 인 동사의 한 그룹: 다른 것은 ḥi로 끝나는 것이다. 종결 -mi와 -hi는 각기 다른 IE언어에서 현재형과 완료형에서 1인칭 단수 종결과 일치한다.

Hittite에서 -mi형태동사에 대한 1인칭 단수 종결은 -un이다. 종결 -un은 다른 인구어에서 잘 알려진 1인칭 단수 종결인 -m 과 일치한다. -hi형태 동사의 과거 시제에 대한 1인칭 단수 종결은 -hun이다. 종결 hun은 관련된 언어에서는 일치점이 없다. 인구조어에서 파생되지 않는다. 그것은 확실히 유추적 유형 위에 기초된 한 히타이트말 창조를 표현한다.

(4.8)

    mi : ḥI : un : X

                X - $\rangle$ ḥun

형태론적 재구

　새로운 형태소들은 형태론적 재구의 다양한 절차를 통해 언어학적 체계로 또한 소개된다. 재해석의 한 형태에서 역사적 사건은 한 형태소의 문법적 기능의 변경을 필요하도록 동시에 일어난다. 이런 현상은 재문법화(regrammatization)라고 불리워진다. 예를 들어 독일말의 복수형을 만드는 -er의 기원을 생각해 보라.

　인구어에서는 파생된 어미-e/os-를 가지고 형성된 중성의 명사의 부류가 있다. 그런 중성의 명사들 중 주격/대격 단수는 굴절어미는 나타내지 않는다. 주격/대격 복수에서, 접미사는 역사적으로 -a이다. 예를 들어 단수*원형-es는 복수 *root-es-ā가 된다. 독일말에서 대부분의 단어 종결 모음들과 자음에 더해지는 짧은 모음의 단어 종결 순서는 사라졌다. 결과적으로, 고대 고지 독일말 중성의 s-어간s의 주격/여격에서, 단어의 종결로 존재하는 파생적 접미사 -ex는 접미사가 손실된 복수형에서 접미사가 남아 있지만 완전하게 손실되었다. 그리하여 우리는 고대 고지 독일말(OHG)의 단수 1amb 'lamb(새끼양), 복수 1embir라는 것과 중세 고지 독일말(MHG)에서는 1amp, lember라는 것을 발견한다. 모음의 변화는 독일말의 움라우트(umlaut) 때문이다.

　이런 새로운 상황에 직면했기 때문에, 고대 고지 독일말의 말할 이들은 복수형 표시로써(중세 고지 독일말의 -er과 일치함) 접미사 -ir을 재해석하는 것 이외에는 거의 선택이 없다. 연속적으로 이런 변화 패턴은 종결 음절들이 단수로 남거나 복수로 뚜렷하지 않은 wort 같은 PIE 중간의 o-어간s의 반영인 다른 중간(중성)명사들에 유추적으로 일반화 된다. 그리하여 고대 고지 독일말/중세 고지 독일말의 단수 wort, 복수 wort- 〉 현대 표준 독일말(Modern Standard German)은 wort, wörter이 되었다.

형태학적 재분석을 가장 광범위하게 토론한 형태는 일반적으로 산발적으로 보이고 유추절 절차는 역형성(back formation)이라는 용어로 불린다. denote(표시하다)에 대한 denotate와 connote(암시하다)에 대한 connotate의 형태의 혁신적 형성은 levitate/levitation (공중에 띄우다), decapitate/decapitation(목을 베다)라는 것 속에서 나타나는 명확한 패턴의 기초위에서 denotation(외연)과 connotation(함축)으로부터 역형성 되었다. 그리고 아마 전적으로 eliminata/elimination 형태로 일치하지 않는 것 외에는 유사하다.

영어의 역사 속에서 역형성의 두 가지 널리 인용되는 경우는 중세영어에서 원인이 된 결과인 -s가 일반적 복수형 표시(madrkr)가 되었다. 어떤 외래어의 단어가 어간-종결 -s를 가진 영어에 들어왔을 때, 그 -s는 복수를 표시하는 것이고 새로운 단수 형태소가 창조되는 것으로써 유추적으로 해석되었다.

예를 들어 라틴말 pisum은 영어에 들어와서 처음은 pes, 후에는 영어 pease로 되었다. : 현대의 단수 pea는 형성의 결과이다. 유사한 방법으로 고대 프랑스말의 cherise는 현대 영어에 cherry를 주었다.

민간 어원론(Folk etymology)은 형성과 밀접하게 관련된 하나의 혁신이다. 민간 어원론은 그것의 피상적인 형태학이 더 유사한 단어나 형태소의 수단으로 통사적으로 불투명하게 된 단어들의 재해석에 의해 특징화된다. 영어단어 hamburger의 취급이 민간 어원론의 정의를 설명해 준다. 독일말에서 형용사(부가어)는 접미사 -er을 가진 장소명(place name)으로부터 파생되었을 수도 있다. 많은 장소명은 두 번째 요소로써 -burg를 가진 복합어(compounds)이다. 그리하여 Hamburger는 도시 Hamburg의 이름으로부터 파생된 형용사이다. ; Berliner과 Wiener는 각각 berlin과 Wien으로부터 파생된 형용사(부가어)이다.; 그리고 Frankfurter는 Franhurt로부터 파생된 것이다. 그런 형용사는 Wiener Würstchen 'Vienna sausages'에서처럼 정상적으로 명사로 발생한다. 그러나 영어에서 Hamburg의 의미 없는 ham은 'ham'으로 재해석되었음에 틀림없거나 또는 적어도 고기의 어떤 종류도 재해석되었음에 틀림없다 (비록 햄버거는 드물지만, 만약 ham으로 만들어졌다면).

재분석은 Burger King 같은 이름을 가진 장소에서 사게 되는 모든 것들 cheeseburger 그리고 fishburger처럼 수많은 다른 burgers를 낳았다. 유사하게 asparagus(아스파라거스)는 어떤 영어 사투리에서 sparrowgrass가 되었고, Infanta of Castile는 고대 런던에서 유명한 선술집의 이름인 Elephant and Castle(코끼리와 성)을 낳았다.

역형성에서 보여지는 형태의 형태소적 재분석은 앞선 예의 경우에 일어났던 것보다 언어의 형태학적 그리고 형태문장 학적 체계에 훨씬 더 규칙적이고 깊은 영향을 미친다. 완전히 새롭고 연속적으로 생산된 문법적 형태소가 잘못 인지된 결과로써 단순히 소개된다.

또는 더 좋은, 변경된 인-형태적 경계의 위치의 이런 형태의 상황들에서 일반화(generalization)를 아는 것은 중요하다. 진정으로 변화구조의 실재의 바로 그 존재는 원래의 재분석에 대한 어떤 인지가 건설될 수 없다면 임의적 발달 표현으로 나타난다. 보통, 그런 동기는 유추적이다. 라틴말의 부정사(infintive)의 발달은 한 경우이다.

-re에서 라틴말 능동 부정사가 처격(-re 〈 -si)에서 s-어간 명사로써 그것의 기원을 발견한다고 널리 가정된다. -re의 마지막 모음은 규칙적 음성 발달을 반영한다. i 〉 e /__#, 그리고 라틴말에서 rhotacism이 발생한다. 그리하여 -re에서 -r- 〈 PIE -s-, esse 'to be(존재하다)' 같은 원형 부정사만큼 amāre 'to love'(사랑하다), monere 'to advise(충고하다)' audīre 'to hear'(듣다) 같이 첫째,

둘째, 넷째의 동사활용 라틴말 부정사 PIE가 -ās-, -ēs-, īs, 또는 -s-형태의 접미사를 가진 명사를 보여주지 않기 때문에 약간 어려움이 있음을 제시한다. -s로 끝나는 접미사 종결은 s-어간 명사들을 이해하기 쉬운 반영(재귀)으로써 대부분의 라틴말 부정사를 해석하기 위해 필요할 것이다. PIE에서 -s로 끝나는 유일한 종결이 -es형태이다.

그러나 세 번째 동사활용(conjugation)의 라틴말 부정사는 더 어색하다. 만약 우리가 ducere처럼 세 번째 동사활동 부정사의 초기 라틴말 형태로 거꾸로 투영한다면, 우리는 진정한 인구어 s-어간 명사의 처격과 초기 라틴말 *doukesi가 형식적으로 동일하다는 것을 안다. 그리하여 우리는 어떤 라틴말 부정사의 역사적 설명을 확실하게 했다. 그러나 어떻게 원래의 파생적 접미사인 s가 amāre에서처럼 생산적인 접미사 *-si 〉-re를 주는 선행하고 있는 명사 e와 분리된다.

이런 명백한 형태학적 재분석에 대한 동기는 만약 우리가 변화적인 부정사가 접미사를 능가하는 고대 s-어간 명사의 비율과 (e가 접미 된) 주어의 3번째 동사활용의 동사 어간 사이의 현저한 유사성을 깨닫는다면 만들어질 수 있다. 새로운 라틴말 부정사에 대한 설명인 재해석의 절차는 아마 douk−e+s(이인칭 단수) 〉dūcis(2인칭 단수) 형태의 주제 동사와의 관련의 기초 위에 있는 *douk-e+si처럼 초기 라틴말 douk+es+i 같이 s-어간 명사들의 유추적 재분석으로 시작한다.

이런 새롭게 만들어진 동사 접미사 -si(〉 re)는 생산적이고 amāre〈amā+si, monēre〈monē+si, audīre〈audī+si를 만드는 그리고 심지어는 es로부터의 esse를 새로운 자동적인 문법적 형태소 si에 더하는 모든 동사어간에까지 확장된다.

형태적의 재분석의 유추적 기초를 강조하는 것은 특히 중요하

다. 어떤 고대 동사적 명사의 첫 번째 부분에서 어떤 문맥의 건
설 없이(dūce-〈douke-같이)도 동사적 어간의 재해석되는 것으로
될 수도 있다. -si의 일반화는 임의적 발달로 보일 것이다. 유추
적 문맥은 재해석에 대한 동기를 둘 제공한다. 왜냐하면 그것은
라틴말 문법에서 구조적으로 자립적인 실재로써 그리고 두 번째
현상으로써 amare 같은 동사에서 -si의 발생에 대한 설명으로써
-si(〉-re)의 바로 그 존재를 설명하기 때문이다.

우리가 네 용어 명제(four-term proposition)란 -조화 된 모델로
특징지워 질 수 있는 변화의 보기들에 유추(analogy)라는 용어를
사용하는 것을 널리 제한해 왔다는 점에서 명백해야만 한다. 역사
적 언어학의 문학에서 변화의 다른 형태들은 종종 유추적이란 용
어를 불리워진다.

예를 들어, 유추 수평화(analogic leveling)는 널리 사용된다. 그
러나 그 모델이 똑같은 단어의 다른 형태들에 의해 furnish 된 것
과 다른 단어들의 일치하는 형태의 것들은 한 모델로 충분한 것
사이를 구별하는 것은 중요하다.

이미 토론된 고대 그리스 도리스 방언(Doric Greek)의 수순평화
(leveling)에서, 형태소 형태 하나의 이형태(allomorph)는 모든 문
맥으로 일반화 되어 왔다. 진정한 유추적 변화의 예로써 이런 발
달을 특징화하기 위해서 수평화(leveling)는 어간의 모양에 변이형
태 (all-omphy)가 없는 어형변화 형태의 도리스 방언(Doric)의 명
사화 굴절체계 속에 있는 선재에 의지했다는 가정은 필수적이다.
그런 모델 어형 변화표가 도리스 방언(Doric)의 i-어간혁신에 존재
했던 것처럼 보이지는 않는다.

어떤 경우에, 그런 모델 어형변화표(model paradigm)는 수평화
가 발생하는 상황에 때때론 존재하지만, 그것은 특별히 그런 문맥
을 요구하고 있는 것처럼 보인다. 구조적 단순화의 이해하기 쉬운

경우로써 수평화의 특징은 적절하다. 수평화의 대부분의 예에서, 한 변이적 변수(allomophic variant)는 복잡한 교체를 문법으로부터 제거되도록 하기 위해서 일반화된다. 유추에서 어떤 몇몇 건설된 구조적 패턴은 새로운 문맥들로 일반화 된다.

그 유추(또는 가유추)는 형태학적 연합 속에서 그들의 동기는 처음으로 1876년 칼 베르크만(Karl Brugmann)에 의해 언급되었다는 것을 발견한 언어변화의 모든 형태를 특징화하는 용어로 부적절하다. 그는 우리가 이미 토론했었던 변화의 몇 가지 형태에 대한 것으로 형식연합(Form-association)을 제시하였다.

파울(Hermann Paul)은 그의 두드러진 1920년도 책인 "Prinzipien der Sprachgeschichte"를 수평화(leveling)와 유추 사이의 명확한 차이점을 만들어 주었다. 그는 전자를 stoffliche Analogiebildung '형식적 유추'라고 불렀다. 그 차이는 언어변화의 유형적 분류의 입장에서 확실하게 사용된다. 그러나 더 중요한 것은 형식적 범주가 말할이에 의해 인지되는 방법을 참고로 하는 것처럼, 역사적으로 언어학적 설명에 대해서는 중요하다.

유추 복원 반환

이 장에서 토론된 발달의 한 결과로써, 음성학적 변화를 가져온 더 오래된 형태들은 두 번째로 회복되었다. 유추 복원(ana-logic restoration)은 그런 발달들을 묘사하기 위해 사용되어 왔다. 참으로, 진정한 회복의 많은 잘 기록된 경우들이 있다. 예를 들어 먼저 언급된 러시아의 명령문의 경우를 상기해 보자 – 계열 규칙화 때문에 연구개 자음의 회복 모든 경우가 회복으로 설명되는지 어떤지는 논쟁의 여지가 있다.

다른 말로 말해서, 모든 시대에 절대적으로 문자 그대로 소리
변화와 관련한 소장문법학파의 신조를 취할 필요가 있거나 때로
유추적 영향력은 정상적인 소리변화의 과정위에서 한 제약으로
써 쓰일까?

만약 우리가 쓰여진 기록을 가지고 일을 하고 있는 중이라면
유추적 압력이 효과가 있다는 것은 만약 저장되지 않은 형태들
이 문맥(text) 속에서 일어난다면, 의심할 수 없다. 그러나 그런
기록(data)은 단순히 이용할 수 없는 무수한 경우들이 있다. 어
떤 고대 그리스말의 부정과거의 발달이 좋은 예이다. 유성음사이
에서 (inteervocalic) PIE S는 고대 그리스말에서 손실된다. 유성
음(모음사이)사이의 -s-s는 많은 IE언어들에서 부정과거형태의
형태소이다.

그리고 그것은 동사어근에 부정과거 어간을 더한다. 이 부정
과거 -s-는 규칙적인 음성변화에 의해 굴절어미가 모음으로 끝나
는 모음에서는 그리스말에서 손실되어야만 한다. 그러나 luō, 'I
loosen'로부터 온 lu같은 원형은 elūsa모양의 부정과거를 제공한
다. 이 -s-는 edeik-s-a같은 자음으로 종결이 끝나는 원형을 가진
부정과거의 기초위에서 유추적으로 회복되어 왔다. 그러나 모음
사이의 -s-없이 중간적인 부정과거의 기록이 없기 때문에, 그것
은 elusa의 s가 유추적으로 회복된다기보다 유추적으로 유지되었
다는 논쟁이 있는 것은 당연했다.

유추적 변화에 대한 조건들

이 장에서 토론된 형태의 변화들이 일어나게 되는 조건을 세
우려는 원칙들을 결정하려는 많은 시도가 있어왔다. 가장 잘 알

려진 것 그리고 아마 가장 좋은 시도는 1940년대에 Jerzy Ku-
rytowicz에 의해서 만들어진 "La nature des procés dits analo-
giques"라는 제목의 기사였다. 다음 그가 그 기사에서 제안했던
4가지 원칙들이다.

1. 이중의 형태학적 표시는 그것이 siglee인 위치에 다시 자리
   잡으려는 경향이 있다. 한 예로써, 어떤 명사에서 움라우트
   와 또한 관련이 되는 독일말 명사의 복수형 -e를 생각해
   보라. -e접미사와 움라우트 둘 다는 어떤 명사에서는 복수
   형을 만든다. 이것은 이중의 형태학적 표시를 구성한다. 움
   라우트는 그것이 원래 일어나지 않았던 다른 -e 복수형에
   까지 확장된다. 그리하여 Gast/Gäste의 유추상에서, 움라우
   트는 Baum/Bäume(원래 Baume)까지 확장된다.

2. 유추는 파생된 기초 형태로 나타난다(formes de foundation)소
   위 러시아말에서 'fleeting vowels'을 생각해 보라. 그것은 주
   격에서 나타난다. 그러나 어떤 간접적인 경우에서는 어중음
   소실로 쓰여진다. 명사들은 계열적 수평화에 의해 사격인 경
   우의 형태로 재도입된다. 규칙적인 교체가 nom(주격), sg(단
   수), masc, son 'dreami (줌)이 될 것이다. 꿈의 gen, sg,
   masc, sna zov 'cal1'같은 단어에서 소유격 zva는 새로운 형
   태인 zova라 퍼지기 시작한 후인 1847년까지 유지되었다.

3. 자음과 변수를 더한 구성 어떤 구조는 똑같은 기능에서 고
   립된 실재에 대한 한 패턴으로 사용된다. 그리하여 영어에
   서 부사는 정상적으로 접미사 -ly의 부가(더해짐)로 형용사
   에서부터 형성된다. 거기에는 고립된 것이 있다. 하나의 음
   소적 부사처럼, 이것들은 -ly를 가진 중복어(쓸데없이 긴
   말)에 의해 재배치되는 경향이 있다. 그 패턴은 wrong:

wrongly :: slow :X ;X - 〉slowly와 같은 대응에 의해 건설된다(만들어진다). 역사적 관점으로부터, slow는 형용사와 부사로써 둘 다의 기능을 여전히 하는 hst와 같은 역사를 가지고 있다고 기대된다. 다른 예는 MHG sg, wort p1. wort로부터 MSG Wörter로의 변화를 불러일으킨다.

4. 새로운 유추적 형태는 반대의 원초적 기능을 대신한다. 반면 재배치된 형태는 두 번째 기능에 사용된다. 예를 들어 영어에서 규칙화 된 형태는 정상적이고, 의미적으로 두드러지지 않은 복수형이며, 반면 재배치된 형태, 주변적 가정, 특별화 된 기능의 brethren, 즉 brothers-brethren 같은 쌍을 생각해 보라. 유사하게, 비교급 older는 일반적 형태이고, 반면에 재배치된 elder는 현대 영어에서 특별하고 제한적 의미를 가진다.

문법적 범주에서의 변화

결국, 우리는 하나의 주어진(가정된) 언어에서 형태학적으로 두드러진 많은 문법적 범주를 변화시킴으로써 언어의 형태학적 체계를 바꾸는 혁신의 두 가지 형태를 간략히 토론한다. 그 둘은 통합(syncretism)과 형태화(morphologization)이다. 통합은 문법적 차이점들이 제거되는 것에 의해서 발달(developments)을 묘사하기 위해 사용된 용어이다.

예를 들어, 그것은 때때로 음성변화는 완전하지는 않지만 문법적 차이의 손실로 우연적(accidental)인 결과를 낳았다. 그러나 더 보편적으로 그것은 문법적 차이는 음성변화의 결과로써 한(또는 몇몇) 형태학적 분류들 속에서 손실한다. 그리고 연속적으로 동일성의 발달-패턴은 유추적으로 확장된다. 그런 발달은 라트비아말(Latvian) 명사 굴절의 역사에서 일어난다.

발틱조어(Proto-Baltic)에서, 명사들은 대격과 단수의 도구격 경우에서 형식적으로 구별 된다(예를 들어, Lithuanian은 이 차이가 남아있다) 소위 jo-어간과 o-어간 명사로 불리워지 는 것으로 대격 단수 어미 -an, 그리고 대격 단수 어미 -u가 발틱어(Baltic)에 존재하고 있었다.

Latvian에서, 모음의 후속에 동일 음절 n이 더해지는 것은 이 n이 그것을 선행했던 명사와 더불어 역행과 일치하는 i또는 u가 되었다는 그런 방법 속에서 변했다. 그러면 이런 결과는 마지막 모음의 이어서 일어나는 손실로 전환되었다. 예를 들어 대격 단수 종결 -an은 다음과 같은 변화를 동반한다. *-an 〉au 〉ua 〉u 결과적으로, Latvian에서 (j) o-어간은 대격과 처격 단수에서는 (부분적 통합) 형식적으로 동일하게 된다; es redzu tevu 'I go see'(나는 아버지를 본다); es eju ar tēvu 'I go with father'(나는 아버지와 함께 간다) (j) o-어간 명사들 속에서 이 동일성의 유추적 영향하에서, 모든 명사의 처격과 대격 단수는 궁극적으로 함께 나타난다.

예를 들어 ijo-어간s에서 고대 라트비아말(Old Latviann)은 처격 단수 -i (〈 -ii 〈 in), 그리고 도구격단수 -u를 나타낸다. 그러나 대격 i는 두 격에 동일한 형태를 주는 도구격 -u를 곧 대치시킨다. 유추는 확실하게 다음과 같이 작용했다.

(4.9)

    acc. tēvu 'father'   : inst. tēvu :   :

      brāli 'brother' : X

                X－brāli

문법적 차이가 제거되자, 그것들은 또한 도입된다. 때때로 그런 혁신은 초기에 언급된 아르메니아말의 부정과거 주격 중간이었던 것처럼, 유추 창조의 결과이다. 새로운 문법적 범주는 또한 변이형태의 의미적 차이로 결과가 생긴다. 이형태의 발달은 형태화(morphologization)라는 용어로 된다. 어떤 학자들은 많은 인도-유러피언 언어들에 여격과 처격 사이의 차이는 형태화의 결과라고 믿는다.

많은 모음교체(ablaut)현상의 결과로써, 많은 인구어 형태소들은 고대 그리스말에서처럼 많은 형태를 가지고 있다: leip/loip/1ip 'leave'(떠나다) 인도-유러피언 여격 단수 종결에 대한 전통적인 재구성은 -oi이다. 그리고 처격 단수는 -1이다.(산스크리트에서는 -e〈 -oi; -i〈 -i). -oi와 -1는 동시에 그리스말에서 널리 증명된 변이형태 관계와 똑같은 종류를 갖는다.

이런 제안을 지지하는 증거는 처격, 격 종결 그리고 고대 페르시아말 처격 표시로써 -oi〈 -oi라기 보다 여격으로써 -i〈 -i의 그리스말 사용처럼 그런 사실(요소)을 포함할 것이다. 만약 이런 가설이 옳다면, 두 개의 형태음소적 교대(교체)를 가진 단수 인구조어 여격 또는 처격 종결은, 적어도 몇몇 인구어 언어에서, 두 개의 뚜렷한 범주 표시를 해 준다. 오래되고, 조절된 교체(alternation)는 형태 음소화해 왔다.

참고 문헌

Andersen, H., (1976). "Towards a Typology of Change: Analogy," in Proceedings of the Second International Conference on Historical Linguistice, W. Christie, de., Current Progress in Historical Linguistics, North Holland, Amsterdam.

Anttila, R., (1974). Analogy, Department of General Linguistics, University of Helsinki.

Benveniste, E., (1968). "Mutations of Linguistic Categories,"in Directions for Historical Linguitics, W. P. Lehmann and Y. Malkiel, eds., University of Texas Press, Austin, Texas.

Bloomfield, L., (1933). Language, Holt, Rinehart and Winston, New York, chapter 23.

Jeffers, R. J., (1975). "On the Notion 'Explanation'in the Historical Linguistics," in Proceedings of the lst International Conference on Historical Linguistics, c. Anderson and C. Anderson and C. Jones, eds., Historical Linguistics, North Holland, Amsterdam.

Jeffers, R. J., (1977). "Morphological Reanalysis and Analogy: Two case histories from Latin adn Greek." Lingua 41, 13-41.

Kury owicz, (1945-59). "La nature des proces dits 'analogiques'." Acta Linguistica 5, 15-37.

Sapirm E., (1921). Language, Harcourt, Brace and World, New York, chapter 7.

Watkins, C., (1970). "A Further Remark on Lachmann's Saw." Harvard Studies in Classical Philology 74, 55-66.

5장 음운변화

음변화는 한 언어의 역사에 있어서 일정한 분절음이나 분절음 부류들이 한 음에서 다른 음으로 바뀌어 가는 변환과 같은 단순한 음변화의 개념으로 생각할 수 있다. 그러나 음성 분절음은 말할이가 말을 함으로써 매우 조직적인 체계로 짜여져 있음을 알게 된다. 이러한 음운체계(phonological system)는 다양한 음성자질들이 변별적 대립을 보여주기 위해 기능하는 방법에 의해, 그리고 음성으로는 다르지만 형태적으로는 같은 형태인 일련의 규칙에 의해서 결정된다.

이 장에서는 음운변화를 일으키는 여러 가지 발달 형태를 생각해보기로 한다. 이는 몇몇 언어학자들이 이 음운변화를 규정하기 위해 사용해 오고 있는 기술체계와 관련해서 논의되어질 것이다. 다음에서 말하려는 음운변화의 기술유형은 미국 구조주의, 프라그 학파 구조주의, 그리고 생성문법과 연관된 것들이다.

이러한 세 가지 음운론 접근방법과 관련된 여러 이론적인 경향들은 음운변화의 중요한 측면을 강조하는데 도움을 준다. 동시에 이러한 경향들은 종종, 각각의 경우에 있어서, 전혀 적절하지 않은 음운변화를 설명하기도 한다. 여기서는 이 세 가지 이론들로부터 도움이 되는 부분들을 통합해보았다.

음성변화는 분명히 음운재구에서 중요한 역할을 하지만, 변화는 문법의 다른 측면에서도 역시 조직체계에 중요한 영향을 끼

친다. 음운재구(phonological restructuring)는, 언어의 음체계에서
어떠한 유형의 재조직이라도 언급할 수 있도록 하기 위해서 넓
은 의미로 사용되고 있다.

구조주의 음운론

미국 구조주의 언어학을 연구하는 학생들은 대체로 언어변화,
특히 음변화에 주의를 돌려 언어의 음소목록을 재조직하는 방법에
관심을 집중시켰다. 새로운 대립들은 언제, 어떻게 일어나고 이전
의 대립들은 언제, 어떻게 없어지는가? 음운대립체계(phonlogical
contrast)에서 재배치는 어떻게, 언제 일어나는가?

다시 말해서, 어떠한 상황하에서 주어진 형태소의 음운(혹은 음
소)표시들은 그 음소군 안에서 부수적인 변화 없이 변화하는가?
주로 Henry Hoenigswald(1946, 1960)의 연구에 기초를 두고 음변
화의 분류체계가 발전되었다. 역사언어학자들은 아직도 널리 이
체계와 관련된 용어를 사용하고 있다.

음운변화를 분류하기 위한 구조주의자들 체계의 기본전제는
모든 형태의 음운재구조화는 음성분화나 통합에서 시작한다는
것이다. 3장에서 설명한 것처럼 통합은 부분적(조건)일 수도 있
고 완전(무조건)할 수도 있다.

완전통합(complete merger)은 이전에 대립되었던 모든 환경에
서 두 개의 혹은 그 이상의 음운이 합쳐질 때에 일어난다. 이것은
관련된 음소들 중 한 개나 혹은 두 개의 음성 변이를 가져올 수
있다. 무조건 통합은 항상 음운체계의 변화를 초래하며 그 변화는
역행할 수 없다. 예전에 두 개의 혹은 그 이상의 음소들이 통합
후에는 하나가 되며 계속되는 그 역사는 어떤 식으로도 그 다원

적인 기원에 영향을 끼치지 않을 것이다. 둘 혹은 그 이상의 음운론적으로 다른 분절음들 사이의 음성 차이가 완전히 없어지는 것은 절대 중화(absolute neutralization)라고 정의되어 왔다.

인구조어의 o와 a가 게르만말의 a로 통합되는 것은 무조건적이다. 따라서 게르만말의 a는 예상했던 대로 그 이원적인 역사에 관계없이 발전해 나간다. 그러나 계속적인 발전으로 대부분의 게르만말들이 후기 인구조어라 추정되는 것과 유형적으로 같은 단모음체계 즉, i, e, a, o, u를 가지고 있는 것은 흥미 있는 일이다. 이것은 동시에 일어난 것이다.

게르만말 후기에 u〉o/__c(c)a, o형태의 음변화는 고대 산스크리트말의 wolf〈*wulfa-의 예에서 볼 수 있는 것과 같이 o를 재도입한다. 곧 이 새로운 o는 음소적으로 확연하게 되었다. 비록 인구조어, 게르만 조어, 고대 게르만말의 음소목록들을 비교하는 것이 재구조화 된 체계를 초기의 구성단계로 되돌려 놓는다는 것을 의미한다 할지라도 역사적인 결과의 분석은 그러한 음운복귀(phonological reversion)가 단지 표면적이라는 것을 나타내 준다.

음운복귀는, 예를 들어 대립은 완전통합 후에 재도입하는 것과 같은 음운재구조화의 결과가 이루어지지 않은 가정의 상황과 통합 이전에 그 대립이 있었던 어휘문맥만을 언급한다. 대부분의 역사언어학자들은 진정한 음운복귀를 가능한 역사적인 결과로 여기지 않는다.

음소의 완전소멸은 무조건 통합 또는 0과의 통합과 같은 경우로 볼 수 있다. 다른 형태의 통합과 같이, 낱말의 음운에 의한 구별이 0과의 통합의 결과로 소멸되었다. 예를 들면, 고대 라틴말의 h가 후기 라틴말에서 소멸되어 hortus '정원'과 같은 단어는 ortus '기원'과 동음이의어가 되는 결과가 되는 것이다.

분 화

조건적 통합은 반드시 음성 분화와 동시에 일어난다. 만일 음소/x/의 몇몇 변이음이 /y/와 통합한다면 /x/의 조건분화가 일어난다. 이런 현상을 일차분화(primary split)라고 한다. 가장 좋은 예가 라틴말의 r음화이다. 초기 라틴말의 s와 r은 고전 라틴말에서 s가 모음에서 r로 변하는 (z를 거쳐)것을 제외하고는 서로 구별되어 있다.

(5.1)

a,   s ······· · s (b의 경우를 제외하고)

b,   s - - - · · ·r /V__V

c,   r · · - ·   r

점선과 파선은 각각 s 그리고 r과 s의 통합에 있어서 동시에 일어나는 분화를 나타내 준다. 일차분화의 음운적인 결과는 음운 대립체계의 재편성이다. 예를 들면, 고대 라틴말의 사람이름인 Valerius의 음운표시는 중간에 /s/가 있는데 이에 반하여 고전 라틴말에서는 Valerius로 중간에 /r/이 있다. 일차분화의 결과가 어떤 형태소의 음운표시는 음소목록의 어떠한 변화도 없이 변화한다.

일차분화는 여러 방식으로 일어난다. 이 중에는 변화하지 않는 분절음들이 음운론적으로 재해석되는 재미있는 형태도 있다. 이러한 현상을 재배치 일차분화(primary split from reassignment)라고 부른다. 예를 들면, 게르만말에서 인구어의 무성정지음이 게르만말 제일자음변이로 알려진 역사적인 변화의 부분으로써 모든 환경에서 마찰음이 된다(p, t, k/v, Ø/ð, x/y). 그러나 동일 음절 내에서 s 바로 뒤에서는 이러한 무성정지음이 마찰음으로 변하지 않는다. 영어의 stand, 라틴말의 sto, 그리스말의 histāmi를 비교해 보라. 재구된 인구어 유성정지음 b, d, g가 게르만말에서 무성화 되고 그 결과 모든 환경에서 단음들 p, t, k가 다시 도입되는 것을 상기하게 될 것이다. sp, st, sk의 정지음 p, t, k는 역사적으로 나타났던 옛 */p, t, k/에서 온 것이라고 보기보다는 */p, t, k/의 변이음으로 분명히 생각하게 되는 것이다.

음성분화는 나중의 변화가 일어난 후에야 (음운 분화를 초래하여) 음소목록의 변화를 가져오는 경우가 종종 있다. 예를 들어 일차분화의 요인이 되었던 본절음을 그 자체를 변화할 수 있다. 이러한 형태의 이차분화(secondary split)는 매우 보편적인데 몇 가지 보기를 보자.

산스크리트말의 유사 이전에는 연구개지정음이 전설 모음 앞에서 구개파찰음이 됨을 상기할 것이다. 그래서 산스크리트말의 k는 k와 c[ts]으로 분화한다. 그러나 전설 모음 e는 계속해서 a, o와 함께 a로 통합되며 그 결과 단음 c의 변이음들은 구개음이 아닌 환경에서 나타나게 됨을 또한 주목해 왔다. 산스크리트말에서, *ke (〈 *ku̯e)에서온 ca‘그리고 ’는 *ko(〈 *ku̯o)에서 온 어근 ka‘누구, 어느’와 첫 자음의 특성에 의해 구별된다.

그 밖에 체계 내의 한 변화는 음성학적으로 예측할 수 있는 교체형으로 그 체계형으로 그 체계에 도입된 한 분절음에 음소자격을 준다. 이런 변화형태는 4장에서 다루었던 많은 형태음소교체에서 볼 수 있는 계열교체 체계를 더욱 복잡하게 해준다.

비슷한 경우의 이차분화는 게르만말에서 움라우트에 의해 도입되는 거체형에 영향을 준다. 고대 고지독일말 a, o, u는 후속음절의 i에 의해서 전설화하여 ä, ö, ü 가 된다. 그러나 모든 중세 고지

독일말 schone에서 온 중세고지독일말 schœne'이미 '와 고대 고지독일말 sconi에서 온 중세 고지독일말 schone'아름다운'은 o와 œ(ö)의 특성의 차이에 의해 구별되는 이들은 일찍부터 예측할 수 없는 교체형이었다. 산스크리트말과 게르만말 두 언어의 예에서 공시적인 교체는 이차분화의 결과로써 조건적 음변화를 일으킨다.

이차분화는 음성교체를 가져오는 변화에 따른 발달이 교체형들 가운데 하나가 일어날 수도 있는 음성학적 문맥의 형태의 영역을 넓힐 때 또한 일어날 수 있다. 이런 경우에 이차 발달은 대개 음변화가 아니다. 이러한 형태의 음운변화의 근원은 보통 어형변화적 수평화이다. 만일 어떤 음소 x가 음성학적 교체형 x'/___Q나 또는 다른 곳에서 y로 발달한다면 조건교체 x'-y가 있는 어형변화가 생기기 쉽다.

그러면 조금 뒤에 즉, 교체를 일으키는 음변화가 더 이상 일어나지 않을 때 여러 가지 형태작, 동사적 단순화의 결과로써 이전에는 제외되었던 음성학적인 문맥에까지 교체형이 확산될 수 있다. 이것이 수평화라고 부르는 현상이다. 실제로 모든 경우에 수평화는 재구된 음운체계라는 결과를 가져왔다.

어떤 분절음이 나타나는 문맥이 많아지는 것은 그 분절음의 변이음들이 이차적인 원인으로부터 도입될 때 그럴 수도 있는데 이런 경우에 자주 음운변화가 일어난다. 고대 영어에서 일련의 음성학적으로 예측할 수 있는 교체는 모음사이에 마찰음으로 발음되는 음성분화의 결과로 일어난다. 그 교체형들은 f/v, p/ð, s/z였다. 계속해서, 중간에 있는 겹마찰음들은 단순하게 되었다(ff, pp, ss > f, p, s/V__V). 모음 사이에 무성마찰음이 다시 나타남으로 f와 v 그리고 다른 쌍들이 대립되고 새로운 음운특징이 도입된다.

프라그학파 음운론

야콥슨(1931)에 의해 발견된 비슷한 범주의 음운변화는 프라그학파의 구조적인 음운론과 연관되어 있다. 비음운화(dephonologization)와 음운화(phonologization)가 음운변화의 주요한 두 범주이다. 이는 각각 통합과 대응에 해당한다. 이 두 음운변화형태가 합류와 분화와 다른 점은 이들이 음운대립 체계에 제한되어 있지 않다는 점이다.

프라그학파의 음운론은 변별적인 음운대립체계인 음운대립(phonological contrast)과 음의 종류를 특징짓는 자질들을 연결시키는 연관체계인 음운상관(phonological correlation)을 구별해 준다. 따라서 비음운화는 대립이 소멸되는 것 및 상관이 소멸되는 것 또는 그 어느 한쪽을 말한다. 대부분 음운화는 미국 구조주의 체계의 일차분화에 상응하고 있다.

비음운화

비록 음운대립 체계에서 비음운화가 음운구별과 이에 상응하는 음성대립의 소멸을 가져올지라도 항상 그렇지는 않다. 어떤 러시아말 방언에서는 비강세의 /a/와 /e/가 원래는 독립한 두 음소이었지만, 한음소의 조건변이음으로 변화했다.

즉 [e]는 구개음화자음 뒤에서 나타나며, [a]는 비구개음화 자음 뒤에서 나타난다. p'aták'5코펙동전 ' 〉p'eták, Žen'íx'신랑' 〉Žan'íx 등이 그 예이다. a 〉e/C'__와 e 〉a/C__의 두음성변화의 결과, 전에는 독립된 두 음이었던 것이, 그 음성 대립이 소멸하지 않고, 한 음소의 조건적 변이음이 된 것이다.

비음운화 후에는 음성구별이 없어진다. 예를 들어, 발트말, 슬

라브말, 이란말, 켈트말 등 인구어족의 여러 언어들에서 유기음
이라 불리는 *bh, *dh, *gh와 같은 일련의 자음들이 전통적인
유성정지음인 *b, *d, *g로 된다. 따라서 대립이 소멸될 뿐만 아
니라, 예를 들어 bh와 b가 구별되는 것과 같은, 음운상관(즉, 변
별자질) 체계로부터 소멸도 있다.

그러나 모든 통합이 상관의 소멸을 초래하는 것이 아니라는
사실은 중요하다. 음성구별의 소멸이 대립의 소멸을 수반할 때도
그렇다. 우크라이나말과 벨로루시말(Byelorussian) r'와 r은 합쳐
진다. 그러나 구개음화 상관과 비구개음화 상관은 구개음화 대립
이 소멸되지 않는 다른 많은 자음 쌍들이 있기 때문에 결코 없
어지지 않는다.

음 운 화

앞서 언급한 이차분화의 예들은 모두 음운화를 일으킨다. 라
트비아말은 k, g/c[tŠ], j[dŽ] 대립을 가져온 산스크리트말로부터
음운화화 유사한 예를 보여주고 있다. 라트비아말에서 k, g는 전
설 모음 앞에서 c, 로 변한다. ai〉i의 계속되는 변화에 따라 ci
〈*ki가 ki〈*kai와 음성으로 대립하는 상황이 초래된다. 변이음
c와 j는 음운화 되어진다.

라트비아말과 산스크리트말이 새로운 음소대립의 도입뿐만 아
니라 구개음화 자음과 비구개음화 자음의 새로운 음운상관결과
를 변화시킨다는 사실을 주목하라. [paltal]이라는 자질이 변별자
질로써 라트비아말과 산스크리트말 음운체계에 도입되었다.

다른 라트비아말의 발달의 결과로 우리는 상관체계 속에서 어
떤 상응하는 변화 없이 새로운 대립이 도입된 것을 알 수 있다.

라트비아말에서 l+j [i]는 새로운 음소대립 l/l'을 이끌어 내는 l'
가 된다. bralis、형제'(주격, 단수), bral'i(주격, 복수)와 cirvis'도
끼'(주격, 단수), cirvji(주격, 복수)를 비교하라. 구개음화 자음과
비구개음화 자음 간에 음소적 구별이 있기 때문에 이 발달은 상
관체계(변별자질)에 어떤 영향도 끼치지 않는다.

재음운화

음운변화의 세 번째 형태인 재음운화(rephonologization)도 프
라그학파 체계에서 정의되었다. 한 음운변화가 변별적 대립의 수
의 증가나 감소 없이 옛 상관체계의 재편성을 가져올 때 재음운
화가 일어난다. 인구조어 *g'가 슬라브말에서 z로 변화하는데 이
무조건변화가 이 예이다.

슬라브말에는 인구조어로부터 받은 s가 있다. 인구조에서 비연
속음에 대해서만 변별적이었던 유성(voiced) 대 무성(voiceless)
자질의 상관은 *g'의 반사형으로서 거의 모든 자음 문맥에 도입
된 z로 인하여 슬라브말에서도 역시 치찰음에 대하여 변별적이
되었다.

슬라브말 역사에서 또 다른 재음운화의 예는 상관체계에 영향
을 주는 재음운화의 예를 잘 나타내 주고 있다. 어떤 방언에서 슬
라브말 g가 v로 발전한 것이 아주 적절한 경우이다. 슬라브말은
정지자음들(p, t, k/b, d, g)체계에 있어서 초기 슬라브말로부터 유
성대립을 물려받는다. 슬라브말에서도 역시 음소 x가 생기는데 이
는 역사적으로 다양한 근원에서 파생되었다. g > γ로 변화한 결과,
유성대립은 연속음(x/γ)으로 확장되어지고 k는 [voice]자질과 무
관하게 된다.

생성음운론에의 틀에서 서술한 것처럼 음운변화를 토의하기 전에는 먼저 음운변화의 두 가지 비슷한 부류들을 대조해 보자. 프라그학파의 체계는, 음운대립체계는 그대로 놓아두면서도 특수한 형태소안의- 일차분화의 경우- 음소들의 변이음들을 재조직하는 여러 가지 변화를 나타내는 한 방식을 만들어내지 못하였다. 그러한 변화는 형태의 음소표시를 변화시키기도 하며 때때로 형태소 조직 체계의 일반적인 재편성을 가져오는 등, 언어에 있어서 음운체계에 지대한 영향을 미친다.

반면 미국구조주의학파에서 제기한 음소대립(또는 대비)에 대하여 생각한다면, 이러한 형태의 변화가 그들의 분류방법에 있어서 중요한 범주를 보여주고 있다는 사실은 그리 놀라운 것은 아니다. 일차분화는 음소대립체계를 재편성시키는 변화이고, 그런 까닭에 음소체계에 영향을 미친다고 간주되는 변화의 한 종류이다. 그러나 대립체계에 대한 이 똑같은 생각이 미국구조주의자들이 상관체계에 영향을 주는 변화들을 무시하도록 만들었다.

통합과 분화에만 제한된 체계는 순수한 음운변화의 예로써 초기 그리스말 u가 아틱그리스말 [y]로 바뀌는 형태와 같은 무조건 변화를 나타내 보여 줄 수는 없다. 분명히 특정한 소리에 대한 음운표시는 초기 그리스말을 말하는 사람에 있어서나 그의 아테네 후손에 있어서도 다르다.

게다가 [round]자질은, 초기의 체계에는 없었지만, 아틱그리스말을 말하는 사람들의 음운체계에 존재한다. 프라그학파의 음운상관에 대한 관심은 이러한 음운변화의 중요한 형태에 초점이 모아진다. 그러나 본질적으로 대립하는 분절적 실체들과 분석적 대립 체계의 변화에 있어서 프라그학파의 음운상관에 대한 관심은 존재하지 않는다.

생성음운론

생성음운론학파의 음운변화에 대한 설명은 특별한 이론적 관점에서 나온 것이다. 생성학파는 문법을 규칙이 지배하는 체계로 여긴다. 음운체계란 어떤 언어형태에 관한 모든 다른 점들을 다 포함하는 일련의 기저표시로 구성되어 있다고 생각된다. 또한 음운체계는 말할이들이 그들의 언어를 일반화 시켜 놓은 문법규칙에 의해 기저형에서 이끌어낸 표면표시로 구성되어 있다고 가정한다.

생성문법학자들이 문법의 공시적 규칙에 관심을 가지고 있기 때문에 이들의 언어변화이론은 주로 교체의 도입과 관련된 발달에 중점을 두고 있다. 음운체계와 음운구조를 바꾸는 다른 형태의 변화에는 별 관심을 기울이지 않았다. 생성역사언어학의 표준 참고서가 되어 온 책(1969)에는 규칙첨가(ruleaddition), 규칙상실(rule loss), 규칙재배열(rule reordering) 등의 세 가지 주요한 규칙변화형태가 논의되어 있다.

최근에는 여기에 규칙변화(rule change)의 네 번째 형태인 규칙도치(rule inversion)가 Vennemann(1972)에 의해 설명되고 있다. 규칙도치에서는 표면표시는 기저표시로 재해석되고 '옛'기저표시와 같은 형태들은 규칙에 의해서 산출되게 된다.

사실상 조건적 음변화는 규칙첨가와 더불어 일어날 것인데 이는 그 음성변화가 어형변화적 교체를 가져오기 때문이다. 더해지는 규칙은 대부분 조건적 음변화에 해당할 것이다. 음성변화는 게르만말 움라우트를 가져왔는데 그것으로 V(back) 〉 V(nonback)/__C (C)V(nonback)는 같은 형태의 공시적 음운규칙인 v(back) 〉 v(nonback)/__C(C)V(nonback)을 일으킨다.

반면에 규칙상실은 k음변화의 결과로 생긴 것이 아니다. 규칙상실의 대표적인 예는 이디쉬말에서 볼 수 있다. 이디쉬말은 중세 독일말과 밀접히 관련된 방언이다. 중세 독일말은 유성장애음이 단어 마지막 자리에서 무성화 되는 어말무성화규칙을 이어받았다.

즉, 중세고지독일말 tage'날(복수) '가 단수에서는 tac으로 된다. 이디쉬말은 이 규칙을 상실했다. 예를 들어 이디쉬말 lid'노래'와 'lider'노래(복수)'를 생각해 보자. 이디쉬말의 변화는 전통적으로 수평화의 예로 다루어진다. 한번 교체가 있었던 곳에서는 더 이상 교체가 일어나지 않는다.

고지독일말의 어말무성변화규칙의 결과로 어말무성장애음을 보여주는 형태들은 만일 그들이 어떤 어형변화와 연합하지 않는다면 무성자음을 계속가지고 있게 한다. 이러한 예는 중세고지독일말avek, 이디쉬말 avek'멀리' 등에서 보여진다. 규칙상실과 같은 이런 변화의 특징은 수평화가 음운체계에 끼쳤던 영향을 더욱 강조하고 있다.

마찬가지로 규칙재배열은 전통적으로 형태체계의 관점에서 생각하는 발달과 관련된 음운규칙체계에 있어서 변화를 나타내는 한 방식이다. 독일말의 경우가 설명에 도움이 된다. 고지독일말의 어말무성화규칙에 이어서 독일말에 V 〉 V__C(voiced)형태의 음변화가 일어난다. 이러한 두 음변화의 연대기를 생각해 볼 때 (5.2)와 같은 파생을 기대해 볼 수 있다.

(5.2)

  1단계

기저형	lob	lobəs	veg	vegə
어말무성화	lop	…	vek	…
장모음화	…	lo:bəs	…	ve:gə
표면형	lop	lo:bəs	vek	ve:gə

    그러나 독일말은 그런 형태에서 장모음과 단모음 사이의 교체가 나타나지 않는다. 장모음이 어형변화를 통해 나타난다. 이런 발달은 (5.3)에서처럼 규칙재배열로써 설명이 가능하다.

(5.3)

  2단계

기 저 형	lob	lobəs	veg	vegə
장모음화	lo:b	lo:bəs	ve:g	ve:gə
어말무성화	lo:p	…	ve:k	…
표 면 형	lo:p	lo:bəs	ve:k	ve:gə

    규칙상실의 경우와 같이 규칙재배열이 어형변화적 수평화를 수반하고 있음을 주목하라. 사실 V/V 교체에 의한 수평화의 결과로써, 연관된 형태들이 어휘표기에서 단모음을 유지한다고 가정하는 것은 불필요할 것 같이 보인다. 말할이들이 [lo:p], [ve:k]에 기저 단모음이 있다고 생각한다고 가정할 어떤 공시적 증거가 없다면 (5.3)과 같은 단계의 파생을 가정하는 것이 불필요할 것 같다. 수평화는 오히려 lob과 veg에서처럼 /lop//vek/에서 /lo:p/ /ve:k/로 변화한 형태의 음운형에 있어서의 한 변화라고 가정하는 것이 좋을는지도 모른다.

규칙도치의 예는 3장에서 언급한 산스크리트말 연구개정지음의 발달에서 볼 수 있다. 초기 인도말 k, g가 전설 모음이 뒤따를 때 c[tš], j[dĭ]로 변함을 상기하라. 몇몇 전설 모음들이 비전설모음화 된 후, k~c, g~j되는 교체조건들이 보다 자연스럽지 않게 나타난다. 결과적으로 모든 모음 직전과 자음 직전 문맥에 대하여 c교체형의 일반화가 생긴다. 규칙 k, g〉Čj/__+Sonorant는 자연스런 규칙이 아니다(여기서 +는 형태소 경계를 나타낸다). 그러나 말할이들이 구개성을 지닌 교체형을 기저형으로 생각하게 되었다고 가정한다면 공시적 과정이 그 언어에 적용될 수 있을 것이다.

(5.4)

$$\text{Č, j}\rangle\text{k, g / \underline{\quad\quad}} \begin{bmatrix} \text{obstruent} \\ * \end{bmatrix}$$

위와 같은 규칙은 모든 구개/연구개 교체를 설명한다. 그리고 그것은 전통문법학자들의 타고난 직관과 일치한다. 비록 산스크리트말 vak'목소리'의 무어미주격이 k로 끝난다 하더라도 교체형 vac-는 어간의 인용형태로 나타남을 주목하라. 이것은 구개 대 연구개 교체를 가지는 모든 어간에도 마찬가지이다. 산스크리트말 구개마찰음이 역사적으로 연구개정지음으로부터 나왔다고 할지라도 공시문법이 있어서 정지음들은, 교체를 일으키는 형태소에 있는 기저구개음으로부터 나온 것이라는 것은 명백하다.

규칙첨가와 음성분화는 동일한 개념으로 형태음소교체가 한 언어에 도입되어지는 상황들에 관계된다. 규칙상실, 재배열, 도치는 음운론적이 아닌 변화들을 음운론적이 아닌 경우이거나 음성인 예들에 더하여 결과 되어지는 다양한 서로 다른 음운변화들을 분류한다. 결과적으로 이러한 현상들에 대한 설명은 공시음운체계가 조직된 방법들과 가능한 음운변화의 범위 및 한계에 대한 우리의 이해에 중요한 공헌을 하는 것이다. 프라그학파와 미국 구조주의 분류법에 있어서 음운론적이 아닌 변화로부터 결과 된 음운재구조화에 대한 설명은 대체로 음소분화에 한정된다 (이차분화 또는 음운화).

변화의 많은 예가 규칙변화로 설명될 수 없다는 것 그리고 그러한 변화들은 생성문학에서는 전혀 다루어지지 않는다는 것은 반드시 지적되야 한다. 예를 들어 완전통합은 음운규칙체계에 아무런 영향을 끼치지 않는다. 그러한 변화들은 생성음운론에서 일차변화로 분류되며 단순히 변화로부터 나타나진다고 한다. 음운대립체계의 조직에 대한 역사적인 변화의 영향을 설명하는 것은 생성역사음운론의 영역 또는 관심 밖에 있는데 이는 그것이 최근에야 음운변화 문제가 접근하기 때문이다.

변별적인 음운대립체계의 음운론적 실체에 대한 상당한 증거가 있으며 이 체계가 적어도 어떤 음변화를 일으키는 중요한 역할을 할 수도 있다. 게다가 대립체계에 있어서 변화에 대한 언급은 발생관계의 설정, 언어분화 그리고 어족의 내부역사에 관한 다른 사실 들에 중요한 역할을 한다. 음운변화에 대한 생성분류법이 아주 부족하므로 이런 형태의 변화를 잘 설명할 수 없다.

음운변화의 기술은 재어휘화(relexicalization)라는 용어를 사용하기 위한 형태소의 음운구조의 변화와 재구(restructuring)라는 용어사용을 제한하기 위한 음운체계조직의 변화를 나타내 보여 주는 것은 바람직하고 필연적인 일이다. 재구의 경우에는 통합과 같은 음소목록에만 영향을 끼치는 유형들과 이차분화와 같이 규칙체계에 영향을 끼치는 유형들을 구별할 수 있다. 전자가 반드시 광범위한 재어휘화와 일치하는 반면 후자는 그럴 수도 있고 그렇지 않을 수도 있다. 재어휘화는 일차분화의 경우처럼 음소목록에 있어서 부수적인 변화 없이 생기거나 혹은 부수적인 변화와 더불어 생기기도 한다.

그러한 구별은 음운구조 골격 내에서 적합하다. 예를 들어 라틴말의 r음화와 같은 변화의 경우 재구조화의 성격은 생성음운론자들에게 보다 구조주의 혹은 분류음운론자들에게 더욱 다를 것이다. 구조주의자들에게는 r음화가 있는 모든 형태(monph)의 음소형의 변화가 될 것이다. 그러므로 음변화로 인해서 영향을 받는 모든 형태들에게 여러 개의 어휘표시를 도입하는 변화일 것이다. 생성론자들에게 변화는 규칙체계에 영향을 미치게 된다(그래서 재구조화가 일어난다).

그러나 혁신적인 교체 s-r을 보여주는 형태들의 어휘표시에는 변화가 일어나지 않는다. genus'종류'(주격) 〈 -/génVs /;generis(속격) 〈 -/genVs-is/를 보라(두 번째 음절 모음의 기저표시에 대해서는 여기에서 다루지 않는다). 그러나 교체체계의 변화를 가져오는 혁신이 형태소들 내에서 생기기는 분절음에 역시 영향을 미치거나 혹은 교체가 발생하지 않는 형태소 내의 자리에서 영향을 미친다. Valesius가 라틴말 r음화가 일어난 후 Valerius가 되는 형태가 바로 이 경우에 속한다. 형태소들의 음운형의 구조변화는 일어나고 있으며 또한 이와 동일한 유형의 다른 형태의 변화와도 구별될 수 있다. 위에서 언급한 것처럼 재어휘화라는 개념은 적절한 것이다.

참고 문헌

Hoenigswald, H. M., (1946). "Sound Change and Linguistic Structure," Language 22, 138-43.

Hoenigswald, H. M., (1960). Language Change and Linguistic Reconstruction, Univer-sity of Chicago Press, Chicago, Illinois.

Jakobson, R., (1931). "Prinzipien der historischen Phonologie," Travaux du Cercle Lingkuistique 4, 227-287.

Jeffers, R. J., (1976). "Restructuring, Rephonologization and Rever-sion in Historical Phonolgy," in Recent Developments in Historical Phonology, J. Fisiak, ed., Mounton, The Hague.

King, R. D., (1969). Historical Linguistics and Generative Grammar, prentics Hall, Englewood Cliffs, New Jersey.

king, R. D., (1973). "Rule Insertion," Language 49, 551-576.

Vennemann, T., (1972). "Rule Inversion," Lingua 29, 209-242.

6장 언어변화에 대한 설명: 음변화의 경우

변화는 역사 언어학의 기본 관심사이며 언어학자는 어떤 특정한 변화가 일어나는 사건들이 주어진 언어의 역사를 특징짓는가, 그리고 동시에 공시적 구조체계(synchronic structural system)를 우리가 이해하는 것을 가르치는 것이 어떤 것인가를 결정하려고 노력한다.

많은 언어들의 역사에 대한 지식에 근거해서, 1장과 4장에서 논의된 것처럼 변화의 유형학(typology)이 또한 성립될 수 있다. 우리가 2장과 3장에서 살펴본 바와 같이 , 언어변화 현상을 조사하는데 폭넓은 영역을 제공하기 위해 언어와 어족의 역사에서 누락된 단계들의 재구성을 허용하는 방법들이 발전되어 왔다.

그러나 역사언어학적 연구는 언어변화의 사실들을 설명하는 것으로 끝나지 않는다. 하나의 과학으로서 언어학은 언어현상들을 설명하는데 중점적으로 관심이 집중되어 있다. 그 다음에 역사언어학은 언어변화 현상에 대한 하나의 설명(혹은, 대개의 경우, 몇 개의 설명)을 찾아야만 한다. 이 장에서는 역사 언어학자들이 시도한 설명의 한 예로서 음변화의 경우를 살펴보도록 하겠다.

앞의 장들에서 우리는 음변화를 언어 역사 그 자체의 한 사실로서 다루었다. 그러나 우리는 그 문젯거리들을 음변화의 이론과 관련된 것으로 생각하지 않았다. 말할이가 대를 이어 계속해서 사용하는 음의 목록(inventory)의 변화를 일으키게 도와주는 내적인 동인은 무엇인가? 어떤 장치(mechanisms)들을 통해서 그러한 변화가 실현되는가? 한 언어의 역사에서 특정 시점에 특별한 음변화가 왜 발생하는가? 이것들과 그 밖의 것들이 역사학자들에게 관심 있는 문제들이다. 불행하게도 이런 의문에 의해 제기된 문제들에 대해 보편적으로 받아들여지는 설명은 아직껏 발견되지 않았다. 이것은 언어학자들이 이러한 문젯거리들을 도외시했다는 것은 아니다.

반면에, 음변화(혹은, 적어도 음변화의 다양한 양상들)에 대한 설명은 오랫동안 추구되었고, 특히 지난 30년 동안에 많은 중요한 통찰들이 이루어졌다. 우리는 이제까지 해온 대로 비평적 논평과 종합을 꾀하는 몇몇 시도들과 함께 음변화들에 대한 논의들의 대표적인 개관을 여기에 제시하려 한다.

다음의 항목들이 음변화의 문제들에 대한 논의들을 남김없이 나열한 것은 아니다. 오히려 우리는 몇몇 학자들을 선택해서 그들이 역사언어학의 중요하고 기본적인 이론적 문젯거리에 접근했던 방법들에 대해 도움이 되는 본보기를 제공하기를 바란다.

소장 문법학파 이론

소장 문법학자들은 19세기 후반기에 라이프치히에서 활동한 일단의 젊은 학자들이었는데, 가장 주목할 만한 인물은 칼 부르크만(Karl Brugmann)과 헤르만 오스토프(Hermann Osthoff)였다. 그들이 제안한 많은 것들은 실제적으로 당시의 많은 학자들의 편에서 수용되는 관습을 대변한 것이다.

그러나 그들은 언어 현상을 연구하는 것이 현상 자체의 본질에 대한 기본적인 가정에 의해 인도되어야만 한다는 주장을 공포한 첫 번째 사람들이었다. 소장 문법학자들에게 있어 음변화에 대해 행해져야 할 기본적인 가정은, 물론 그것이 절대적으로 규칙적이라는 것이었다. 현대적 용어로는 음변화에 대한 소장문법학파의 이론이 규칙가설(regularity hypothesis)이었다고 말할 수 있겠다.

예전의 많은 학자들은 비규칙적인 음변화의 개념을 인정했고, 여러 언어들의 어휘에서 찾아질 수 있는 폭넓은 음성학적 유사성을 근거로 발생연대를 가정했다. 소장 문법학자들에게 이와 같은 가정은 관련 있는 언어들에서 발견되어지는 음성대응의 폭넓은 규칙성을 도외시한 것이었다.

그 규칙성은 설명을 필요로 했다. 게다가 비규칙적인 음변화를 인정하는 것은 음변화가 엄격한 과학적 연구를 수용할 수 없다는 것을 받아들이는 것이었다. 규칙가설은 두 가지 문제점을 제거했다. 본질상 음변화가 진술될 수 있는 음성학적 조건하에서 예외가 없는 것이라면 관련 있는 언어들에서 규칙적인 음성대응은 당연하고, 사실 유일하게 가능한 결과일 것이다.

더군다나 규칙가설이 언어학적 연구의 기본적인 원리, 지도적인 원리로서 역학을 하려 한다면 다른 규칙적인 대응의 예외들은 묵인될 수 없을 것이다. 칼 베르너(Karl Verner)가 1877년에 말한 바와 같이, "규칙의 예외에 대한 규칙이 있게 마련"인 것이다.

소장 문법학자들의 초기 저작에는 음변화의 원인에 대한 명확한 진술이 없긴 하지만, 많은 소장 문법학자들에게 주어진 결합적인(syntagmatic) 음성학적 환경에서 한 음의 존재는 대부분의 음변화 유형들이 발생하게 된 충분한 동인과 설명으로서의 역할을 했다는 것이 분명하다.

그러나 조건이 붙지 않는 음변화의 경우에 어떠한 문맥상의 동인(적어도, 소장 문법학자의 의미에서)도 유효하지 않으며 조건이 붙은 음변화의 경우에서조차도 많은 의문들이 발생한다. 왜 주어진 음성학적 문맥이 어떠한 경우에는 변화를 일으키고 다른 경우에는 그렇지 않은가? 왜 동일한 조건들이 나타날 때, 항상 그리고 어디서나 동일한 변화가 발생하지 않는가?

헤르만 파울(Hermann Paul)은 자신의 '역사언어학의 원리들 (Prinzipien der Sprachgeschichte)'에서 소장 문법학파의 이론적인 관점의 요약을 제시했다. 19세기 말에 역사언어학 연구를 이끌었던 많은 가정들을 모아 놓으려는 시도에서 파울은 지금까지 나타난 것들 중에서 가장 직설적이고 완전한 소장문법학파의 사상에 대한 진술을 제공해준다. 음변화에 대해 그는 발음상의 동인(발음의 용이함)을 인정한다는 것을 명백히 한다.

그러나 그는 음변화를 순전히 생리적인(기계적인) 결과가 아니라는 것에 주목해서 음과 음을 연결시켜주는 역행동화(regre-ssiveassimilation)를 강조한다. 파울에게 있어 발화된 음의 '아이디어'는 바로 전의 분절(segment)에 영향을 미친다. 음변화를 위한 조건들은 생리적인 것이고, 그 사건은 생리적인 요소들에 의해 좌우된다. 그러나 음변화를 결과 맺는 과정은 본질적으로 심리적인 현상이다. 음변화가 순전히 기계적인 현상이라는 신념은 미국의 구조주의 학파, 특히 그 학파의 아주 유명한 인물인 레오나르도 블룸필드(Leonard Bloomfield)와 관련을 맺을 수 있다.

음변화에 대한 구조주의 이론

언어학을 과학 사이에 위치시키는 것이 블룸필드의 바램이었다. 그러므로 언어학이 과학적이기 위해서는 언어학적 연구가 비개성적, 반직관적, 기계적, 그리고 엄격하게 형식적이어야만 할 것이다. 의미, 발생횟수, 그리고 다른 비형식적인 언어의 특성들은 대개 무시될 수 있었다. 따라서 소장문법학자들의 기본적인 가정들이 블룸필드에 의해 구조주의 역사 음운론의 이상적인 토대로 간주되었다는 것은 놀라운 일이 아니다. 비규칙적인 변화의 발생을 완전히 거부하는 것과 그가 음변화에 대한 하나의 설명으로써 순전히 생리적인(음성학적인) 맥락으로 간주한 것의 기계적인 성격이 블룸필드의 과학에 대한 반지능론적 접근 방법에 전적으로 적합하다는 것이 판명되었다.

블룸필드는 음변화라는 것이 말할이가 갖고 있는 발음하기 위한 움직임의 습관을 단순히 변경한 결과이며, 비음성학적 요소들은 음변화에 결코 관련을 가질 수 없다고 확신했다. 하지만 비규칙적인 음변화를 인정하는 것을 개탄하기는 했지만 그는 역사적으로 변이의 형태가 비규칙적으로 나타난다는 것은 인정했다.

비규칙적인 음변화의 개념을 지지한 그의 선배와 동료들에 대한 그의 불평은 그들이 설명을 무시한 것에 대한 것이다. 왜 말할이는 어휘의 개별 항목을 예의적인 방법으로 취해야만 하는가? 그러나 언어학 이론이 더 세련되면 소장문법학파의 가정들보다 훨씬 더 나은 사실들의 상관관계(블룸필드, 1933. 355쪽)에 이르게 될 것이다. 블룸필드에게 소장 문법학파의 가설은 최상의 실용적인 가설이었다.

음변화에 대한 블룸필드의 언급은, 물론 그가 보는 바대로의 소장 문법학파의 원칙들을 단순히 옹호하는 차원을 넘어서는 것이다. 예를 들면 그는 역동적인 현상으로서 음변화는 연구될 수 없다고 주장한다. 음변화라는 용어는 그에게 있어 회고적 명칭이다. 그 용어는 언어학적 비교와 재구의 자료에 의해 필요하게 된 가설을 뜻한다. 우리는 동족어라는 증거를 통해서 음변화의 존재를 알 수 있을 뿐이다.

20세기 초 언어학적 사고에 있어, 공시적 언어학과 구조주의 중요성은 음변화를 연구하는 블룸필드의 접근 방법에서도 또한 분명히 나타난다. 음소는 공시적 음운론 체계가 구성되는 구조적 단위이기 때문에 음변화에 대한 연구는 구조주의 언어학에서는 음소의 변화에 대한 연구가 된다.

변화란 것은 그것이 한 언어의 구조 체계에 영향을 미치는 한에 있어 언어학적으로 관련이 있는 것이다. "음소는 말한다"라는 블룸필드의 격언은 역사언어학이 하나의 공시적 체계에서 또 다른, 나중의 그리고 구조적으로 다른 공시적 체계로 움직임을 연구하는 것이라는 태도를 강조한다. 그러므로 구조주의 역사음운론은 구조주의의 공시적 음운론에 근거해서, 기본적으로 분류적이다.

후기 구조주의자인 찰스 혹케트(Chales Hockett)는 이 기계적인 음변화가 나타나는 것을 기술하고 이어서 설명할 분명한 모델을 제공하려고 시도했다. 혹케트는 실제 음소의 발음에서 나타나는 임의의 자유변이라는 견지에서 음변화를 설명하려고 시도했다. 음변화는 개인의 발화습관과 관련을 갖는다. 왜냐하면 각각의 말할이는 끊임없이 발음의 목표를 달성하려 하기 때문이다(극대빈도, frequency maximum). 말할이는 거의 목표에 달성하지 못하나, 가능한 발음의 범위는 제한되어 있다(분배기대, expectancy distribution).

왜냐하면 목표는 빈번히 "달성되지 못하고" 분배기대가 따라서 극대빈도가, 음운론의 공간에서 떠돌게 된다. 새로운 목표가 설정되고, 이어서 음운의 변화가 일어난다.

혹케트는 성대의 수분, 귀 안의 귀지나 먼지, 그리고 일반적인 더러운 것들을 포함해서, 말할이가 주어진 극대빈도를 유지하지 못하는 언어학 외적인 이유들을 정리해서 제시하고 있다. 더욱이, 그는 분명한 언어의 잉여 때문에 느슨한(lackadaisical) 발음이 가능하다고 주장한다.

혹케트는 음변화가 전적으로 한 언어의 말할이들과 관련이 없으며 그들은 그것을 완전히 망각하고 있다고 추정한다. 음변화는 언어학자에게만 관련이 있고 그것도 어떤 구조적인 변화를 결과 맺을 때만 그렇다. 그러나 블룸필드와 달리, 혹케트는 아음소적 (subphonemic) 음성학이 이론적인 중요성을 갖기 위해서 방황한다고 보는데, 그것은 그것이 잠재적으로 중요한 구조적 변화를 발동(actuation) 시키는 것을 설명하는 것으로 작용하기 때문이다. 발동은 변화의 사건이 시작하는 것과 변화를 시작하는 것과 변화를 시작하게 하는 요소들을 뜻하는 것이다.

혹케트와 관련된 위치는 설명상의 결점들에 의해 곤란을 받는데, 그것들 중의 몇몇은 앞으로의 논의에서 분명해질 것이다. 우리는 그들 중 두 가지를 이곳에서 주목하고자 한다. 첫째로, 혹케트의 모델은, 무조건적 음변화를 포함해서 음변화가, 특별히 특정한 언어학적 체계 내에서 방향성을 갖는다는 사실을 무시한다. 예를 들면 만약 음성학적 방황에 대한 혹케트의 호소가 음변화를 완전히 설명해 특정의 무조건적 음추이(sound shift)가 항상 똑같은 방향으로 작용하는 것은 왜인가?

둘째로 후기 블룸필드 시대의 최고의 반지주의(antimentalist) 언어학자로서 혹케트는 말할이가 끊임없이 목표로 하는 목표를 어떻게 설명하는가? 말할이들이 자신들이 계속해서 재생산하려 애쓰는 어떤 것에 대한 지식을 갖는다면, 우리는 어디에 그 지식이 축적되어 있는지 질문해야만 한다.

프라그학파의 설명들

비록 혹케트가 음변화의 발생 모델을 제공하려고 시도하기는 하지만 미국의 구조주의 음운론자들은 소장 문법학자들이 제시하는데 실패한 똑같이 중요한 몇몇 의문들을 경시했다는 것은 분명하다. 왜 단지 어떤 음변화만이 다른 것들을 배제하려고 나타나는가? 그리고 왜 다른 때가 아니라 한 특정한 때인가? 이러한 의문들에 답하려는 이전의 시도 중 하나는 프라그학파의 구조주의 음운론자인 언어학자, 앙드레 마르띠네(André Martinet)에 의한 것이었다. 프라그학파 언어학자들에게 언어에 관계되는 모든 일들은 기능의 관점에서 고려되어야만 한다. 기능적인 관점은 또 다른 프라그학파 학자, 로만 야콥슨(Roman Jakobson)이 음운론적 변화에 대한 유형학을 발전시키는데 방향을 제시해 주었다.

기술 언어학자는 의사전달을 위한 언어의 기능은 무엇인가? 혹은 의미를 구분하기 위한 언어학적 형식들의 기능은 무엇인가? 하는 질문을 하면서, 기능의 문제에 관심을 가져야만 한다.

이와 비슷하게 역사언어학자는 묻는다; 언어변화의 기능은 무엇인가? 조건적인 음변화의 경우에 파울(Paul)의 '발음의 용이함'이 그 문제에 대한 폭넓게 받아들여지는 응답이 되었다. 그러나 19세기와 20세기 초에 무조건적 음변화에 대한 설명으로써 음성학적 방황(phonetic wandering)에 대한 막연한 논의를 넘어서는 주의가 거의 기울여지지 않았다. 마르띠네는 예기된 기능주의자의 관점에서 무조건적 음변화의 문제를 진술했다.

예를 들면 마르띠네는 다음과 같은 질문을 했다. 형태소를 분명하게 하는 것이 음소(phoneme)의 기능이라면, 어떻게 완전한 통합(mergers)이 일어날 수 있는가? 그는 하나의 가능한 답변으로서 다음의 가설을 제안한다. 주어진 음소의 구별이 낮은 기능 부담량(Functional yield)을 나타낸다면- 즉, 두개의 음소 중에 하나 혹은 다른 하나가 나타남으로써 구별되는 형태소가 매우 적다면-통합은 그 체계에 대수롭지 않은 것이 될 것이고 의사전달의 중대한 단절 없이 발생할 수 있을 것이다.

어떤 특정의 음소적 구분을 위한 기능 부담량을 결정하는 데에는 많은 요소들이 고려되어져야만 한다. 예를 들면 영어에서의 Θ와 ð의 대조는 거의 형태소를 구별하지 않는다. 그러나 이러한 음소들은 유성음과 무성음이라는 영어의 매우 중요한 음운론적 상관관계의 표현, 즉 구분의 안정성을 유지시키는데 한 역할을 하는 것이 당연하다는 사실을 드러내준다.

몇 개의 관련 있는 무조건적 음변화가 한 언어의 음운론적 체계에서의 동시에 영향을 미치는 경우가 빈번하다. 마르띠네는 언어가 균형 잡힌 음운론 체계를 선호하는 것 같다고 밝힌다(대부분의 현대의 언어학자들은 더 자연스런 음운론 체계의 견지에서 말하고자 한다).

그리고 그는 적어도 몇몇의 음추이의 기능은, 추이가 없었다면 비대칭적이었을지도 모르는 체계(덜 자연스런)에 대칭(더욱 자연스러움)을 가져올 수 있다고 주장한다. 자신의 음추이에 대한 논의에서, 마르띠네는 "밀기연쇄(push chains)"와 "끌기연쇄(drag chains)"를 구분한다. 말할이의 어떤 음소 /x/에 대한 발음이 어떤 다른 음소 /y/와 관련된 음운론적 공간을 침범하기 시작한다면, /y/는 /x/와 똑같은 방향으로 이동을 하기 시작한다.

그 결과 통합을 피할 수 있다. 이것이 밀기연쇄의 하나이다. 반면에 빈칸(비대칭)이 한 언어의 음운론적 체계 내에 존재한다면, 그리고 어떤 음소의 발음이 그 빈칸을 채워주기 위해 변경된다면, 끌기연쇄의 하나가 나타날 수 있다. 마르띠네는 오뜨빌(Hauteville)의 프로방스 방언에 대한 반작용으로 이 같은 끌기연쇄를 제안한다.

문제가 되는 방언은 말끔하게 대칭적인 모음체계의 한 고전적인 본보기를 제공해준다. 모음 음소는 (6.1)에 주어진 바와 같았

다. 이전에 이 같은 방언에 대한 모음의 명세(inventory)는 (6.2)에
주어진 바와 같았다.

(6.1)

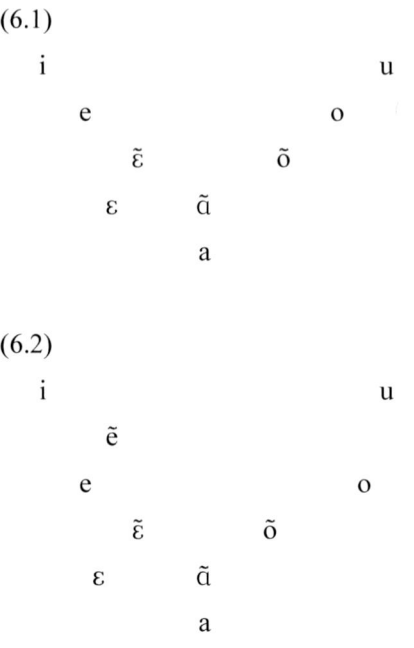

(6.2)

(6.1)을 만들어내는 음변화의 복잡한 세트는 다음과 같다: a 〉
ɔ ε 〉a; ε 〉ε; ê 〉ε, 마르띠네는 (6.2)의 불균형(세 방향의 전설
모음의 구별을 반영해줄 세 방향에서의 후설모음 구분의 결여)
이 최초의 a 〉ɔ 이동을 유발시켰고 다음과 같이 특징지워질 수
있는 끌기연쇄가 되었다: ɔ 〈a 〈ε 〈ε 〈ê

어떤 음추이에 대한 장치와 설명들에 대한 마르띠네의 흥미롭
고 중요한 가설에도 불구하고, 그가 인정하는 문제가 남아 있다.
그것은 즉, 대부분의 그의 기능적인 설명들이 그 자체가 2차적
인 음변화를 언급한다는 것이다. 밀기연쇄의 경우, 예를 들면 침

입하도록 최초의 기울어짐을 유발시키는 것은 무엇인가? 끌기사
슬의 경우, 음운론적 체계가 대칭을 지향하려는 경향이 있다면,
음추이가 고쳐줄 수 있는 빈칸은 어떻게 일어날 수 있는가?

생성론적 설명

마르띠네와 다른 유럽의 구조주의자들이 언어의 내적 구조를
고려함으로써 언어변화에 대한 설명을 찾은 것과 똑같이, 또한
음운론의 생성론 학파들과 관련된 많은 학자들도 그러했다. 대부
분의 초기 생성론자들에게 있어, 특히 '음운론이론의 양상들
(Aspect of phonological theory)(1968)'에서의 파울 포스탈(Paul
Postal)의 경우 두드러지게, 음변화는 언어변화의 특정한 유형을
그 자체로 대변하는 것이 아니고, 문법변화의 한 표현에 불과한
것이다. 문법변화는 언어학적 형태의 심층적인 재현의 변경, 그
리고 심층의 (의미론적)구조를 표층의 (음성학적)구조에 관련시
키는 규칙체계의 변화에 반영되어 있다.

포스탈은 생성 음운론이 도래하기 이전의 음변화를 설명하려는
대부분의 시도는 수행(Performance)(예컨대, 발음의 용이함)에 근
거했음을 유감으로 생각한다. 그는 변화가 내재화 된, 추상적인 체
계에 영향을 미쳐야만 하고 결과적으로 표층의, 표면적인(음성학
적) 요소들은 특별한 역할을 전혀 하지 않는다고 주장한다. 한편으
론 포스탈은 규칙적인 음변화라는 소장문법학파의 가설을 다음과
같은 점에 주목하면서 지지한다.

즉, 언어변화가 규칙의 변화, 혹은, 규칙첨가로 간주된다면, 한
규칙의 구조적인 기술에 맞는 모든 형태는 문법을 정의하는 규칙
체계의 변화에 일치하여 변화할 것이다. 반면에 그는 모든 규칙적

인 음변화는 음성학적으로 조건지워져 있다는 소장문법학파의 가
정을 포기한다. 우리가 그 문제에 관한 음변화에 대한 통사적 조건
들에 대해서조차 형태음운론적이고 형태론적인 조건들을 허용한다
면, 유추, 수평화 (leveling), 그리고 다른 과정들이 음성학적으로
조건지워진 음변화와 관련된 것과 같은 방법으로 잠재적으로 형식
화 될 수 있다. 우리는 이 문젯거리에 곧 돌아오겠지만, 먼저 언어
변화에 대한 생성론자의 논의의 아마도 가장 중요한 공헌은 무엇
인가를 생각해 보도록 하자.

그림 **6.1** 언어변화에 대한 한 모델

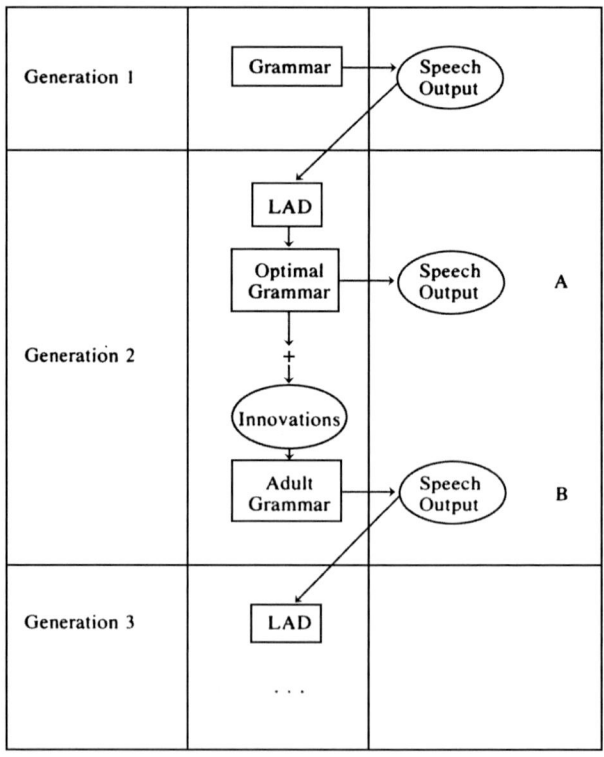

　생성론자들은 언어변화에서 언어습득의 역할을 강조하는데 중요한 역할을 했다. 포스탈, 파울 키파르스키(Paul Kiparsky)(1968), (Robert King)(1969), 그리고 다른 학자들이 규칙 첨가의 형태로 된 성인 문법에서의 혁신은 언어를 습득하는 어린이가, 자신들의 부모의 세대가 내재화시켰고 적응했던 것보다 더 간단한 문법을 세울 수 있는 자료들과 대연하는 상황들을 가져올 수 있다는 것을 종종 지적해 왔다. 킹과 클리마(1965)로부터 인용한 그림 6.1의 구도는 언어변화에 대한 이 모델을 묘사해준다.

　언어변화에 대한 언어습득과 관련되어 두 번째로 제안된 체계(mechanism)는 불완전한 학습이다. 이 가설은 어린이들이 아주 상세하게 연장자의 문법을 배우지 않을 것이라고 주장한다. 고도로 강요된 규칙은 일반화 될지 모른다. 그러나 어려운 규칙은 학습되어지는데 실패할지도 모른다. 이러한 발전들은 물론, 언어변화를 초래한다.

　5장에서 지적된 것처럼 생성론 모델은 생성론 학자들이 음운론적 변화를 보는 방법들을 정의하고 그 한계를 정한다. 생성음운론자들은 대부분 음운론적 변화(문법의, 특히 음운론의 체계의 변화)와 음변화(분절의 발음에 있어서의 변화)를 동일한 것으로 생각해왔다. 그들은 미국의 구조주의 학파의 선배들과 이 같은 편견을 공유한다. 음변화는, 그것이 형식화 될 수 있는 문법적 변화의 견지에서 기술될 수 있었지만, 몇몇 사람들, 특히 두드러지게 포스탈 때문에 설명되어졌다.

　그러나 x라는 때에 A라는 언어의 문법이 어떤 규칙을 포함하지 않았지만, X'라는 때에는 주어진 규칙이 A의 문법에 부가된다는 진술은 거의 아무것도 설명하지 못한다. 그것은 역사적인 사실에 대한 형식적인 진술이다. 그것은 음성학적 대응이라는 용어보다 더 일반적인 통시적 대응(diachronic correspondence)이다. 그것은 x〉y형식의 진술에 대한 새롭고, 아마도 더욱 완전한 설명이다. 그러나 5장에서 지적된 것처럼, 어떤 중요한 변화들은 규칙의 체계에서의 변화의 관점에서 진술되어질 수조차도 없다.

포스탈과 몇몇의 다른 생성론 언어학자들은 대부분의 역사언어학자들에게 중대한 관심사인 어떤 문젯거리들에 관심이 없는 것처럼 보였다. 그에게 규칙 변경이 일어나는 것에 대한 유일한 설명은 문체적 변이(stylistic variation)를 향한 공통적인 인간의 경향에서 발견되어 질 수 있는 것이다. 이것은 혹케트의 임의 변이(random variation)의 개념보다 더 지적인 것이 못된다.

혹케트처럼 포스탈은 변화가 제한을 받지 않는 것이 아니라는 사실을 무시하는 것처럼 보인다. 그것은 방향성이 있으며, 그것의 방향성은 어느 정도 예견이 가능하다. 음변화가 음운론적 규칙의 형태로의 변경과 같은 것이라면, 어떠한 특질 세분화(feafure specification), 조건들, 혹은 순서들의 변경도 가능한 음변화이어야만 한다. 이것은 분명히 그런 경우가 아니다. 그러므로 우리가 음운론의 규칙의 체계의 변화라는 견지에서 음변화(혹은 몇몇 음변화들)를 묘사하는 것을 선택한다 할지라도, 규칙 변화의 제한은 무엇이며, 왜 그런 제한이 존재하는가 하는 것이 결정되어져야 한다.

규칙 변화가 일어날 수 있는 조건을 결정하려는 수많은 시도들이 있어왔다. 키파르스키(1968)는 규칙 재배열 (rule reordering)이, 규칙들이 형식의 가능한 가장 큰 수에 관계하려는 경향에 의해 일어나게 된다는 이론을 세웠다. 어떤 한 쌍의 규칙에 대해 두 개의 가능한 배열 중에서 하나가 그 규칙들 중 하나에 더 폭넓은 적용을 가져온다면, 그 배열은 둘 중에 덜 유표적인 것이라고 불려진다. 키파르스키는 규칙들이 가장 덜 유표적인 배열에 관계하기 위해 재배열되는 경향이 있다고 주장했다.

똑같은 형식에 잠재적으로 관계하는 어떤 두 규칙들은 가능한 네 개의 관계 중의 어느 하나를 보여줄 것이다. 두 개의 규칙 A B가 주어질 경우, A의 산출(output)이 B가 관계한 형색을 만들어 낸다며, A 다음의 B가 급여관계(feeding order)이다. A의 적용이, 그렇지 않을 경우, B가 관계할 수 있는 형식들을 변경한다면, A 는 B를 출혈한다(bleed)고 말한다. A 그다음에 B가 급여관계이지만, B가 A를 출혈하지 않는다면, B-A는 역급여 순서(counter -feeding order)라고 불린다. 비슷하게, A 그다음에 B가 출혈순서 이지만 B가 A에게 급여하지 않는다면, B-A는 역출혈 순서 (counter-bleeding order)이다. 그러므로 역출혈 순서뿐 아니라 역 급여 순서도 급여순서보다 더 유표적이며, 출혈 순서는 역출혈 순 서와 급여 순서보다 더 유표적이다.

유표적인 것에서 덜 유표적인 규칙의 배열로의 이동을 참조함 으로써 설명되어 질 수 있는 가장 초기의 그리고 아마도 가장 잘 알려진 변화의 선언된 보기들 중의 하나를 키파르스키에 의 해 제공되었다. 대부분의 핀란드말 방언에는, 성간 유성 지속음 (intervocalic voiced continuants)이 삭제되는 규칙에 선행하는, 중복되는 중간 모음을 이중모음(Diphthongs)으로 바꾸는(ee, o o ﹥ie, uo)규칙이 있다.

그러므로 (6,3)에서 보여진 것처럼, *vee 'take'와 *teɣe 'to do'는 표준핀란드말로 각각 vie와 tee가 된다. 그러나 핀란드말 의 사르벨리아(savelian) 방언에서는 *vee와 *teɣe가 vie와 ție가 된다. 키파르스키는 이 차이가 규칙재배열이 견지에서 설명될 수 있는 혁신을 반영한다고 주장했다. (6,4) 참조.

(6.3)

	vee	teɣe
Diphthongization	vie	···
Loss of medial continuant	···	tee
Surface forms	vie	tee

(6.4)

	vee	teɣe
Loss of medial continuant	tee	···
Diphthongizahon	vie	tie

두 방언의 상황이 역급여와 급여 관계가 갖는 차이를 잘 예증해 주고 있지만, 언어 역사의 사실에 대해 좀 더 검토해본 결과, 사르벨 리안의 상황은 규칙재배열보다는 규칙의 확산(diffusion)때문이었 다. 즉, 이중모음화는 성간 유성 지속음의 상실이 완전히 이루어진 후에야 사르벨리아 방언에 전파된 것이다. 규칙재배열을 언어변화 의 역동적인 과정으로 설명하기보다는, 핀란드말의 보기는 어떻게 곡선을 이룬 발전이 관련 있는 방언의 다른 배열을 설명할 수 있는 가를 예증해 준다.

유표성(markedness)이 규칙재배열을 일으키게 한다는 주장에 반대되는 많은 예들 중의 둘은 다음과 같다.

(6.5)

Early English	dæg	dæges	dægas
Devoicing	dæx	…	…
Vocalization	…	dæjes	…
Later OE	dæg	dæges	dægas
Vocalization	dæj	dæjes	…
Devoicing	…	…	…

(6.6)

	Old English	
Historical order	tæljan	tælip
Consonant Gemination	tælljan	…
Breaking	tælljan	…
Umlaut	tielljan	telip
j-Deletion	tiellan	…
Synchronic order	tæljan	tælip
Breaking	…	…
Consonant Gemination	tælljan	…
Umlaut	tellljan	telip
j-Deletion	tellan	…

(6.5)의 보기에서처럼 유성화(vocalization)는 무성음화(Devoicing)를 출혈하고 (bleed),(6.6)의 보기처럼 단절(Breaking) 다음의 자음중복(Consonant Gemination)은 역급여순서인 반면에 이러한 규칙들에 대한 역사적 배열은 급여순서라는 점에 유의하라. 그러나 두 경우 모두 변화의 결과는 유형화된 규칙성이라는 것에 주목하라.

우리가 여기에서 마주하는 것은 전통적으로 수평화(leveling)라 불리던 것의 경우인 것처럼 보인다. 규칙재배열이 (6.5)와 (6.6)에서 기술된 유형의 발전에 정말로 깊이 관련을 갖는다면 그 재배열은 형태소의 표현적인 표현을 단순화하는 경우에 의해 분명하게 일어나는 것이다. 그래서 많은 이형태(allomorph)들이 형태소에 대한 하나의 음성학적 재현에 의해 대치된다.

자연 음운론

프라그의 기능주의자들처럼, 자연주의자는, 특히 데이비드 스탬프(David Stampe)(1969) 같은 자연음운론자들은 언어변화를 설명하는 것에 관심이 있다. 자연 음운론은 통합된 방법으로 모든 형태의 진짜 음변화를 설명하고자 한다. 모든 인간은 발화행위의 시작부터 작용하기 시작하는 타고난 과정의 세트와 함께 언어습득 과정을 거치게 된다는 것이 제안되었다.

언어가 의미를 구별하는 기능을 할 수 있게 하기 위해, 복잡한 음운론 체계가 자연 언어에서 개발되어 왔다. 결과적으로 어린 아이는 그 음운론 체계를 배우기 위해 자신의 자연적인 발음 경향을 막거나 배열해야만 한다. 이런 경우, 음변화는 발화자가 어떤 자연적인 과정(natural process)을 막거나 적절하게 배열하는데 실패할 때에 나타나게 된다. 예를 들면, 조건이 있는 음변화는 Q에 앞서는 환경에서 x가 y로 되는 것에 실패하는 것을 그만 두는 것으로 볼 수 있다.

자연 음운론이 음변화에 대한 오래된 문제에 혁신적인 접근 방법을 제공하기는 하지만, 분명히 기본적이고 오래 지속된 의문들은 남아 있다. 우리가 소장문법학파에게 B 언어가 아니라 A 언어에서, T_2라는 때가 아니라 T_1이라는 때에서 왜 x $>$ y/__Q인가를 물을 수 있는 것과 똑같이 끊임없이 막아져왔던 과정이 갑자기 혹은 점차적으로 막아지지 않게 되기 전에 어떤 종류의 조건들이 획득되어져야만 하는가를 자연 음운론자에게 물을 수 있다.

혹은 B 언어가 아니라 A 언어에서, T$_2$라는 때가 아니라 T$_1$이라는 때에는 왜 x는 y/__Q가 되는 것에 실패하는 것을 멈추는가? 자연 음운론은 언어변화에 작용하는 체계의 진짜 본질에 대한 전통적인 가정을 수정하려 시도하지만, 그 오래된 발동 (actuation)의 문제는 해결과는 거리가 멀다.

음변화의 사회적 동인들

음변화 그리고 그 문제에 대한 모든 종류의 언어변화를 설명하기 위해 특별하게 혁신적이고, 사회언어학적인 접근 방법이 1936년대 중반부터 일단의 학자들에 의해 추구되어왔으며, 그 중에서 아주 주목할 만한 학자는 윌리암 라보프(William Labov)인데, 그들은 언어변화를 이해하는 유일한 길은 진행 중에 있는 것을 연구하는 것이라고 주장한다.

그와 같은 연구는 불가능하리라던 블룸필드의 주장을 상기해보라. 라보프는 20세기 언어학자들이 언어가 실제는 아주 이질적인 것임에도 마치 동질적인 실재(entiy)인 것처럼 그것을 연구해왔다고 지적한다. 비변별적 변이는 역사언어학의 전통적인 관심사가 아니었다. 각 발화자의 문법이 여러 발음과 구조의 이형태를 변항 (variables)한다는 사실은 역사언어학 저서 어디에서도 주의를 받지 못했다.

라보프는 다음과 같이 약할 수 있는 /x/ - ⟩ ⟨ a,b ⟩ 형태의 규칙을 구성하는 것으로 문법을 받아들였다. 즉, A라는 사회적 상황에서 /x/ - ⟩ (a), B라는 사회적 상황하에서 /x/ - ⟩ (b). 어떤 적극적인 사회적 표지(index)와 관련된 결과로 이러한 변수들 중에서 하나가 다른 것들(그것들 중 하나는 이전에 선호되던 표현이었다)보다 선호되게 될 때, 언어변화는 일어나게 된다고 주장된다. 혹은 한 변수가 멸시되고 따라서 제거될 때 언어변화는 일어날 수 있다.

그러나 언어는 항상 모든 구조 (constructs)에 대해 변항을 드러내는 것이 아니고, 어떤 규정할 수 있는 구조에 대한 변항의 집합은 언어들 사이에서, 그리고 언어의 역사의 다양한 지점에서 다르다. 라보프의 각본이 변이 문제(transition problem)(한 체계에서 다른 체계로 옮겨갈 때 작용하는 사회체계(mechanisms)에 대한 설명)에 통찰력 있는 발언을 하고 있지만, 발동(actuation)문제는 다시 언급되지 않는다. 특별한 변수의 집합은 언어역사의 특정 시점에 나타난다. 어떤 변수의 표현이 주어진 언어에서 특정한 시간에 나타나는 이유와 방법을 결정하는 것이 여전히 필요하다.

방언학

단어의 음운론적 구조의 변화에 관심 있는 대부분의 학자들은 발전의 통일성에 집중해왔고, 몇몇 학자들은 왜 음변화가 항상 규칙적이지 않은가라는 문젯거리에 언급하면서, 단어의 개별 역사를 강조해왔다. 19세기 말엽과 20세기 초반에 걸쳐, 방언학의 전문가들(Jules Gilliéron 과 Hugo Schuchardt 포함해서)은 각각의 단어가 자신의 역사를 갖는다는 사실에 주의를 환기시켰다. 규칙적인 음변화에 대한 예외는 발화자의 특징적인 사용 때문에 각각의 언어에서 발생한다. 단어의 음운론적 구조의 변화가 정말로 이해될 수 있는 것은 한 언어나 방언의 각 단어의 상세한 역사에 대한 연구를 통해서만 가능하다는 것이 방언학자들의 주장이었다.

어휘 확산

음변화를 연구하는 오늘날의 학도들 중에서 어휘 확산 이론의 주창자들, 예컨대 윌리암(William S-Y. Wang)과 매츄첸(Mattew Chen)과 같은 이들은, 왜 음변화가 언어에 대해 갖는 궁극적인 효과가 항상 규칙적이 아닌가를 설명하는데 비슷한 흥미를 보인다. 어휘확산 이론은 음변화가 음성학적으로는 갑자기, 그러나 어휘 면에서는 점차적으로 일어난다고 추정한다. 즉 x〉y 형태의 변화가 단어들의 한 무리나 범주에서 시작해서 어휘를 통해 점차적으로 퍼져 나간다는 것이다. 음변화는 이 이론에 따르면, 동시에 모든 형태소에 영향을 미치지는 않는다. 음변화가 어휘 면에서 점차적으로 이루어진다면, 전통적으로 추정된 것보다도 시간이 더 중요한 것이며, 대립하는 음변화는 언어의, 역사의 과정에서 나누어질 것이다.

L이라는 언어가 t〉d /V-V라는 형태의 어휘 면에서의 점차적인 음이 변화를 겪게 된다고 가정해 보자. 어떤 시점에서 보면 t가 *t에서 파생되었다는 증거가, 그리고 같은 환경에서 d〉*t의 증거가 있을 수 있다. 그 다음에 두 번째 음변화가 d〉ð /V__V 형태의 L에 영향을 미치고, 이러한 전개가 첫 번째가 어휘에 퍼져나가기 전에 완성된다는 것을 가정해 보자. 매우 복잡한 반사형(reflexes)의 집합의 결과를 얻게 될 것이다. 궁극적으로는 t〉d/V__V가 작용하는 때에 d〉ð /V__V 에 의해 영향 받지 않은 단어들에서 *t (d를 거쳐서) 그리고 *d로부터 온 성간음 *t 와 *t 로부터 온 성간음 d가 있을 수 있다.

어휘확산 이론은 비논리적인 것이 아니다. 그러나 잘 실험되고 오랫동안 연구된 언어의 분절음의 역사에서 지지해 줄 만한 예가 거의 주목받지 못했다는 것은 놀라운 일이다. 이 이론의 주창자들에 의해 제시된 대부분의 예는 특별히 중국의 성조 (tone)체계의 역사에서 온 것이다.

형태음소적 그리고 형태론적 변화

다음 장에서, 통사변화를 설명하려는 몇몇의 보기 드문 시도를 고려해 볼 것이다. 이 장을 끝맺기 전에 형태 음소적 그리고 형태론적 변화 설명에 대해 짧게 설명하는 것이 적절하다. 4장으로 부터 대부분의 형태소 체계의 변화의 경우는 음변화와 밀접하게 연결되어 있다는 것이 상기될 것이다 어떤 음변화는, 대개 조건 있는 음변화는, 몇몇의 혹은 집합적인 형태론적 혹은 문법적인 어형변화를 가져온다는 것은 일반적인 경우이다.

그 결과는 지각과 학습 능력의 관점에서 볼 때 더욱 복잡한 것으로 간주될 수 있는 형태론적 체계이다. 이전에 형태소가 단 하나의 음성학적 재현을 가지며, 형태소 유형들이 하나 또는 몇 개의 기본형을 갖고 있고, 형태론적 문법의 범주들이 하나 또는 몇 개의 구조의 양식을 보여주었던 반면에, 음변화는 다수의 이형태 (allomorphs), 형태소의 음운론적 모양의 다양성, 문법의 형식적 양식의 다채로움을 초래한다.

이와 같은 전개의 결과로서, 분명하게 언어학적 관계는 지각하고 배우기에 더욱 어렵게 된다. 그것들 사이에서 얻어지는 형식적 관계를 지각하고 배우는 것을 촉진하기 위해 형태소의 형식과 양식에 더 큰 통일성을 부여해야 할 필요가 발생한다. 수평화 (leveling)와 유추와 같은 변화는 이 통일성을 가져오도록 작용하기 시작하고, 언어는 복잡성의 발전과 감소가 번갈아 나타나면서, 순환 양식으로 변화를 계속 한다.

참고 문헌

Anderson, H., (1973). "Abductive and Deductive Change," Language 49.4, 765-794.

Bloomfield, L., (1933). Language, Holt, Rinehart and Winston, New York, chapter 19.

Chen, M. and W. S. Y. Wang, (1975). "Sound Change: Actuation and Implementation," Language 51, 255-281.

Hockett, C. F., (1965). "Sound Change," Language 41, 185-215.

Kiparsky, P., (1968). "Linguistic Universals and Linguistic change," in Universals in Linguistic Theory, E. Bach and R., Haĭms, eds., Holt, Rinehart and winston, New York. Labov, W., (1972). Sociolinguistic Patterns, University of Pennsylvania Press, Philadelphia, Pennsylvania, chapters 7-9.

Labov, W., (1972). Sociolinguistic Patterns, University of Pennsylvania Pre3ss, Philadelphia, Pennsylvania, chapters 7-9.

Martinet, A., (1952). "Function, Structure, and Sound Change," Word 8, 1-32.

Paul, H., (1920). Prinzipien der Sprachgeschichte, 5th ed., Niemeyer, Halle.

Postal, P. M., (1968). Aapects of Phonological Theory. Harper nd Row, New York, part Ⅱ, pp.231-326.

Stampe, D., (1973). "The Acquisition of Phonetic Representation" CLS5, 443-454.

Vennemann, T., (1972). "Rule Inversion", Lingua 29, 209-242.

Wang, W. S. Y., (1969). "Competing Chamges as a Cause of Residue, Language 45, 9-25.

Weinreich, U., M. Herzog, and W. Labov, (1968). "Empirical Foundations for a Theory of language Change," in Directions for Historical Linguistics, W. Lehmann and Y. Malkiel, des., University of Texas Press, Austin, Texas.

7장 통사적 변화

    통사(Syntax)란 용어는 형태소들이 어떤 일련의 형(sets of platters)에 의해 문장으로 구성될 때, 언어학자들이 그 일련의 형들을 언급한 데에 사용하는 용어이다. 이 장에서는 문형(Sentence Patterns)상의 변화에 관해 기술하고 설명하기로 한다. 처음부터 통사상의 변화에 대한 연구가 음변화나 형태적 체계(morphological systems)상의 변화에 대한 연구만큼 주목을 받아오지 못했음을 알게 될 것이다.

    사실상, 통사변화(syntactic change)는 전통학문에서는 거의 논의되지 않은 문제이며, 일반적인 역사언어학 교재나 구체적인 어떤 언어의 역사를 다루는 교재에서도 아주 무시되곤 했다. 그나마 통사가 논의된 곳이 있다면, 그 논의는 특별한 문법형태들이 사용되는 의미론적 문맥을 기술하는데 그쳤다.

    특수한 격형태들이 일어나는 상황을 나열한 목록이 그 한 예이다. 19세기와 20세기 초의 많은 학자들에게 있어서는 역사적 형태론(historical morphology)은 역사적 통사론(historical syntax)과 같게 생각했다. 따라서 시간이 지나면서 통사적 형태(syntactic patterns)의 대체형에 대한 연구가 거의 없었다.

    예상되는 바이지만, 통사는 또한, 언어적 재구(linguistic reconstruction)에 관심이 있는 학자들에 의해서도 대단히 무시되어 왔다. 예를 들어 인도유럽어의 가장 오래된 언어로 간주되는 산스크리트말

의 그것과 사실상 동류임을 재구했다. 다음의 August. Schielcher에
의한 "Reconstructed Indo-European fable"과 H. Hirt에 의한 번역 –
그것은 산스크리트말에 영향을 준 음변화의 결과를 낳는 수식이다
– 둘 다 모두 통사 재구의 초기 방법을 보여준다. 1868년 진행된
Schleicher의 우화는 다음과 같다.

Eine Fabel in indogeermanischer Ursprache.

Avis akvāsas ka.

　avis. jasmin varnā nā a ast. dadarka akvams. tam. vāgham
garum vaghantam tam bhā ram magham. tam. manum āku
bharantam.
　avis akvabhjams ā vavakat: kard aghnutai mai vidanti manum
akvams agantam.
　Akvāsas ā vavakant: krudhi avai, kard aghnutai vividvant- svas:
manus patis varnām avisāms karnauti svabhjam gharman vastram
avibhjams ka varnā na asti.
　Tat kukruvants avis agram ā bhugat.

　1938년에 출판된 Hart의 "재구"의 수정판은 다소 다르다.

owis ek'wōses-k^{w}e

　owis, jesmin wblenā ne ēst, dedork'e ek'wons, tom woghom
g^{w}brum weghontm tom, bhorom megam, tom, gh'bmonm ōk'u
bherontm owis ek'womos ewbwek^{w}et; k'ērd aghnutai moi widontei

gh'bmonm ek'wons ag'ontm ek'wōses ewbwek^{w}ont: k'1udhi owei!,
k'ērd aghnutai vidonlmos; gh'bmo, potis, wblənām owjôm k^{w}rneuti
sebhoi gh^{w}ermom westrom: owimos-k^{w}e wblənāne esti.
Tod k'ek'ruwos owis ag'rom ebhuget.

그리고 여기에 그 우화의 번역이 있다.

(A) sheep and horses
(A) sheep on which (there) was no wool (= a shorn sheep)
saw horses, (the one) drawing (a)heavy wagon, (the one)
(a)great burden. (the one) carrying a human quickly. (The)
sheep said to (the) horses: (My) heart feels anguish seeing (the)
man driving (the) horses. (The) horses said :listen, sheep, (the)
heart feels anguish having seen (the) man (the) master make
(the) wool of sheep into warm clothes (for himself) and (there)
is no wool for the sheep. Having heard that (the) sheep turned
away into (the) field.

양과 말
털 없는(털이 깎인) 양이 짐이 가득 찬 무거운 마차를 한 마
부에 의해 빨리 운반하는 말을 보았다. 양이 말에게 마차를 끄
는 너를 보니 내 마음은 번민을 느낀다고 말했다. 그러자 말하
기를 양아 내말 좀 들어봐 나는 마부를 보면 번민을 느껴, 그는
양모로 따뜻한 옷을 만들려 하나 양모가 없거든. 이 말을 들은
양은 들판으로 도망쳤다.

이 몇 안 되는 중요한 예외로, 10년 동안 통사상 변화와 재구

가 이 어려운 과제 외에 더 이상의 주의도 받지 못했다. 1950년
대 말엽 이래 언어학계 내에 통사론에 의해 획득된 주요한 위치
는 역사언어학 연구의 경향에 영향을 미치면서 그 주제에 대한
흥미를 불러일으켰다. 더욱이, 보편언어에 관심 있는 많은 심리
언어학자와 학자들이 그들의 관심을 통사변화와 관련되는 현상
에 돌렸고, 역사 통사론은 주요한 연구과제의 한 분야로 다루어
지게 되었다.

이 장에서 우리는 먼저 최근 통사변화와 관련하여 일어나는 통
시적 재구의 여러 주제 중 몇 개를 논의할 것이다. 재구는 언어변
화의 연구에서 중요한 도구이므로 동사재구에 사용된 방법을 정교
히 하고 다듬는 것은 역사언어학의 중요한 관심사가 된다.

우리가 통사변화에 관해 애기할 때, 무엇을 의미하는 것인지를
정립하는 것이 중요하다. 공시 통사론에서 가장 널리 쓰이는 모델
중의 하나에 따르면 통사 체계(syntactic systems)는 "변형"이란 수
단에 의해 표면구조가 되는 의미구조를 나타내기 위한 체계로서
기술될 수 있다. 의미구조가 Large part universal이 된 이래, 통사
변화는 즉시 표면구조상의 변화이면서 표면구조를 유도해 내는 변
형구조상의 변화이다.

한 언어가 그 역사적 과정에서 (a)형태의 문을 (b)형태의 문으
로 대치한다고 가정해보자.

(7.1)
    a. I come for the giving of gifts (L₁)

    b. I come to give gifts (L₂)__

(7.1.a)dml 명사 보문(nominal complemenmt)이 (7.1b)의 소위
부정사 보문(infinitival complement)으로 바뀌었다. 그러나 어떤

의미상의 변화는 일어나지 않았다. 두 문장에 (I come)(I give gifts)라는 두 형상의 Unique remote structure가 존재한다. 선형의 표면통사형(linear surface syntactic pattern)이 바뀌었는데, 외관상 이 두 문장이 공유하는 의미구조로부터 표면구조를 유도하는 변형을 갖는다.

인구어 언어에서 부정사를 포함하는 대부분의 명제의 역사와 선사는 방금 묘사된 것과 같은 실제상의 발전을 예증한다. 예를 들어 산스크리트말에서 리그베다(Rig Veda)(가장 오래되고 언어적으로 오래된 텍스트)는 최근 찬송가에서 (7.2b)같은 구조로 대치된다.

(7.2)

    a. sa gamkad indro..: vasūnān...dātum

                       ↑ (gen.pl.)

      'May Indra come for the giving of wealth.'

    b. etavad...ūsas tvam bhuya vā dātum..arhasi

      (acc.sg.) (acc.sg.)

     so much Usas you more or to give be able

     'You, Usas, are able to give so much or more.'

(7.2a)에서 기저의 동사 dā(주다)의 목적어 vasūnām(기후)는 소유격이므로 인구어에서 동명사의 명사 목적어를 예상하는 표면형태이다. dātum의 형태론적 해석은 명사로 dā(어간)-tu(명사 파생 접미사)+m(대격. sg.)이다. 인구조어에서 그랬던 것처럼 (7.2b)에서 dātum의 목적어는 대격이므로 타동사의 직접 목적어를 얘기하는 표면 형식이며, dātum의 형태론적 해석은 dā(어간)+tum(부정사형 어미)로 바뀐다. 여기서 우리는 -tum이 새로운 접미사로 해

석됨을 알 수 있다.

왜냐하면 그것은 점차 단일 개체로서 널리 생산적이 되었고, 어근뿐 아니라 어간(Verbal Stem)에 붙어지게 때문이다. 이 변화는 Rig veda의 가장 오래된 부분에서 발생한 -tum이 tu+m과 같은 복합접미사의 큰 변화로 대치된 시기인 B. C 400년경 산스크리트의 파니니업적시대에 완성되었다.

통사변화는 산스크리트말의 역사에서 발생했으나 그 변화는 단지 외면적 표현에 영향을 미친것이었음이 강조되어야 한다. 보문의 기저동사의 표면 형태론적 분석이 변화되었다. 보문 내의 목적어와 동사 사이의 표면상의 통사적 관계의 성격이 변화된 것처럼 격 형태가 변화되었다. 그럼에도 불구하고 (7.2a)와 (7.2b)의 의미적 구조는 같다.

변형 규칙상의 변화

사실상 모든 통사상의 혁신은 표면구조를 유도하는 변형 규칙상의 변화라는 견지에서 기술될 수 있다. 음운 규칙처럼, 변형규칙도 바뀔 수 있다. 영어 통사론에 영향을 미쳤고 계속 미치고 있는 잘 알려진 혁신인, whom에 관하여 관계대명사이며 의문대명사인 who의 침해가 변형재구성(tronsformational reordering)의 경우로 Klima(1964)에 의해 기술되었다.

예(7.3)에서 우리는 who와 whom이 각각 주어 목적어(전치사의 목적어 포함)로 엄격히 구분되어 쓰인 역사상의 한 시점에서 한 영어문장이 파생된다. 예(7.4)는 관계사나 단어가 동사 앞 위치에 있을 때 who가 목적 문맥에 사용되는 변화를 입은 같은 문장의 파생이다.

(7.3)

DERIVATION: Whom could she see?

   wh she Past can see he Sg.

  a. Case-Marking

    V_t V_t

    Pronoun   pronoun Case

    prep   prep

    wh she Past can see he Case Sg.

  b. Wh-Attachment

    wh X Pronoun(Case) Number Y wh Pronoun (case) Number X Y

    wh he Case Sg. she Past can see

  c. Wh-Attaction

    wh (pronoun Case Number) subj Tense (V^m) Verb

    wh (pronoun Case Number) Tense (V^m) Subj Verb

    wh he Case Singular Past cast can she see

    SUREACE: Whom could she see?

(7.4)

DERIVATION: Who could she see?

  a: Wh - Attachment

  b: Case - Marking

  c: Wh - Attrachon

비록 통사적 변화가 변형의 변화로 기술될 수 있다는 것이 명백하다 할지라도 그것이 전부 명확한 것은 아니다. 그리고 그것으로 변형적 성분 속에서 변화의 동기를 자극 받을 수 있다는 것은 어느 쪽이든 중요한 논쟁의 문제이다. 변형 변화의 경우 다시 기술하겠지만 사실과 관련시키는 데는 많은 어려움이 있다. 문법 형식화의 전후변화와 형식 문법 계획의 용어 속에서 구조 변화의 해설은 변화로 설명할 수는 없다. 왜 이와 같은 변화가 문법 속에서 나왔는가를 묻기 위해서는 적절한 장소를 취해야 하는 필요성이 있다. 다시 말하면, 우리는 음운체계 속에서 유사한 관계와 규칙 변화에 관련된 문제에 주의해야 할 것이다.

통사적 변화의 설명이 전혀 없었던 것은 우선, 표면 구조가 증명을 끌어 낼 수 있다는 것에 의해 규칙체계가 발견되었다는 데 있었으나 이는 확정적이지는 못하다. 가장 흥미를 끄는 제의는 음운 규칙과 같은 변형규칙, 그리고 최소한의 명확한 순열 속에서 적용하기 위해 재편되어지는 경향이 있는데 있다. 그러나 최상의 통사적 변화는 이러한 주장에 의해서 설명 되어질 수 없으며, 더욱 충분한 설명은 다른 곳에서 찾으려고 노력하는 것이 명확할 것이다.

왜냐하면 변형적 구성요소는 통사적 변화의 동기를 찾기 위해서 밝혀지지 않는 문맥을 통해 증명하려 하였기 때문에 학자들은 일반적으로 통사적 변화를 설명(또는 설명들)하기 위해서 표면 통사 유형으로 돌아갔다. 통사적 유형의 넓고 다양한 변화를 설명하려고 시도하는 것은 단순화의 경우로 분류되어지며, 이런 경향은 의미구조를 만들거나 변화하기 위해 표면구조로 이어져 들을이들로 하여금 더욱 접근하기 쉽게 기술되어지고 있다. 통사 구조의 수용가능성과 학습 가능성에 집중된 통사변화의 설명을 위한 접근은 이러한 가정된 경향을 분명히 하기 위해 탐색하는 것이다.

지각 책략의 기능

통사론 연구에 접근하는 변형적 일반화는 대부분 생산에 관심이 두어졌고, 표면구조가 보다 깊은 의미구조로부터 유도시킬 수 있는 아주 간단한 문법의 형식화에 관심이 두어졌다. 그러나 우리가 보았듯이 actual case histories는 문법규칙이 단일화 되거나 일반화 되고 혹은 규칙의 형식적 자질(some formal porperly)이 혼합되는 일관된 경향이 있다는 증거를 제공하지 않는다. 따라서 언어사용자들이 문장을 이해하는데 적용하는 체제와, 한편으로는 문장구조를 배우고, 한편으로는 통사변화를 배우는데 사용하는 체계들 사이의 상호 작용에 관한 가설들이 제안되었다.

구체적으로 Bever and Langendoen(1969)은 말할이들이 내적구조 위에 외적구조를 배치하는 수단으로서, 지각 책략의 계층적 틀을 사용하며, 따라서 문장이 만들어지는 구조장치가 문장이 이해되는 구조장치에 필연적으로 상응하지 않는다고 제안하고 있다. 만일 문법의 한 부분 내의 변화가 다른 곳에서 지각 가능성을 방해하게 한다면 더 이상 변화를 피할 수 없을 것이다.

통사적 연속성이 절(sequnce of actor/subject+action/ verb+object)임을 결정하는데 들을이에 의해 사용되는 몇 가지 지각 책략을 고려해 보라. 영어에서 타동사를 가지는 대부분의 절들이 noun-verb-noun (NVN)의 순서를 가지므로 들을이들은 대화의 흐름을 NVN NVN 타입의 결과로 분할하여 가능한 곳에서는 그런 결과를 절로서 해석한다. 들을이가 (7.5)에 의해 표현되는 타입의 문장과 만났을 때, NVN형이 절이라는 전략에 기초한 절 구조의 해석은 직선적이다.

(7.5)

He vit the boy Mary likes.

(7.5) 문장은 결과적으로 NVN/NV의 외적구조와 내적구조를 갖는다. (7.6)과 같은 문장은 좀 더 복잡하다.

(7.6)

When he left the party became dull

(7.6)의 해석에 첫 접근은 최소한 어떤 말할이에게는 When he left the party가 문장 (7.6)이 실제 절이라는 잠재적 가설에 이른다. 그러나 became bull에 상용하는 내적구조 집단이 없으므로 그러한 첫 해석은 다시 판단해야 된다.

Bever & Langendoen은 영어 관계절 구조의 어떤 변화는 들을이에 의해 그러한 복합문의 해석에 유효하거나 혹은 필요한 지각적 책략의 관점에서 보다 잘 이해될 수 있다고 제안하였다. 영어가 과거 천년 이상 발전되어 왔으므로 관계절 구조에 영향을 준 변화는 많고도 복잡하다. 여기서 우리는 간단히 영어 관계절 구조가 방금 논의된 타입의 지각 책략에 관련되므로 영어 관계절 구조 사이의 변화에 관해 고려하겠다(지난 여러 세대에 걸쳐 영어 관계절 구조에 영향을 준 실제적인 변화는 다음 논의에 암시되는 것보다 훨씬 더 복잡한데, 여기서는 해설을 목적으로 하므로 극히 간단히 하여 설명하겠다).

근대 영어와 초기 영어 형태상에서 관계절 형성의 재미있는 차이점은 관계절이 그 절 안의 동사 다음에 오는 명사를 수식할 때, 근대영어가 관계절 표지(대명사)의 사용을 요구한다는 점이다. 그러므로 (7.7)은 비문법적이고 단지 (7.8) 같은 문장만 가능하다. 별표(*)는 여기서 공시적 비문법적 문장을 표시하는데 쓰였으나 이 책의 다른 장에서는 재구형으로 쓰이지 않았다는 것을 주의하자.

(7.7)

　　*He hit the boy likes Mary

(7.8)

　　He hit the by that (who) likes Mary.

　그러나 영어사의 초기단계에서는 (7.7)과 같은 문장이 머리에 떠오를 것이다. 결국 영어사에 있어 마침표는 관계절이 그 절 안의 동사를 선행하여 명사를 수식할 때 공공연한 관계절이 없이도 머리에 떠올릴 수 있다. 곧 (7.10)과 같은 문장을 배제하기 위해서 (7.9)와 같은 문장의 모든 마침표가 가능하다.

(7.9)

　　The boy who (that) likes Mary hit Paul.

(7.10)

　　The boy likes mary hit Paul.

　만일 우리가, 들을이가 일련의 NVN을 절로 이해함으로써 문장의 절구조를 이해할 수 있다는 제안을 상기한다면, 'the boy likes Mary'가 하나의 절처럼 들린다고 해서 현대 영어가 (7.7)과 같은 문이 받아질 수 없다는 것에 놀라지 않을 것이다. 어떤 관계절 표지를 갖는 것은 들을이로 하여금 명사구(the boy)를 hit의 목적으로 이해하게 한다(물론 likes의 기저 주어일 뿐 아니라). 그러나 관계절 표지는 격표지가 있어, 그 격표지가 한 문장 내에서 각 명사의 고유한 해석을 표면 동사의 주어나 혹은 목적어로 확정하던 고대 영어에서는 그 중요성이 덜했다. 그러나 영어상의 모든 관계에서 (7.10)과 같은 문장은 한 과제로 나타난다. 왜냐하면 명사와 동사의 첫 번째 연계는 격표지를 가졌다 해도, 같은 절의 성분으로 이해되기 쉽고, 들을이는 교착에 빠질 것이다.

(7.11)

He hit the boy Mary likes.

현대 영어 말할이에게는, 이 문장이 격표지를 잃었다 해도 이해에 문제가 되지 않는다. 왜냐하면, 우리가 보았듯이 이 문장의 표층구조(NVN/NV)는 그의 내면 구조와 대응하기 때문이다. 격표지를 잃은 결과로서, 그리고 영어에서 관계절 표지의 삭제에 제한이 온 변화를 볼 수 있다. 이것은 주어진 명사나 명사구의 연계성을 인식하기 위해 뒤따르는 문제 때문이다.

통사유추

4장에서 말할이들이 단어들의 쌍들 간의 surface formal relationships를 인지하는 방법은 때때로 유추라 이름되는 변화의 타입으로 귀착됨을 지적하였다.

아주 흡사하게 동사 타입의 쌍들 간에 인지되는 형식적 관계도 제목의 통사유추하에 고려될 수 있는 변화의 단계를 설정할 수 있다.

통사유추의 가능한 예는 산스크리트어의 역사에 존재한다. 산스크리트어는 타동사의 수동태가 동사어근에 파생접미사 -ya가 붙음으로써 형성된다. 예를 들어 karoti'he/she does/makes'가 kary -ate'it is dose/made (by x)'가 된다. -ya가 접미 된 정형동사를 가지는 산스크리트말 수동구조는 산스크리트말의 혁신이다. 관련된 인구어에서 우리는 전혀 다른 수동태 구조를 본다. 그러나 접미사 -ya 그 자체는 잘 알려진 인구어 형성이며 현대언어의 상태동사의 자동사 변화의 산스크리트말 자동사 pusyate'to thrive, grow, become ripe'를 고려해보자. 이 단어는 접미사 -ya의 원 의미를 잘 반영한다.

만일 -ya가 산스크리트말처럼 타동사와 자동사 문맥에서 모두 발생하는 동사어근에 연결된다면, (7.12)에서의 그것들과 같은 문장의 짝이 그 언어에 나란히 놓일 수 있다.

(7.12)

    a. Manu pacati ghee.

    Manu is cooking butter.

    b. Ghee pacyate.

    Ghee cooking (is being cooked).

(7.12)에 주어진 type의 문장의 쌍을 보라. (7.12a)에서 타동사의 목적어는 (7.12 b)에서의 대응하는 자동사의 주어로 된다. 다음 문장을 보라.

(7.13)

    Manu karoti damam.

    Manu is building a house.

단어 'damam house'은 ghee 'butter'처럼 타동사의 직접목적
어로서 기능을 할 수 있다. 초기 산스크리트의 말할이들은,
(7.14) 같은 문장의 새로운 변화를 위한 모델로서 (7.12 a)와
(7.12 b)타입의 문장 간의 인지되는 관련성을 잘 사용했다.

(7.14)

　　Damam karyate.

　　A house is king built.

pacati 직접 목적어가 pacyate의 주어역할을 할 수 있는 것처
럼, karoti의 직접 목적어는 새로 형성된 karyate의 주어로서 사
용되게 된다.

그러나 이 장에서 논의된 세 개의 산스크리트 동사들과 관련되
는 의미론이 다소 다름을 주목한다. pacyate에 행위자(agent)의 개
념은 부적절하다. pacyate에는, implied cooked (implied agent)로
의 의미적 변천은 karyate 같은 동사들을 가진 구문의 도입을 반
드시 동반한다. karyate에 행위자가 필히 함축하는데, 우리는 이
동사를 진짜 수동태로서 얘기할 수 있다. 문형의 쌍들 간의 인지
되는 형식적 관련은 접미사(여기서 -yu는 한 언어에서 혁신적이고
생산적인 형태적, 통상적인 패턴으로 결과된 것이다)의 의미 법주
의 확장 혹은 변화를 가능케 한다.

앞에서 의미한 통사변화의 두 예에서, 통사 체계상의 발전을
이해하는 것은 문법이 다른 부분에의 발전을 고려하는 것과 분
리될 수 없다. 영어 관계절 형성의 제한 산스크리트말에서 수동
문장을 만들어내는 발전은 동시에 새로운 문법범주를 만들어냈
다. 베네만(vennemann(1974))과 같은 몇몇 학자들은 실질적으로
모든 통사적 변화를 음운변화와 복잡하게 결합되어 있다고 제안

했으며 통사적 친족관계인 어형변화의 활용어미에서 음운적 감소와 음운적 중화가 매우 중요한 영향을 미친다고 강조했다. 예를 들면, 이러한 것은 명사형의 경우 주격과 목적격 구별의 어려움이 음변화에 기인한다는 것으로 설명이 가능하다.

즉 어말음절의 탈락, 모든 단어의 끝을 강하게 발음하지 않고 모음으로 하려는 중화, 주어·동사·목적어(SVO)의 어순으로 변화하려는 복원이 그것이다. 그래서 최대한으로 동사가 되려는 하나의 관계절에서 위치의 의미에 의해 명사가 목적어가 되는 것으로부터 명사가 주어가 되려는 것을 구별해야 한다.

어 순

단어 어순변화(Word-order changes)로 분류되는 재미있고도 아주 복잡한 형상은 1970년대에 많이 연구되게 되었다. 1973년에 Greenberg는 선적으로 순서 지워진 3조의 다양함 중에 세 개의 체계적 관련성이 그 언어에 획득되는데, 그것은 보편성을 가진다고 지적하였다. 이 발견의 결과로, 한편으로는 중요한 문장구조의 표면 순서 상의 그러한 보편성과 다른 한편으로는 통사적 변화의 과정과 경향상의 보편성 사이에 관련성이 존재한다는 사실에 많은 주의가 기울여졌다.

통계상으로 확립된 문장의 선적인 순서의 암시적인 보편성 가운데 다음의 것이 어느 정도 확실하다.

(7.15)

동사＋목적어(VO)	목적어＋동사(OV)
전치사＋목적어	목적어＋후치사(혹은 격어미)
비교＋표준	표준＋비교
명사＋관계절	관계절＋명사
명사＋의존속격	속격＋명사
조동사＋본동사	본동사＋조동사(혹은 굴절어미)

즉, VO 순서는 일반적으로 "전치사＋목적어"순서를 함축하여 "목적어＋후치사"순서에 반대된다. 다른 가능성이 있으나 (7.15)에 진술된 함축적인 관계는 고려 중인 보편성의 성격을 예증하기에 충분하다. 언어가 보편적으로 유형론적인 견고함을 옹호하려 한다는 인식은 최소한 통사적 변화의 방향에 대하여 몇 가지 중요한 일반화를 위한 가능성을 부여한다. 예를 들어 우리는 VO 순서로의 변천이 후치사 표지나 혹은 초기의 전치적인 관계절 구조의 후치로 전치사가 대치되는 때를 수반할 것이라고 예측할 수 있다.

통시태 연구에 유형적 요소를 결합시키는 명백한 약정에도 불구하고, 어순의 문맥상의 통사적 변화를 보편성으로 본 설명은 통사론을 연구하는 학자들에게 만병통치약은 되지 않는다. 기본적인 문제들이 해결되지 않는 채 남아있다. 어순의 변천들이 첫번째 장소에서 어떻게 시작되는가? 이미 고려된 한 가지 가능성 있는 답변이 음운론적 변화와 단어 어순변화 사이의 잠재적 관련성을 수반한다. 또한, 무슨 기재에 의해 유형적 변천과 연결되는 변화가 초래되는가? 성분들이 한 절 내에서 서로 다른 곳으로 간단히 이동하지 못한다. 과정들의 복합적인 집합은 유형적 변화가 생길 때마다 움직인다.

통사적 재구

이 장을 시작할 때 우리는 통사적 재구의 시도가 통시태 (diachronic)를 연구하는데 공시적 연구에 현저하게 행해지지 않았 음을 주목하였다. 여기서 우리는 통사적 재구를 시도할 때 수반되 는 어려움들 중 몇 개를 고려하겠으며 어휘론적 재구를 위해 개발 된 바 있는 가장 가치 있는 절차, 곧 비교방법(comparative method /CM)을 검토함으로써 이 논의를 시작하자. 그 방법은 통사적 재구 와도 관련되기 때문이다.

소리체계의 재구와, 이들 소리들이 발생하는 형태소들과 단어 들의 재구에 있어서 비교방법의 대부분의 결과가 음변화의 현저 하게 규칙적인 성격에 의존해왔다. 그 규칙성들이 어떤 식으로 일어나건, 만일 두 언어가 관련되어 있다면 음들의 무한한 수는 같은 어원의 어휘적 항목들의 무한한 수 내에 대응할 것이다. 같은 의미로, 한 언어의 소리들이 구성하는 형태소들과 단어들뿐 아니라, 한 언어의 소리들은 그 언어의 초기형태의 물리적 자질 들의 연속으로 간주될 수 있다.

물론 매 세대의 말할이들이 그 자신의 음운론적 체계를 말로 구분하고, 개인의 언어의 소리들이 총칭적인 계승물을 나타내지 는 않는다. 그러나 모든 것이 그렇겠지만 음변화의 성격은 동족 언어의 어떤 진행의 소리들과 그들의 기원의 소리들 간의 일련 의 일대일 대응이 존재할 것이라는 것이다. 그 연속체는 추상적 개념이다. 그리고 비교방법의 생존력을 부여하는 것이 이 연속체 이다. 통사론은 또 다른 문제이다.

통사론에서는, 대응집합의 확립을 위한 기초로서 구실하는 담 화의 한정된 집합 내에서 발생하는 문장의 한정된 집합이 존재 하지 않는다. 통사론에서도 단지 유형들이 비교될 수 있고, 이

유형들은 일반적으로 소리들이 발전되는 방법은 아니다. 언어의 통사유형과 역사상 어느 한 시기의 어떤 통사적 유형 사이의 일련의 일대일 대응은 존재하지 않는다. 역사상 어떤 두 단계 사이에 음변화와 다르다.

따라서 비교방법의 원리를 통사론 재구에 올바르게 적용하는 것은 대단히 어렵다. 통사체계의 역사는 유형교체와 재분석의 역사이다. 음운론 재구에서는, 소리들이 음변화의 작용으로부터 결과 된 연속적인 전통을 반영하지 않을 때-예를 들어 형식들, 곧 분절음들이 문법패턴이 재조정되어 대치된 곳에서-비교방법은 가치가 없다. 문법적 유형화에 있어서의 변화의 결과는 한 형식이 기초되는 친족어의 집합요소가 되는 후보자가 될 수 있기 이전에 대응의 집합 밖으로 인수분해 될 것이 틀림없다.

역사언어학에서 비교 형태논리는 용어를 널리 사용함에도 불구하고, 우리는 비교방법 그 자체의 기초 위에서 어떤 다른 타입의 문법적 유형들-어형변화계열과 같은-을 재구하지 못한다. 즉, 우리는 우리가 정확한 짝을 갖지 않는 한 재구하지 않는다. 실제로, 우리는 어형변화(paradigm)가 일어나기 전에 그런 어형변화의 출현을 결정하기 위해 다양한 친족언어의 어형변화 내에서의 교체형을 산출해내는 모든 언어상의 구체적인 발전을 발견하는 데에 내적 재구의 방법을 사용한다.

그 결과는 일반적으로 정확한 일련의 어형변화 가음변화의 반사형을 제외하고 언어 간에 평행하다. 어떤 법칙이 존재할 때 재구는 불확실해진다. 한 예로서, PIE의 대격 – 도구격 복수를 재구하는 문제를 생각해보자. 어떤 인구어들은, 다른 인도유럽 언어들이 어미 -bho를 쓰는 반면, 어미 -mo를 재구할 증거를 보인다. PIE 대격-도구격 복수를 재구하기 위해 우리는 조어에서의 방언적 차이를 언급해야 한다. 다른 유형들은 간단히 비교되지 않는다. 동계들의 분기하는 문법적 유형들이 어떤 재구가 시도되기 전의 단계로 보내져야 함에 틀림없다.

통사형의 소위 비교 재구의 몇 안 되는 진짜 성공적인 시도는, 사실상 어형변화 유형들의 몇 안 되는 진짜 성공적인 시도는, 사실상 어형변화 유형들의 재구를 위해 기술되는 방법론의 확장이었다. Watkins는 인도유럽어 문장구조의 어떤 양상을 재구하려는 중요한 시도로 비교방법의 수정형태를 사용했다.

그는 아나틀리아(Anatolian)(옛날의 소아시아, 지금은 아시아의 터키를 말함)말, 구체적으로 히타이트말, 초기 산스크리트말, 고대 아일랜드말의 원문으로부터 뽑은 자료를 사용하였다. 재미있는 일련의 연역법으로 그는 고대 아일랜드말이 접두사를 붙이는 미완성('no bered' 'he used to bring'에서와 같은)의 구조들과 동사에 접두사를 붙이고 정형동사의 머리글자가 음운론적으로는 연음화 되는 관계절이 다음 형태의 인도유럽어 유형들을 어떻게 반영하는지를 보였다.

(7.16)

Sentence connective (such as *no-) ±enclitic pronoun ±relative marker (-*yo) ±frnite verb

문장접속사(no-와 같은) 전접대명사 관계절표지 (-yo) 정형동사 이러한 유형들은 아나틀리아에 현존하는 대부분과 베딕어에 어느 정도 해당된다. 고대 아일랜드말 문장 in salm no chanaim의 전조에서(1) 전접의 대명사가 원래의 문장 접속사에 접미되지 않을 것으로 추정된다. (2) 관계절 표지가 일어난 것으로 추정된다. 곧 nó-yo. 그러나 그 관계절 표지는 어말음이 탈락되거나 줄어드는 과정에서 규칙적인 아일랜드말 절차를 통해 소실된다.

(3) canaim 에서 c로 표기되는 (k)는 초기 아일랜드말의 생산적인 음변화(lenition)를 경험한다. 곧, 무성 폐쇄음이 모음 사이에서 심지어는 어떤 단어 경계를 넘어서서 마찰음 (ch로 표기되는 (x))로 된다. (4) -yo의 소실은 명백하게 k의 연음화 뒤에 온다.

고대 아일랜드말의 외관상 특별한 구조들은 일련의 boundary reanalysis, 형태적 재구와 수평을 반영한다. 그 대부분은 Pre-Irish forms의 형태에 대량으로 감소하는 영향을 준 음변화의 궁극적 결과이다. 좌우간, 여러 음변화들과 pattern reinterpretations와 다른 연계적인 발전의 영향들이 해결되지 않는 한 아일랜드말 유형들은 그 자체로 히타이트말과 초기 산스크리트말의 유형과 비교될 수 없다. 고대 아일랜드말 유형들은 히타이트말과 초기 산스크리트말 유형들의 견지에서만 역사적으로 이해될 수 있는데 우리는 이것을 보다 옛것인 것으로 추측한다.

히타이트말과 아일랜드말의 비교는 PIE 통사론의 재구에 관하여 어떤 중요한 방법을 계발해 주지는 않는다. 오히려 그것은 고대 아일랜드말의 문장구조가 조어의 유형을 보다 밀접히 반영하는 훨씬 더 오랜 고대의 조어라는 우리들의 추측을 지지하면서 고대 아일랜드말의 내적인 통사론 역사를 해명하는데 소용된다.

우리는 다시 비교방법을 음운론으로부터 통사론으로 전환시키는데 만나는 기본적인 문제를 주목하자. 소리와 형태소와 단어들의 비교에서 공식적으로 다른 재구들 사이의 대응은 유일한 재구를 산출한다. 형태론적 체계와 통사론적 체계(어형변화 유형들과 문장구조의 패턴)의 정체성(identity)이 아닌 대응은 없다. 동계어들이 본질적으로 동일한 형태적 패턴과 통사적 구조 패턴을 갖거나 가져왔다고 보여질 수 있기 전에는 재구는 불가능하다.

분기되는 패턴의 비교에 포함되는 문제 때문에 역사적 비교의 목적으로 관련된 언어들의 통사적 구조들을 나란히 놓는 것은 때때로 무의미한 것이 된다. 예를 들어 관련된 언어들이 같은 통사범주로 간주되나 그 패턴에 소속되는 몇몇 어휘 자료들은 그 자체로 동계어가 아닐 때 무엇이 행해지는가? 몇 개의 관련된 언어들이 보조동사＋비정형 동사형식의 완전상을 위한 우연 어법의 구조를 공유하지만 여러 보조동사들은 같은 동계어가 아니라고 가정해보자. ‘ḫark’ ‘to hold’를 갖는 히타이트 완전상에 대립되는 보조동사 Kr. ‘to do’를 갖는 산스크릿 완전 우연 어법이 그 경우이다.

우리는 slots를 채울 형식 없이 조어를 위한 패턴을 재구할 것인가? 아니면 패턴대응은 무시하고 평행적인 발전을 추측할 것인가? 다행히 오랜 원문의 전통이 있어 산스크릿의 경우 우리에게 완전 우연 어법은 비교적 늦은 변화로 사실상 산스크리트말과 히타이트말은 평행 발전이라는 정보를 준다. 그러나 이러한 문헌적인 증거는 좀처럼 유효하지가 않으며 결정적인 것은 오로지 비교 재구의 원리에 기원해야 할 듯하다.

더 어려운 상황은, 관련된 언어들이 통사적 범주의 공식적인 표현에 동계어의 어휘자료나 대응하는 통사패턴 없이 통사적 범주를 공유할 때 일어난다. 인구어에서 수동태가 유명한 예이다. 인도 유럽어는 고대의 여러 방언이 있듯이 수동태 표현에도 많은 공식적인 방법이 있다. 그러나 공식적인 비교가 가능하지 않은 경우가 종종 있다고 하여 우리가 모든 혹은 대부분의 조어에서의 표현을 발견하는 문법범주를 조어에서 재구하는데 실패 할 수 있는가?

관련된 언어들이 다른 의미를 가지는 패턴들을 공유할 때, 혹은 관련된 언어들이 일 때 우리는 무엇을 하는가. 예를 들어 관련된 언어들이 한 문장의 중요성분을 위한 가능한 패턴들의 모든 것을 나타낼 수 있다: 히타이트말은 SOV이고, 게르만말은 SVO, 켈트말은 VSO이고 비교 언어학자가 그 정보를 가지고 무엇을 할 수 있을까? 음운론에서는 히타이트P 독일말 F 켈트말 Ø와 같은 분기된 반사형이 어떤 proto phonence를 산출한다.

그러나 우리는 그것을 음운론적인 것으로 성격 짓고 싶어 한다. 그러나 분기하는 패턴 SOV, SOV, VSO는 아무것도 산출하지 않는다. 이런 경우에 단지 생존할 수 있는 대안은 내적 재구가 될 것으로 생각될 것이다. 내적 재구 곧, 일관된 패턴에서 통사적으로 벗어난 패턴들의 유도와 관련되는 전통적인 절차는 통사론에서 제한적이긴 하지만 중요한 결과를 가졌었다(이 장 앞에서 동사구의 재구에 관한 논의는 비교방법의 요소뿐 아니라 IE의 요소와도 연결된다.).

마지막으로, 앞서 논의한 타입의 어순 이론이 재구된 통사체계에 관해 추정하는데 유용한 것이 된다. 예를 들어 한 어족 내의 모든 혹은 대부분의 딸언어가 구절타입의 어떤 요소들의 순서에 있어 일치한다고 가정해보라. 그러면 우리는 조어의 순서를 재구한다. 동일한 패턴이 없는 경우, 우리는 이미 재구된 언어와 유형학적으로 일치하는 패턴들을 보이는 언어들이 보다 오래되었고 조어의 패턴을 보다 충실히 반영한다고 추정한다.

그러나 어순 이론들은 통계상으로 어느 정도는 경향들에 기초하는 가설들이다. 이 가설들은 예외가 없지 않고 주어 동사 목적어 같은 전통적 범주에 필연적으로 의존하지 않는 문법 개념에 의해 표면구조에 작용하는 역할을 더 잘 이해하게 되듯이 그 가설들은 부단히 변한다. 언어에서 화제돌출(Topic Prominence)과 주제돌출(Subject Prominence)과 같은 문제점과 능격성과 타동성 같은 이슈는 역사언어학에서 아직 진지하게 논의되고 있다.

참고 문헌

Bever, T., and D. T. Langendoen, (1972), "The Interaction of Speech Perception and Grammatical Structure in the Evolution of Language," in Linguistic Change and Generative Theory, R.Stockwell and R.Macaulay, eds., Indiana University Press, Bloomington, Indiana.

Closs Traugott E., (1965). "Diachronic Syntax and Generative Grammar," Language 41, 402-405.

Closs Traugott, E., (1969). "Toward a Grammar of Synactic Change," Lingua 23, 1-27.

Greenberg, J., (1969). "Some Universals of Grammar with Particular Reference to the Order of Meanigful Element," in Universals of Language, J. Greenberg, ed., 2nd ed., MIT Press, Cambridge, Massachusetts.

Givon, T.,(1971). "Historical Syntax and Synchronic Morphology," Proceedings of the 7th Regional Metting of the Chicago Linguistic Society, Chicago Linguistic Society, Chicago, Illinois.

Jeffers, R. J., (1976). "Syntactic Change and Syntactic Reconstruction," Proceedings of the Second International conference on Historical Linguistics, W. Christie, ed., Current Progress in Histohcal Linguistics, North Holland Amsterdam.

Klima, E. (1964). "Relatedness between Grammatical Systems," Language 40, 1-20.

Klima, E., (1965). Studies in Diachronic Transformational Syntax, unpublished dissertation, Harvard University, Cambridge, Massachusetts.

Lehmann, W. P., (1973). "A Structural Principle of Language and Its Implications," Language 49, 47-66.

Sapir, E., (1921). Language, Harcourt Brace and World, New York, chapter 7.

Vennemann, T., (1974). "An European of Crift," in World Order and Word Order Change, C. Li, ed., University of Texas Press, Austin, Texas.

Watkins, C., (1962). "Indo-European Origins of the Celtic Verb," Dublin Institute of Advanced Study, Dublin,

Watkins, C., (1962). "Preliminaries to a historical and Comparative Analysis of the Syntax of the Irish Verb," Celtica 6, 1-49.

8장 어휘 변화

　한 언어의 역사적인 발전의 매 단계에서 어떠한 단어들은 의미의 변화를 겪게 된다. 이러한 언어들의 의미변화를 가리켜 어휘변화(lexical c1lange)라고 하고자 한다. 구조적인 입장에서는 한 단어의 의미는 그 단어가 쓰여지는 문맥에 의해 결정된다고 하였다. 이에 따르면 어떤 단어가 쓰이는 문맥의 묶음이 변하는 것으로 보아야 한다. 어휘변화에 대한 좀 더 추상적인 정의는 지시물의 변화가 포함된다는 사실을 강조하는 것이다.
　어떤 어휘변화들은 사회나 문화에서 새로운 현상을 특성화해야 할 필요에 의해 발생한다. 이러한 예의 하나로 'book'이라는 영어 단어를 고려해 보자.

단어의 의미변화

　book은 *bōka-로 재구되는 독일말 어간에서 파생되었는데 이것은 너도밤나무 (beach)인 것으로 생각되는 나무의 한 종류를 나타내는 것이었다. 영어단어 beech도 같은 어근인 *bōkyo- 에 접미사가 붙은 형태로 파생된 것이다. (beach)에 쓰인 모음이 모두 움라우트 ō〉ē /-cy..를 반영하고 있다는 것과, ē〉í로 변동한 영어의 모음추이(vowel shift)에 주목하라. 그것을 'beech'를 나타내는 라틴말 fagus, 고대 그리스말 phagus와 비교하라.

고대 독일에는 비눈을 새기는 풍습이 있었다. *bōka-가 비문이 새겨진 나무 조각을 나타내는 것이었다고 일반적으로 알려져 있다. 쓰여진 문헌자체를 나타내는 것으로 일반화 되었고 더 나아가서는 쓰여진 문헌이나 작품을 나타내는 것으로 일반화 되었다. 그러므로 현대 영어 단어 'book'이 지시하는 것은 독일말의 발달과정에서 최근의 종착형태인 *boka-가 지시하던 것을 반영하고 있다.

어휘변화가 일어나는 데 있어서 우리가 나타내고자 하는 사물의 본질이나 종류 자체의 변화가 반드시 수반되어야 하는 것은 아니다. 영어단어 black(보편적인 개념)의 복잡한 역사는 의미변화가 긴 시간적 경과 후에 일어날 수 있다는 놀랄 만한 범위를 보여준다.

단어 black에 대한 충격적인 사실은 곧 러시아말의 belo 'white' 또는 Byelorussia의 'white Russia'처럼 슬라브말의 'white'를 나타내는 단어와 부분적으로 동계 어휘라는 점이다.

원시-인도 유럽어족은 영어단어 black과 러시아말 belo는 궁극적으로는 인구조어의 어근 *bhel-에서 파생된 것이다. 이 어근은 인구어에서 접미사 '-g'가 붙은 형태로 나타나는 것이 일반적이다. 따라서 인구어의 *bhelg/bhleg가 재구될 수 있다. 영어 black은 접미사가 붙은 형태로부터 파생되었다. 그러나 러시아말 belo는 그렇지 않다. 영어의 bald는 고대 영어에서 '하얗게 빛나는 머리를 가짐'을 나타내는 ballede에서 파생되었고 bleach는 '하얗게 하는 것'을 나타내는 고대 영어 blœcan에서 파생되었는데 이것은 접미사가 붙지 않은 형태인 *bhel을 반영하고 있다.

라틴말과 그리스말은 라틴말 fulgere '번쩍임, 빛나다 (to flash, shine)', 라틴말 flame는 '활활타다(to blaz)', 라틴말 flamma (〈 *flag-ma) '불꽃 (flame)'와 그리스말 phlox이 '불꽃 (flame)'에

서 보는 것처럼 접미사로서 동계어임을 나타낸다.

지금까지 슬라브말, 라틴말, 그리스말과 영어에 이르기까지 black과 관계된 모든 형태들은 'shining, flashing, brightening, whitening'을 나타내는 것임은 분명해졌다. 단어 black에 나타내는 지시물의 변화는 대단히 극단적인 것이다. 더욱 특별하게도 black은 독일말로 'to blaze'를 나타내는 blakaz라는 동사의 과거 분사로부터 파생되었다. *blakaz의 원래 뜻은 'to have blazed'나 'to have burned'였다. 그것은 형용사의 분사가 burned(타다)나 charred(태우다)의 뜻이었기 때문이다. 태워진 것은 일반적으로 이해할 수 있다.

지시물 또는 문맥의 확장

어휘변화는 가능한 지시물이 나타나는 문맥의 확장과 지시물과 문맥의 축소, 또는 한 지시물과 다른 지시물과 자리바꿈을 일으키기도 한다. 이 확장은 종종 특별한 경우로부터 특별한 경우가 속해있는 종류까지 일반화시키는 데서 나타난다. 결과적으로 고유명사로써 현상의 일반적인 종류를 나타내게 된다.

예를 들면 Bedlan은 원래 런던에 있는 특별한 정신병원의 이름이었다. 그 단어는 지금 어떤 혼돈된 상태를 나타내는데 쓰여진다. 제2차대전 동안 Vidkun Quisling이란 이름의 노르웨이 사람은 나치의 협력자로서 상당한 악평을 받았다. 오늘날 Quisling은 적과 야합하는 사람을 나타낸다.

미국영어에서 상표이름은 그 과일맛이 가미된 젤파틴을 나타내는 것으로 쓰고 있으며 Vaseline은 석유셀리를 나타내는 말로 쓰고 있으며 kleenex는 얼굴에 사용하는 티슈를 나타내는 말로 쓰고 있다.

단어의 의미는 가끔 은유적인 확장이라고 할 수 있는 것의 결과로서 폭이 없어지기도 한다. maverick이라는 단어는 원래주인의 도장이 찍히지 않은 송아지를 나타내는 것으로 목장에서 사용하는 용어였다. 이것은 특별히 정치적인 정당에서 그룹의 조약에 순응하지 않는 무소속자를 나타내는 말로 사용된다.

라디오파가 공중을 통해 전파되는 것을 나타내는 단어 broad cast는 직접 손으로 밭에 씨를 뿌리는 것을 나타내는 동사에서 은유적인 확장이 일어난 예이다. broad cast의 경우, 대부분의 말할이들은 원래의 뜻보다 은유적인 확장이 일어난 최근의 의미를 더 잘 알고 있다. 따라서 지시물 자체의 본래적인 확장이 따르게 된다.

비록 어떠한 은유도 포함되어 있지 않지만 pen이라는 단어의 역사는 이와 비슷하다. 중세 프랑스말로부터 영국으로 차용된 그 단어는 'feather'나 'quill(깃)'에 더 가까운 의미였지만 지금은 깃으로 만든 고대 필기도구를 이르는 것으로 일반화되었다. 점차적으로 그 단어는 통치적인 필기도구를 말하는 것으로 제한되었다. 그 후에는 번지는 잉크를 사용하는 필기도구를 말할 때에 사용하는 결과를 가져와서 일반적으로 ballpoint pen과 같은 뜻으로 쓰이게 되었다. 독일말 Feder 도 똑같은 확장의 과정을 거쳤지만 'pen'의 뜻만 아니라 'feather'의 뜻도 여전히 가지고 있다.

문맥의 축소

한 단어가 쓰이는 문맥이 줄어드는 것은 언어의 역사에서 흔히 일어나지 않는 것처럼 보인다. 그러나 그것은 그럼에도 불구하고 어휘변화를 나타내는 확실한 유형의 하나이다. 예를 들면 영어 단어 skyline는 원래 하늘과 맞닿는 선을 나타내는 경우에 사용된다. 단어 girl의 역사는 어휘제한의 흥미 있는 한 예를 제공한다. 즉 그것의 중세 영어 선행사 gurle는 일반적으로 젊은 사람들-소년, 소녀 모두를 지칭한 것이었다.

재 구

단어의 의미의 수정은 복합어를 구성하고 있는 형태소 중 하나를 의미론적으로 재해석하는 데서 일어나기도 한다. 영어 단어 presently는 전통적으로 'at once(지금 당장)' 'immediately'나 'in the immediate future(가까운 미래에)'의 의미였다. 지난 몇 세기 동안 presently 는 now 나 at present와 동의어로 쓰여져 왔기 때문에 현재 미국 영어 말할이들은 presently를 at once의 의미로는 거의 사용하지 않는다.

단어 Hopefully는 'He set about the task hopefully'라는 문장에서처럼 'in a hopeful manner (희망을 걸고)'라는 단순한 부사의 의미로 사용하기를 보류하였다. 유동적으로 미국 영어 방언으로 Hopefully는 'a vote will be taken in the Congress before it recesses for the holiday'에서처럼 'it is hoped that'의 의미를 가진 문장 부사의 의미가 되었다. hopefully의 현대적 쓰임은 'clearly a vote must k taken in the congress befor it recesses for the holiday'에서처럼 'clearly'와 같은 단어들의 패턴에 기초하고 있다. 'it is hoped that'의 의미로서 'Hopefully'를 사용하는 것은 영어의 역사 대부분 동안 알려지지 않았다.

한 언어에 있어서 한 단어의 지시물이 변화하는 것은 때때로

어떤 점에서 의미론적으로 서로 관계있는 다른 단어들의 의미가
변하는 것과 관련되어 있다.

예를 들면 고대 영어에서 mete라는 단어는 뒤에 meat로 되었
다. 후에 flesh가 된 Flœsc라는 단어는 일반적으로 '동물의 살'
을 나타내었다. meat가 동물들의 살(식용고기)을 나타내는 뜻으
로 flesh가 인간의 육체를 나타내는 뜻으로 제한되었다. 이에 따
라 뒤에 food로 된 Foda라는 단어는 고대 영어에서는 동물사료
를 의미하는 단어였는데 딱딱한 음식의 모든 형태를 일컫는 것
으로 일반화되었다. 그것은 의미에 있어서는 meat를 대신했다.

관 용 구

관용구는 종종 평범한 표현에서 한 단어의 지시물이 완전히
잃어졌을 때의 결과로서 생겨난다. 그 단어는 관용적 표현으로
제한되고 정해진 문맥에서만이 이해된다. 사실상 미국 영어를 구
사하는 모든 말할이들은 to keep tabs on someone(어떤 사람을
감시하다)라는 관용구를 안다. 그러나 대부분의 말할이들은 다른
문맥에서 tabs라는 단어를 사용하는 일이 드물다.

옥스포드 영어 사전에서 tabs는 table의 형태나 table이 줄어진
것이라고 제시하고 있다. 그러나 OED조차도 고도로 제약된 단
어의 어원에 대해서는 확실히 밝히지 못하고 있다. 이와 비슷하
게도 kith라는 단어는 사실상 kith and kin(친지와 친척)이라는
관용구 외에는 절대 쓰이지 않는다. 왜냐하면, 많은 영어 말할이
들이 모든 구문에서 16세기부터 비롯된 관습으로 'relatives'를
사용하기 때문이다. 실제로 kith는 'to know'라는 원래 뜻에 기
초되어 있고, 'acquaintances, friends'의 뜻을 가진 OE 단어

cyðð부터 유래된 것이다. 한 단어의 은유적인 확장은 궁극적으로 관용어의 발달에 기인한다. 영어에서 'to field a question'라는 구가 그 표현의 궁극적인 원천인 스포츠보다 더 오래되었다고 상상하는 것은 비합리적인 것이 아니다.

새 단어의 형성

한 언어의 어휘는 새 단어의 창조에 의해 계속적으로 풍부해진다. 보통 이러한 창조는 언어 안에서 이미 어휘적 요소를 이루게 된다. 신조어(coinage), 혼합(blend), 단축(shortenings)은 어휘적 창조의 가장 흔한 예들이다.

신조어는 새 단어로 만들어진 것을 나타내는 일반적인 단어이다. 혼합은 (신조어의 특별한 경우로 고려되는) 새 단어가 각각의 원천이 되는 단어들의 의미론적 특성들을 결합하기 위해서 두 개의 단어를 단축해서 만들어 낸 것이고 단축은 원천이 되는 더 긴 단어나 가끔은 더 오래된 단어를 대신하는 줄어진 형태이다.

접미사나 접두사의 일반화는 새 단어가 만들어지는 가장 일반적인 방법이다. 영어 접미사 -wise의 역사는 발달의 타입을 예증해준다. 1940년대 이전에는 접미사 - wise로 된 단 몇 개의 단어만이 일반적으로 사용되었다(likiwise, lengthwise,.. 그 외 다수). 1950년대 초에 이 접미사는 거의 보편적으로 생산력이 있게 되었다. weatherwise, healthwise 그리고 timewise와 같은 단어들이 최근에 변화한 단어들이다.

완전한 형태소가 아닌 단어의 부분들도 때때로 새 단어를 만들어 내는 데에 생산력 있게 이용된다. Alcoholic은 명백히 -alcohol과 -ic이라는 두 형태소로 구성된다. 그러나 상대적으로 최근의 신조어 workaholic 'one addicted to work(일에 빠진 사람)'의 두 번째 부분은 분명히 그 원천이 alcoholic에서 발견된다.

혼합은 smog(from smoke and fog), brunch(from breakfaxt and lunch), motel (from moror and hotel)와 같은 단어에 의해 예증된다. Flu와 auto(각각 influnza와 automobile로부터 온)는 현대 영어에서 긴 말 대신에 사용되는 단축어로 전형적인 것이다.

혼성이나 축약은 한 언어에서 별로 새로운 요소가 없는 것임에 주목할 필요가 있을 것이다. 단어 dumbfound(-을 아연실색케 하다)는 1653년 인쇄로 처음 나타났는데 이것은 명백히 dumb(벙어리의)와 confound(혼동하다)가 혼합된 형태이다. taximeter, cabriolet로부터 온 단어 taxi와 cab은 각각 1907년과 1827년에 나왔다.

어 원 론

어휘변화의 원인이 많고 다양하다는 것은 단어들의 각각의 역사로부터 명백해진다. 거의 모든 어원론은 어휘변화가 일어날지 모르는 새로운 문맥에 대한 참작할 만한 예를 제공한다. 어원론은 단어의 역사를 연구하는 것을 나타내는 전문용어이다.

문화적인 변화가 새로운 현상을 위해 새로운 용어를 만들어 낼 것을 요구하는 것처럼 언어의 지리적인 분포에 있어서의 변화도 단어의 의미변화를 일으킴으로써 한 언어의 어휘는 새로운 자연환경이나 사회, 문화적 환경과 더 잘 어울리게 된다.

IE 단어 *laks의 어원론은 흥미 있고 유익한 연구를 제공한다. 대부분의 인구어에서 인구조어 *laks의 반사형은 '연어'를 의미한다. 이러한 의미 대응에 기초하여 언어 고문서학자는, 북부 유럽사람들 본향이라는 하나의 증거로 *laks 단어를 사용하는 인구조어의 말할이의 본향의 문젯거리에 관심을 기울였다(언어학적 고문서학(Linguistic paleontology)이란 한 언어를 사용하는 언어공동체의 사회학적, 문화적, 지리학적인 추론을 이끌어 내기 위한 목적으로 재구된 언어에서 단어의 뜻을 연구하는 학문이다).

그러나 최근의 고고학적 연구에서는 salmon이 알려져 있지 않은 러시아의 스탭지역이 인구어의 본향임을 권위 있게 주장했다. 그러므로 *laks가 정말 IE 단어인지 아닌지를 분별해야하는 문제에 봉착하게 되었다.

이러한 딜레마는 Diebold(1976)가 생물학적이고, 생태학적 정보에 전적으로 의지하여 *lak의 어원을 교정함으로써 해결되었다. IE지역 본향에서는 생긴 모습과 습관이 언어와 아주 비슷한 송어(trout)라는 물고기가 (지난 수천 년 전부터) 오늘날까지 발견된다. 그러므로 단어 *laks는 원래 송어를 나타내던 것이었는데 IE 말할이들이 유럽의 북쪽과 서쪽으로 옮겨 다니면서 *laks라는 단어로 송어와 거의 비슷한 종류이며 강에 사는 물고기인 언어를 나타내는 데에 사용하게 되었다는 가설을 세우는 것이 합리적인 것이라고 생각된다.

금기(taboo)의 발달과 함께 언어 공동체에 있어서 사용이 중단되는 단어들도 있다. 금기어(taboo word)는 주로 어떤 단어의 지시가 되기 때문에 나타나거나, 그 지시를 통해 일어날 두려움 때문에 사용이 금지된 단어를 말한다. 금기가 생겨나면서 금기어를 대신하기 위해서 묘사적인 용어로서 다른 언어나 구를 통해 표현하는 방식이 나타나게 되었다.

독일말 bear는 단어 brown과 관계가 있는데 이것은 'the brown one'을 나타내는 것이었고, 러시아말의 bear는 medved인데 이것은 원래 'honey-eater'를 나타내는 것이었다. 독일말이나 슬라브말

모두가 (satin, ursus, GK. arktos, skt. rksa처럼) 남쪽 언어에서 나타나는 PIE어간 rkso-의 형태를 반영한 것이 아니다. 이것은 bear에 대한 금기 때문에 다른 말로 대치한 예이다.

고대 그리스말 단어 drakōn은 동사 'to see'의 현재분사인데, 의미는 '뱀'이다. 실제로 이름으로서 뱀을 언급하는 것은 금기시되었기 때문에 초기 단어 'snake'에 대치되게 되었고 그 결과 snake라는 단어는 그리스 어휘로부터 완전히 없어지게 되었다.

동계어의 확립

비교적인 방법에서 기본적인 주장 중 하나는 비슷한 음운과 비슷한 의미들을 가지는 단어는 하나의 공동조어에서 갈라져 나온 동계어라는 것이다. 그러나 우리는 단어의 의미 뿐 아니라 음운적 형태가 시대에 따라 변화할 수 있다는 것을 보아왔다. 한 단어가 동계어로 간주될 수 있는지를 결정하기 위해서(비교로써 사용하기 위해서) 우리는 의미변화뿐만 아니라 음운적인 변화까지가 공동원형의 가정을 정당화하기에 충분히 수긍가능하다는 것을 입증해야 한다.

수긍가능성을 판단하는 절대적인 기준은 없다. 그러므로 공통조어로부터 갈라져 나온 자손어가 다른 뜻으로 사용될 수 있는 것이 발견된 경우에 수긍가능성 판단의 기저를 만들어야 한다. 이 때, 자세히 조사한 단어들이 동계어로 간주된다면 이미 알려져 있는 변화와 받아들여질 것으로 예상되어지는 변화를 잘 비교해서 수긍가능성을 판단해야 한다.

두 단어의 의미와 음운적 형태가 같은 선조로부터 내려온 자손으로 간주하기에 유사한 것이냐 아니냐는 둘 중 하나를 선택하는 역사적인 증거도 이용할 수 없을 때(어떤 문서적인 역사를 가지지 않은 언어의 경우) 특히 곤란해진다. 어휘 목록의 특별한 집합을 택해서 동계어의 수를 세어낸 것을 기초로 하여 언어들 사이의 관련성의 정도를 결정하는 방법이 있다. 이 방법이 언어 연대학 (gllottochronology)이다. 언어 연대학의 정밀함은 기본적으로 실제의 동계어를 찾아내는 언어학자들의 능력에 달려있다.

어휘 통계학

어휘 통계학은 어휘를 역사적 추론에 의해 통계학적으로 연구하는 것이다. 언어 연대학은 몇몇 가능한 어휘 통계학 방법들 중 하나이다. 현재 쓰여지는 것처럼 언어 연대학은 언어의 변화비율을 연구하는 것과 분화 시간을 판단하는 데에 그 비율을 적용하는 것을 말한다(분화 시간이란 두 언어가 갈라져서 발전하기 시작한 때를 말한다).

또한 분화시간은 언어군 속에서 내부 관계의 유형을 밝히는 데에 사용된다. 이 책에서 사용한 언어의 변화비율이란 기본적 목록 안에서 어휘목록이 대체되는 것을 뜻한다. 이러한 방법의 창시자인 모리스 스와데시(Morris Swadesh, 1950)는 어휘의 어떤 부분은 다른 부분보다 변화가 덜 되었다는 가정으로부터 출발했다. 이 기본적인 핵심적인 어휘들은 어떠한 인류문화에서든 꼭 필요한 것이라고 생각되는 개념을 나타내는 단어들로 구성되어 있다.

이러한 의미론적 분야(semantic field)에는 수사들(big, long, small과 같은), 형용사들, 친척 관계어(mother, father), 살아있는 것(dog, house), 신체부분(head, ear, eye), 자연의 사건과 물체(rain, stone, star), 그리고 흔한 활동(see, hear, come, give)을 나

타내는 어휘항목으로 구성되어있다. Swadesh가 만든 목록도 여러 종류가 있다. 그것들 중 100단어 목록과 200단어 목록이 일반적으로 사용된다.

스와데시는 그 위에 몇 가지 가정을 만들었다.

기본적인 핵심에서 어휘 항목의 보존율은 시간을 통하여 불변이라는 것과 기본적인 어휘비율의 손실 비율이 거의 모든 언어에서 같다는 것이다. 그리고 만약 핵심어휘에서 진실로 동족어비율이 어느 언어쌍에도 달라졌다면 두 언어가 하나의 언어로부터 갈라지기 시작한 때부터 경과했던 분화시간은 다음과 같은 공식에 의해 계산되어질 수 있다.

(8.1)

$$t = logC/2logr$$

t는 천년 단위의 분화시간이고, C는 동족어 비율, 그리고 r은 언어 연대학적인 유지비율이다. 동계어의 비율은 분기 발전의 천년 후에 남는 것으로 가정되었다. 100 단어 목록에 대한 언어 연대학의 유지비율은 86%이고 200단어목록에 대하여는 81%라고 주장되었다. 비록 어떤 학자들은 명백히 쓰여있지 않은 언어들 사이의 관계를 세우는 방법으로서 언어 연대학을 환영했으나 다른 이들은 기본적인 가정조차 의문이라고 말해왔다.

언어 연대학이 역사언어학에서 근거가 확실한 기술로서 받아들여지기 위해서는 적어도 다음의 세 가지 문제가 고려되어야만 한다. 첫째로 목록의 대표성이 있는가? 목록에 포함된 단어들이 정말 모든 언어가 공유하는 공통의 핵심을 나타내는 것인가? 그 목록이 포함하고 있는 항목들이 문화적인 것이 아니라고 말할 수 있는가? 목록에 실린 단어들이 다른 기준에 따라 설정된 또 다른 목록들에 비해 덜 차용된 것 같은지, 더 차용된 것 같은지를 밝혀 주는 체계적인 연구는 이루어지지 않았다.

더 나은 문서 증명은 보존 비율이 모든 언어에 같다는 주장과 언어 연대학의 유지 비율이 스와데시(swadesh)의 그것에 기여한 가치 있는 주장이라는 것에 대한 비평이다. 베르그슬란트(Bergsland)와 보그트(vogt)는 표준비율이 86%라고 가정된 100단어표에서 중세 아이슬랜드말(modern Icelandic)의 경우 100%, 에스키모말 43%, 아르메니안어에서는 96.7%, 그리고 그루지아말에서는 96.5%의 보존율을 가지고 있다는 것을 알아내었다.

Beorgian의 경우에서 전통적인 사회의 보수적인 기질을 통하여 그리고 Eskimo에서는 금기어의 효력을 통하여 이 차이를 설명한다. 에스키모의 금기어는 최근에 죽은 사람들과 관련된 어휘부분에 대해서는 쓰기를 꺼려해서 재빨리 다른 말로 대치하는 문화적 현상에 기인한다. 이러한 반례를 제시하면서 베르그슬란트(Bergsland)와 보그트(Vogt)에 의하여 실험된 경우에서 판명되어진 것처럼 종래에 실험되지 않은 언어에 이러한 방법을 적용해서 얻어낸 결과들은 사실과는 많이 다른 것이다.

게다가 더욱 기본적인 것은 모든 언어 연대학의 작업에 기초가 되고 있는 가설의 정당성에 대한 문제이다. 그 가설은 언어의 변화는 계통수설(family tree hypothesis)에 따라 생겨나므로 언어는 계기적인 분화의 결과를 따라 분기되어 나온다는 것이다. 두 언어 사이의 나중에 일어난 접촉이 숫자에 영향을 미칠 수 있고 많은 경우에 진실한 현상을 밝히는 데에 방해가 되고 있다.

그러나 차용에 의해 생겨나는 혼란이 없어도 상황은 매우 어렵다. 단어의 음성 모양과 관련하여서 두 가지 가능성이 있다. 첫째, 음변화 때문에 진정한 동족어를 아는 경우(영어단어 tooth와 독어 단어 zahn을 비교해 보아라)이고, 둘째는 우연한 유사성이 진정한 동족어쌍의 증거로 해석될 수 있다는 것이다(예를 들면 라틴말의 동사 habere와 독일말 동사 haben을 둘 다 '가지고 있다'는 뜻이다).

동족어의 과대평가가 분화시간의 과소평가를 일으키기도 하고 그 역의 관계가 성립되기도 한다. 단어의 의미와 관련해서 하나 혹은 두 언어에서 의미변화가 일어나는 경우 진정한 동족어를 지나치게 된다. 더구나 진정한 동족어의 본래의 단어가 새롭게 소개된 단어와 함께 나란히 남아 있을 경우에 우리는 어떻게 하는가?

예를 들면 Swadesh의 목록에는 독일말의 fett에 해당하는 영어단어 grease가 들어 있다. 그러나 fat와 함께 로만스의 말 차용어인 grease도 더 기본적인 뜻을 가지고 그대로 남아 있다. Swadesh의 목록에는 독일말로 fleisch라고 번역되는 영어단어 flesh가 들어 있다. 그런데 이 두 단어를 동족어로 동일시하는 것은 현실적으로 나타나는 차이점 때문에 매우 어렵다. 왜냐하면 독일말 fleisch는 영어단어 meat로써 더 잘 표현되기 때문인데 이때 독일말은 영어로 'food(음식)'라는 뜻에서부터 'flesh of animals used for eating'(고기)라는 뜻으로 지시물의 범위에 있어 축소화(narrowing)가 일어났기 때문이다.

영어 목록에 독어단어 Baum과 같은 단어 tree가 들어 있다. 음변화는 beam을 독일말의 Baum의 동족어로서 받아들이는 것을 반대하는가? 이와 같은 결정은 언어 연대학적 목록에 있는 모든 단어에 실제로 내려져야 한다. 그리고 분화시간은 결정적으로 정확하게 인식된 동족어의 수에 따라 계산되어져야 한다.

우리는 영어와 라트비아말을 비교해서 18개의 동족어와 5,679년이라는 분화시간을 알아 내었다. 우린, 또한 동족어를 바르게 식별하는데 있어서 단 하나의 실수가 있었을 때 생기는 결과에 대해서도 계산을 했다. 만약 우리가 단지 17개의 동족어를 찾아냈다면(우리가 진정한 동족어 한 쌍을 인식하는데 실패했다고 가정한다면) 분화시간은 5,868년이 되어서 189년의 과대평가를 하게 되었을 것이고 19개의 동족어를 찾아냈다면(그것들이 실제로 관련되지 않았는데 동족어로서 한 쌍의 단어를 잘못 인식했더라면) 분화시간은 또 5,500년이 되어서 179년의 과소평가를 했을 것이다. 언어 연대학적인 유지비율에 조그마한 변화가 생겨도 결과에는 커다란 차이가 생기게 된다(그리고 여기에서 명백한 주장이 아마도 거짓이었을 것이라는 결과에 베르그슬란트(Bergsland)와 보그트(Vogt)에 의해 제시된 증거를 상기해보라).

만약 언어 연대학적인 유지비율이 이미 설정된 86% 대신에 85%라고 보면 두 언어 사이의 분화시간은 5,261년이 될 것이고 418년의 차이가 생기게 될 것이다. 분화시간을 설정하는 방법으로서 언어 연대학의 신빙성은 체계가 세워지기를 기다리는 채 남아 있다고 말하는 것이 아마도 정직한 말일 것이다.

참고 문헌

Bergsland, K., and H. Vogt, (1962). "On the Validity of Glottochronology," Current Anthropology 3, 115-153.

Bloomfield, L., (1933). Language, Holt, Finehart and Winston, New York, chapter 24.

Hymes, D., (1960). "Lexicostatistics So Far," Current Anthropology l, 3-44.

Mallory, J.. (1973). "A Short History of the Indo-European Problem" Journal of Indo-European Studies 1, 21-65.

Sturtevant, E., (1917). Linguistic Change, University of Chicago press, Chicage, Illinois, chapters 4 and 5.

Swadesh, M., (1950). "Salish Internal Relationships," IJAL, 157-167.

Szemerenyi, ol., (1962). Principles of Etymological Research in the Indo-European Languages. 2, Fachtagung fur indogermanische undallgemeine Sprachwissenschaft. Innsbrucker Beirage zur Kulturwissenschaft 15, 175-212.

9장 언어접촉과 언어변화

2장에서 우리는 비교 재구가 때때로, 비교 주인 한두 언어에서 차용된 어휘 목록이 나타나게 되면 방해받기도 함을 말했다. 언어변화에 대한 사회적 동기에 대한 언급은 예외로 하고 통시적 과정에 대한 논의는 대개 분명히 내적으로 유발되는 역동적인 발전에 관심을 두어왔다. 곧 개별 언어를 구성하는 하위체계 사이의 구조적 관계변화에 관심을 두어왔다.

그러나 언어가 다른 언어와의 접촉에 의해 변화를 겪는다는 것은 있을 수 있는 일이다. 언어접촉에 의한 언어변화를 차용 (borrowing)이라는 용어로 사용한다. 차용에 의한 언어변화는 두 가지 유형이 있다. 하나는 언어의 주된 전통을 외부로부터의 언어적 특징으로 적용하는 것이고, 다른 하나는 2차언어인 언어를 차용언어의 구조의 연속적 변이와 함께 예증에 의해 적용하는 것이다.

언어접촉은 근본으로 어느 정도 두 언어 사용자의 언어 사용에서 일어난다. 따라서 언어접촉이 개인적 영향을 주는 것과 언어 사회접촉에 의한 것의 차례로 살펴본다. 이중언어의 한계는 여러 단계에서 추출된다. 극단적인 예로 한편으로 단일어 화행에서 차용단어만을 쓰는 사람과 각 언어의 원어만의 용법과 구별할 수 없을 정도로 두 언어를 구사하는 사람이 있다. 좀 더 실제적으로, 이중언어 말할이란 그의 첫 언어에 적어도 하나의 언어를 첨가하여 자신을 출중하고 지적인 것으로 표현하는 사람을 말한다.

음간섭의 결과

이중언어 말할이에 의해 사용되는 두 언어 사이에는 어느 정도 간섭이 존재한다. 이 간섭은 모든 언어 단계−음운, 형태론, 형태통사론, 의미론−에서 나타난다. 이중언어 사용자가 그의 이차언어의 특성을 일차언어의 언어적 특성으로 해석하거나 그 반대일 경우, 그가 이차언어로부터 일차언어로 요소를 전이시킬 때 간섭이 발생한다.

바인라이히(1954)는 음성간섭과 음운론적 간섭을 음간섭으로 불렀다. 그리고 말할이가 인지하는 태도와 일차 언어체계에 의해 이차언어의 음성을 재산출하는 태도에 따라 4개의 기본 유형을 제시했다. (1) 불완전구별(underdifferentiation): 두 음성이 일차적 체계에서 그 대응체가 드러나지 않으면, 2차적 체계에서 섞인 것이다. 스페인말에서 /d/말에서 어두와 [n]뒤에서 나타나는 [ð]의 둘의 조건적 변이음을 가진 음소이다. 두 음성은 동일 환경에서 결코 대립되지 않는다. 영어에서는 /d/와 /ð/가 개별적 음소이다. 영어를 공부하는 스페인말 말할이는 영어의 /d/와 /ð/를 한 음소의 변이음으로 다루어서 day와 they의 대립을 구별하지 못한다.

(2) 과도구별(overdifferentiation): 이 용어는 일차 체계로부터 이차적 체계의 음성으로 음소적 변별성이 부과되는 것을 말한다 (이차적 체계에는 요구되지 않음). 예를 들어 타이말 말할이는 /d/, /t/, /tʰ/를 개별적 음소로 구별한다. 영어를 배우는데 stop의 무기화 [t]와 top의 유기화 [tʰ]로 그들이 지니고 있는 [t]와 [tʰ]로

구별하려 한다. 불완전구별이 외국어 강세에 공헌하는데 반하여 한 언어의 음운이나 다른 언어의 변이음 실현이 충분히 유사하다면 과도구별은 그 들을이에게 거의 인식될 수 없다.

(3) 변별 재구: 이것은 이중언어 사용자가 이차체계의 음소를 일차체계와 단순히 동반하거나 잉여적이지만 관련이 있는 특성으로 구별하는 것을 말한다. 예를 들어 핀란드말 말할이는 모음과 장단의 구별이 있다. 영어의 bit과 beat 같은 단어 속에서 모음의 질적 차이를 발견하고 두 개의 음절적 단위의 지속의 차이에 기반을 두고 이것과 유사한 단어 사이를 구별하려 한다.

(4) 단음 대치: 이 간섭의 유형에서는 음운들이 두 언어에 똑같이 한정되지만, 그 정상적 발음이 다른 경우를 말한다(그러나 정상적 발음은 다르다). 많은 외국어 강세는 일반적으로 음조대치에 기인한다. (예) 스페인말과 러시아말의 토박이 말할이는 영어의 /r/를 혀끝 떨림으로 사용하고 힌디말의 경우 /t/를 치음 또는 혀말이 소리인 것으로 쓰며, 독일말 말할이는 어말 /l/을 연구개음화하지 못한다.

형태 통어론적 간섭

비슷한 종류의 간섭이 형태 통사적 단계에서도 나타난다. 만약, 1차언어에서 변별성이 없으면, 이중언어 말할이는 이차언어에서 그것을 중화시킨다. 예를 들어 헝가리말에는 문법적 성(gender)이 없으나 독일말에서는 의무적 문법범주이다. 헝가리말 말할이는 독일말의 성을 혼동한다. 중국어는 분명한 수 범주가 없으나 영어에서는 의무적이다. 중국어 말할이는 자주 복수 주어를 단수 동사와 또는 그 반대로 결합하고 영어를 말할 때 사용하기도 한다.

반대로, 만약 일차언어가 이차언어에 없는 특성을 갖고 있을 때, 그 변별성은 이차언어에로 옮겨진다. 이것이 필요한 변경을 가하여(mutatis mutandis) 음운적 '지나친 구별'에 일치한다. 이것은 특히 한 단어가 이차언어로부터 일차언어로 차용될 때 나타나게 된다. 예를 들어 터키말은 실질어에 문법적성도 동사의 상적 변별도 없는데, 상당히 많은 수의 터키 차용어가 세르보 크로치아말에 들어갔을 때 그 차용어는 세르보 크로치아말의 체계적 특성에 따라 성과상을 지니게 되었다.

변별 재구의 보기는 다음 경우로 입증된다. 이중언어 사용자의 일차언어는 문장 낱말 사이의 기호(지시) 관계에 고정 어순을 쓰는데, 이차언어가 풍부한 굴곡체계를 갖고 있다면 낱말 사이 관계는 일차적으로 굴곡접사에 의해 표시된다. 그러나 많은 가능한 어순이 다른 것보다 더 빈번히 나타난다. 라틴말을 배우는 영어사용 말할이는 라틴말의 어순을 변별적인 것으로 해석하여 잉여 자질을 변별적인 것으로 재구하게 된다.

한 구문에서 다른 구문으로 대치하는 일은 많은 이중언어 사용에 자주 나타난다. 이른바, 문자로의 번역이 이 범주에 드는데, 이것은 음운적 단계에서의 음운 대치와 비교할 만하다. 아주 유창하게 독일말을 구사하는 독일계 2세 미국인은 사교적인 입말 표준 독일말 구문인 Wie heisst du? 등 Was ist dein Name?로 갈음한다. 이러한 번역은 흔히 통사 어휘 간섭의 경계선에서 종종 일어난다.

언어접촉의 결과

언어접촉은 어휘 변화의 주원인 중의 하나인데, 어휘목록에 존재하는 의미적 변화나 새로운 개념에 대한 새로운 낱말의 첨가, 차용단어도 원어 단어를 대치하거나 때때로 전체 어휘의 재구성을 일으키기도 한다.

언어접촉이 언어변화를 일으키는 데의 영향을 고찰하기 전에 이중언어 사용의 개인으로부터 그가 한 구성원이 되는 언어사회로 우리의 논의 범주를 넓혀 보자. 두 개의 다른 언어를 사용하는 말할이들의 집단이 서로 접촉하면, 군사적 힘, 수 문화발전의 단계 등의 복잡한 요소에 따라 세 가지의 가능한 결과가 나타난다.

하나의 상황에서 침입자 집단이 한 지역을 정복하면, 이중언어가 길게 또는 짧게 사용되다가 피정복 민족은 정복 민족의 언어를 사용한다. 피정복족은 새로 받아들인 언어에 그들이 전에 쓰던 일차적 언어를 덮씌운다. 후자는 정복된 민족의 후손에 의해 계속 궁극적으로 쓰이게 된 정복자 언어의 다양성에 대하여 기층(substratum)을 형성한다고 한다.

웨일즈와 아일랜드에서 사용되는 영어의 어떤 특성들은 겔트말 기층에 기인된다고 생각된다. 전형적으로 기층의 효과는 음운론에서 나타나는데, 이러한 의미에서 저층은 이차언어에 나타나는 이중언어의 외국어적 강세처럼 보이는 것과 비교할 만하다.

만약 침입자의 수가 적고 특히 정복된 주민들보다 문화적으로 열등할 것 같으면 그 결과는 아주 다르다. 정복자는 지방 주민의 언어를 받아들이고 언어적으로 문화적으로 흡수된다. 그들의 언어는 일차언어의 말할이에 의해 받아들여진 상당수의 차용어로 재생된다. 이러한 경우 정복자의 언어를 상층이라 부른다. 이러한 예를 게르만족 즉 프랑크족에 의한 프랑스의 정복에서 볼 수 있는데, 언어적으로 약간의 차용어 – 특히 전쟁에 관련된- 와 그들의 이름 – 이상을 거의 남기지 않았다.

상층의 영향은 이중언어 사용에서 일차언어에 대한 이차언어의 영향에 비길만하다. 많은 이중언어 사용자들은 이차언어에서 많은 단어를 일차언어에로 끼워 넣는다. 특히, 만약 이중언어 사용자가 이차언어 말할이와의 접촉을 통해 알게 된 새로운 개념에 대한 일차언어의 단어가 부족한 경우 더욱 그러하다. 더욱 상세하게 한 언어사회의 언어에 대한 전체적인 수용은 뒤에서 논의된다.

세 번째 상황은, 여러 개의 언어 사회가 오랫동안 공존하여 이 가운데 어떤 것이 다른 언어에 의해서 점유되지 않고, 여러 가지 방법으로 서로 영향을 줄 경우이다. 이런 경우 한 언어는 다른 언어에 대해서 방층(adstratum)을 형성한다. 특수한 경우에는, 하나의 모델을 향해서 비슷한 변화를 겪기도 한다. 이들 언어들은 그것이 친족 관계이든 아니든, 비슷한 형태를 공유하게 된다. 독일말 Sprachbund(언어연합)이란 말은, 본디 다른 말이었다가 유형론적 유사성이 기원적 이질성을 대치한 지리적(인접) 영역에서 발견되는 언어에 적용된다.

언어개신(linguistic innovations)이 언어가 만나는 지역에서 발생하는 과정은 파동설로 풀이된다. 언어 동족이란 뜻넓이를 처음 들여온 야콥슨에 의해서 파동설의 중요한 핵심이 제안되었다. 야콥슨에 따르면, 한 언어는 외국말의 구조적 요소를 차용할 때 모국어 발전의 경향과 들어맞는 경우에만 그것을 채용한다는 것이다.

예를 들어, 이디쉬말은 수백 년 동안 접촉해 왔던 슬라브제어를 모델로 하여 상의 구조(완료, 불완료)를 발전시켰다. 그러나 이디쉬말은, 다른 게르만말과 같이 이미 완료상을 나타내는 접두사를 갖고 있었는데, 이것은 슬라브말의 그것과 비슷한 것이었다. 독일말과 러시아말을 보기로 들면 독일말의 Kennen (to know), erkennen(to recognize) 러시아말의 zinat(to know) poznat (to get to know)를 비교해 볼 수 있다.

이디쉬말은 완료와 불완전의 상을 구별하려는 경향을 지녔기 때문에, 슬라브말과의 접촉에 의해서 그러한 상을 발전시킨 것이다. 음운론의 보기를 들면, 영어는 노르만 프랑스말(Norman French)과의 접촉의 결과로 V를 음운체계 안에 도입하게 되었다고 한다.

그러나 영어는 이미 그 음운체계 안에 울림, 안 울림, 맞섬이 있었다. [V]도 [f]의 환경적 변이음으로서 존재했었다. (곧 울림 소리 사이에서) Veal과 같은 프랑스말의 차용어는 그 이전에는 소리 낼 수 없는 자리에 (V)를 끌어 들였고, 그 결과 fee1과 veal과 같은 최소 변별쌍이 만들어졌다. 그래서 [v]가 홀로서는 소리로 굳혀진 것이다.[v]가 들어올 만한 어떠한 성향이 없으면 그 소리는 말속에 끼어들기가 힘든 것이다.

언어접촉은 새 자질(feature)을 끌어들이는 데서 뿐만 아니라, 다른 언어 동맹에 속하는 관련된 언어들에서 사라진 자질의 영속성에서도 나온다. 보기로써, 러시아말, 벨로 러시아말, 우크라이나말, 폴란드말은 모음의 길고 짧음의 맞섬을 잃었다. 그런데, 체코말. 서부 슬로바키아말은 이런 맞섬을 지녀왔다.

체코와 서부 슬로바키아말에서 양적 맞섬을 지녀온 까닭은 독일말과 특히 헝가리말의 매우 가까운 영역 때문인 것으로 생각되는데, 이 두 말은 모두 길고 짧음의 맞섬을 지녔다. 그러나 동부 슬로바키아말의 말할이는 우크라이나말의 말할이와 더 가까이 부딪히는데 동부 슬로바키아말은 서부 슬로바키아말이 양적 차이를 지니고 있는 반면, 그것을 잃은 것이다.

언어통합(language convergence)의 또 하나 보기는 북유럽에서 발견된다. 여기 말들은 줄달이(계통)로 보아 꽤 먼 말들인데, 말할이들은 발트해를 둘러싸고 있다. 성조 맞섬은 덴마크, 스웨덴, 노르웨이, 라트비아, 리투아니아, 슬로빈스에서 발견된다. 노르웨이말의 자매어로써, 지역으로는 멀리 떨어져 있는 아이슬란드말

은 성조 맞섬이 없다. 핀란드 만에 사는 스웨덴 사람들은 그런
맞섬을 잃었는데, 이것은 핀란드가 성조 맞섬이 없기 때문이다.

언어 연합의 고전스런 보기는 발칸 반도에서 찾을 수 있다.
발칸반도의 파란 많은 역사는, 언어 인종, 민족성・정치・종교・
경제상의 모든 분야가 예외적인 사회문화적 다양성에 공헌하는
상황을 훨씬 더 매력적 유사성을 지향하기도 한다. 발칸의 언어
는 몇 개의 슬라브말과 방언들(불가리아말, 마케도니아말, 세르
보 크로치아말의 일부)을 포함한다.

그리고 로망스말과 방언들(루마니아와 이탈리아 말의 몇가지
다양성) 그리스말, 알바니아말, 터키와 헝가리말을 포함한다. 여
러 가지 언어 개신들-여기서 발칸특성으로 부르는 -은 두 개 이
상의 이들 언어와 방언에서 공통적으로 나타난다. 가장 많이 알
려진 발칸특성의 대표스런 것들은 다음과 같다.

1. 명사 굴곡의 쇠퇴: 이 과정은 불가리아 말에서 효과가 큰
   것 같은데 그 격체계가 거의 전적으로 배제되지만 마케도
   니아 말, 남동 세르보크로치아 방언 현대 그리스말, 알바니
   아 말과 루마니아말에서 다소간 공유하는 듯하다.

2. 대명사의 중복: 불가리아말 보기는 Mene mi se stnwa
   'Itseems to me'(원말로는 'To me to it seem's)인데 여기
   에 일인칭대명사는 두 번 쓰였다. 비슷한 구문이 현대 희
   랍어, 루마니아말, 알바니아 말과 불가리아 언어지역과 가
   까운데서 말하는 세르보 크로치아 방언에 많이 있다.

3. 부정사의 소실과 인칭에 의한 부정사문의 대치; 불가리아말
   에서 요구문 'Give me to drink'는 Daj mi do pija (Give
   me that chink)로 표현된다. 마찬가지로, 현대 그리스말은
   Dos mou ma pio로 번역된다. 이 현상은 또 알바니아 말,

루마니아, 마케도니아 그리고 세르보 크로치아말 동부 방언
에서 발견된다.

4. 후치 관사의 발달; 슬라브 제어는 정상으로 관사가 없지만
불가리아말과 마케도니아말도 관사가 발달했다. 불가리아말
은 prijatel、fiend′과 prijate1ŭt、the friend′Žend、 woman′-
Ženata、the woman′과 대조된다. 비슷한 발달이 루마니아말
(prietemul)과 알바니아말(mik, miku)에서 찾아지며 후차적 관
사의 형태는 차용되지 않았음을 주목하자: 각 언어는 구조적
으로 비슷한 결과 언어를 만들어 낼 수 있는 말이란 점에서
실제 유용한 것을 사용해왔다. 현대 그리스말은 관사를 가지
고 있지만 이것은 명사 앞에서 나타나고 접미사화가 되지 않
는다(이것은 어말에 붙은 의존 형태소를 구성하지 않는다).
다른 발칸제어는 이런 발달을 공유하고 있지 않다.

5. 음조와 음량 대립의 소실; 남부 슬라브 권역은 북서부에서
남동부로 확장된다. 음조와 대립은 충분히 북서부에서 입증
되었다(슬로빅과 세르보크로치아말의 서부 방언에서). 세르
보크로치아 말의 동부방언에서 대립은 점차 그 말뜻을 소
실하는데 마침내 마케도니아말과 불가리아 말에서 이들이
완전히 소거되었다. 버금가는 수의 발칸특성을 둘, 셋의 언
어나 방언이 공유한다. 그러나 발칸 언어연합권역에서 발칸
에는 단독 언어가 없는 것과 초기 단계에서는 현재든 발칸
특성이라 부르는 모든 특성을 포함하는 것과 그들의 기원
인 것으로 여겨질 수도 있는 것이 강조되어야 한다.

차용에 의한 구조적 변화

이제 약간 상세하게 차용 때문에 언어에 영향을 줄 수 있는 구조적 변화의 블룸필드는 언어 차용을 세 가지로 구분하여 문화차용, 밀접차용, 방언차용으로 나누었다. 문화차용은 문화전파와 관계가 있는 것으로, 새로운 사물이나 개념을 나타내는 말을 차용할 때이다. 밀접차용은 서로 다른 언어를 같은 지역 안에서 쓰고 있을 때 일어난다. 방언차용은 주로 사회적인 영향으로 일어나는데, 다른 형태의 언어를 차용하는 것이다.

문화차용의 결과

문화차용은 대개 문화 접촉이 있는 두 언어 사이에 흔히 같은 방향으로 작용한다. 그런데 이것은 기본적으로 단일언어 사용자인 개인의 발화에 영향을 준다. 현재 영어와 프랑스말 말할이는 문화 접촉이 있어서 한 문화에서 차용하려는 낱말은 보통 참신성을 수반한 수용문화의 언어에 도입된다. 미국에서 우리는 모든 접사에 대한 기본형이 매우 얇은 매우 다양한 거로 소홀한 팬케이크인 레스토랑을 발견한다.

이 프랑스 부엌에서 차용한 이것은 아메리카에서 군레페(후의 프랑스말로 la crêpe)로 부르며 그것들이 마련된 레스토랑은 흔히 크레페리스로 명명된다(후 프랑스말로 une crêperie). 대개, 파리에서는 르 밀크 셰이크크를 주문할 수도 있다. 미국에서 기원된 음료인, 프랑스에서 미국말로 불리는 문화차용은 그것과 연합한 문화혼합 그 자체가 통일 지향일 때 일방적이다. 보기를 들면 기독교화는 17세기 대륙 선교부에 의해 영국에 도입되었다. 이때 많은 라틴과 그리스용어가 그 종교와 관련된 제도와 많은 설비가 영어에 옮겨졌다. minister, angel, devil, apostle, bishop, priest, monk, nun, mass, marb1e 등 꽤 된다.

대부분 경우 차용어들은 차용어의 음운, 형태체계에 빨려 들어간다는 것을 주목해야 한다. 처음 단계는 차용어들이 부분적으로 또는 완전히 차용하는 언어에 통합된다. 낯설은 소리는 차용하는 언어 말할이들에게 가장 친근한 소리들로 교체된다. 차용하는 언어의 음절고조와 단어구조가 새로운 단어에 적용된다. 단어들은 부족한 문법범주를 공급받고 문법 체계에 통합된다.

예를 들어 가능한 잠재된 차용이 받아들이는 언어와 음운 체계에 수행되지 않으면 차용과정 중에 부분적으로 음성 모습의 교체가 이루어진다. 예를 들어 불란서어 crêpe의 첫 분절음은 유기음이 아니다. 그것은 [k]이다. 그런데 영어에는 첫 소리에서 숨안띤 안울림 터짐 소리가 올 수 없다. 그러므로 영어의 'crepe'의 첫소리는 [kʰ]가 된다.

문화접촉 중인 말할이들의 두 언어 역사 재구는 차용 순간부터 차용어들은 본디 언어에 나타나는 음변화에 참여하지 않고, 그것이 차용된 언어에서 일어나는 음변화에 참여하기 시작한다는 사실은 중요하다. 많은 경우에 이러한 사실 때문에 글자가 실제 소리의 실현에서 나타나는 변화를 반영하지 않는 경우의 소리의 음성 가치를 확립할 수 있다. 예를 들어 라틴말의 "cellarium" cellar′가 독일말에서는 차용어로서 Keller의 터짐소리로 발음되었다고 결론지을 수 있다. 라틴말의 cella 'cell'가 독일말에서 zelle로 나타날 때 우리는 라틴말에 k 〉 ts의 변화가 현대독일말의 조어에 차용된 두 개의 차용어가 차용된 시점 사이에서 일어났다고 결론지을 수 있다.

만약 차용어의 숫자가 크고 접촉이 충분시간 계속된다면, 차용하는 언어는 어떤 구조적 변화를 겪게 된다. 새로운 음운 연속 패턴이 만들어진다. 전에는 위치적 변화를 하던 변이음들이 과거에 나타날 수 없었던 자리에 나타날 수 있다. 또 이것은 새로운 음운 대립의 발전을 가져오게 한다. 소리의 발음이 변할 수 있다. 그리고 새로운 소리가 도입될 수도 있다. 전에는 예외가 없던 유형(패턴)이 아주 많은 예외를 갖게 되어 그 패턴은 그 힘을 잃고 많은 개별적 하위 패턴을 가진 패턴의 자격을 갖게 된다.

예를 들어 11세기 영국 북부의 영어와 스칸디나비아 말할이 사이의 비교적 짧으나 아주 중요한 접촉 시기에 많은 스칸디나비아말의 단어가 영어에 차용되었다. 아주 이론 영어 음변화의 결과로서 말머리 자음군 [sk]가 [Š]가 된다. 고대 영어의 scōh(skōx), scip(skip)과 현대 영어의 shoe(Šu), ship(Šip)을 비교하라. sky, skin, scatter와 shirt 같은 스칸디나비아말에서 온 차용어들 (원래의 shirt와 비교하라)이 말머리 자음군(sk)을 다시 가져왔다. 차용으로부터 기인한 언어의 문법 체계상의 변하가 접촉 변화의 경우 더더욱 일어날 확률이 높다.

문화차용의 특별히 재미난 유형은 번역차용이다. 번역차용의 경우 수용하는 언어에서 원래 언어의 본(model)이 번역된다. 형태소대 형태소로 고전적인 보기는 프랑스말의 번역차용 gratte-ciel(글자 그대로 하늘을 긁는 것)로서 영어의 skyscraper 에서 왔다. 비슷하게 라틴말의 conscientia (접두사 cum 'with'와 명사 scientie 'knowledge'를 합하여 만든 것으로 프랑스말에서는 conscience로 발달되어 뒤에 영어에 차용된 것이다)은 고대 그리스말의 syneidēsis(syn 'with' + eidēsis 'knowledge')로부터의 번역차용이다.

차용어가 모두 같은 정도로 통합되는 것은 아니다. 완전동화와 완전한 부호전환(code-switching)의 사이에는 연속이 있는 것 같다. co de-swiching은 말할이들이 한 언어 또는 여러 언어로부터 그 상황에 매이는 언어로 위치를 이동한 상황을 가리킨다. 대개 그러한 continuum에 한 단어를 정확히 놓는 것이 가능하다. 예를 들어 프랑스말의 paletot 'overcoat'는 19세기 러시아에 차용되어 러시아말의 음운 구조에 완전히 통합되었다([pal′tó]의 형식으로). 그렇지만, 단수와 복수의 모든 경우에 굴곡하지 않은 채로 남아 있기 때문에 사전에서 그것은 외국어 요소로서 계속 표시된다. paletot는 프랑스말에서 남성이다. 러시아말에서는 이것이 러시아말 본래의 -o로 끝나는 명사처럼 중성의 자격을 받는다(성은 러시아말에서 필수적인 범주이다). [pal′to]와 같은 굴곡하지 않은 단어의 경우에 있어, 그것의 성은 그 단어가 형용사 부가어와 결합할 때 나타난다. 그래서 음운적 통합이 완전한 반면, 형태적 통합은 단지 막 시작되었다는 것이다.

밀접차용의 결과

밀접차용은 일반으로 정복이나 합병과 같은 어떤 역사적 사건의 결과이거나(ⅡC의 노르만의 영국 정복) 또는 평화적 집단 이주의 결과이다(19C에 유럽인들의 미국이주). 밀접차용은 문화차용과는 달리 문화적 신형에 제한되지 않는다. 그리고 일반으로 지배층의 언어로부터 지배를 받은 층의 언어로 이동한다고 여겨진다. 밀접차용의 상황에서 최소한 두 그룹의 화지들 중 한쪽은 이중언어 사용으로 접근 하는 경우가 많고, 언어 추이가 궁극적으로 일어날 가능성이 높다.

밀접차용 상황에서 언어 그룹들 사이에서 얻어지는 사회적 관계의 본질은 일반으로 차용 그 자체에서 뚜렷이 나타난다. 11C에서 13C까지의 Norman French에서 영어로 차용된 경우에

Norman족이 국가, 군사, 교회, 예술과 같은 것들을 지배한 것이 분명하다. 그 증거는 표(9.1)에서의 차용 어휘 무리이다.

(9.1)

   a. 정부: state, crown, reign, power, country, people, prince, duke, count

   b. 법률: judge, jury, just, sue, plea, cause, accuse, crime, marry

   c. 전쟁: battle, arms, soldier, officer, navy, enemy, siege, danger

   d. 종교와 도덕: religion, virgin, saint, pray, virtue, mercy

   e. 사냥과 다른 운동 경기: leash, falcon, scent, track, cards, dice, ace, suit, trump

   f. 문화와 예술: honor, glory, fine, noble, art, beauty, color, figure, paint, tower, palace, castle.

앵글로 색슨이 그들의 노르만 정복자들에게 집안일을 해 준 것은 또 다른 다음과 같은 집안일과 노예 상태에 관련된 많은 차용어의 용어로부터 분명하다.

(9.2)

chair, table, furniture, serve, soup, fruit, jelly, boil, fry, roast, toast.

앵글로 노르만 언어 접촉의 결과로서 현대 영어에는 살아있는 고기에 관한 단어집합으로 -cow/ox, caff, sxwine, sheep가 있고, 용어를 갖고 또한 table에 놓인 똑 같은 동물의 고기부류 집합에서는 beef, veal, pork, mutton를 가지고 있어 일상적이 아닌 어휘적 이중구조를 갖고 있다. 먼저 것이 Cpermanie이고 영어 본래 것인 반면, 두 번째 것이 노르만 프랑스말(Narman French)로부터의 차용 결과이다. 프랑스말 계통의 단어들이 분명히 그들이 프랑스 식탁에서 일할 때 영어 말할이들에 의해 쓰여진 반면, 앵글로 색슨 단어들은 농장용어로서 남게 된 것이다.

밀접차용의 상황에서 일반으로 일어나는 많은 수의 단어가 차용됨과 함께, 음변화가 일어남이 일반적이다. 우리는 이미 고대 영어의 /f/가 말머리와 말끝 자리에서 안울림의 변이음을 갖고 유형의 환경 예컨대 모음 사이 자리에서 울림의 변이음을 갖는다는 것을 보았다.

노르만 프랑스의 차용어들은 말머리 자리에 /v/를 이끌었다 (vea ㅣ, voice, very와 같은 낱말에서). 그리고 그렇게 해서 /v/를 영어에서의 독립된 말소리로 굳히는데 이바지한 것이다. 또 스칸디나비아로부터 차용된 영어 단어에서 말머리의 sk가 이끌린 것을 되새겨라. 강하거나 지속적인 문화접촉은 음운 변혁이 일어나기에 넉넉한 어휘차용을 가져온다. 보기를 들어 체코말 (Czech)의 /g/는 비교적 이른 시기에 /h/가 되었다; /g/음을 가진 차용어들이 그 소리를 영어에 다시 도입했고 /g/대 /h/의 맞섬을 다시 굳혔다.

핀란드말에서 장음 /ee/는 /ie/로 겹모음이 되었다: 차용어들은 tie 'road'대 tee 'tea'의 최소 변별쌍을 만들었다. 이에 따라 말할이들은 겹모음되기 규칙을 적용하기 앞서 낱말의 역사를 알아야 하는 문제를 맞게 된다. 또는 더욱 흔히 아이들에게 이중모음화가 핀란드말의 공시 규칙으로 더 이상 다시 밝혀질 수 없다는 식으로 그 언어를 개구조화하도록 그 언어를 배우게 해야만 한다.

형태론적 체계에서도 대량 차용에 터 잡은 중대한 개신은 보여줄 수 있다. 보기를 들어 언어접촉이 새로운 접사의 도입을 가져올 수 있다. 그 접사가 오직 차용된 item과만 같이 나타날 수 있는 중간시기가 있었던 것 같다. 그리고 사람들은 그 형태론적으로 복잡한 단어가 통째로 차용된 것인지 아니면 그 언어 안에서 접사의 부가에 의해 이루어진 것인지 알 수 없다. 만약 새로운 접사가 본래의(그 언어) 어간과 접속되어 나타날 때 그 접사의 부가 과정은 생산적이 되고 새로운 접사가 차용어에 추가된다. 만약 영어가 단지 legible, edible, palatable와 같은 단어만을 가지고 있다면, 우리는-ible, -able이 생산적인 접사인지 아닌지를 확인할 수 없다. 영어구조에 그 접사가 완전히 통합된 것은 readable, eatable, double과 get-at-able과 같은 낱말과 함께 확인될 수 있다.

이제까지 접촉을 통해 가장 민감하게 변화할 수 있는 언어 부분은 어휘라는 것이 확실해졌다. 한 언어는 많은 차용어를 흡수하고도 구조적으로 비교적 원형을 유지한 채 남을 수 있다. 영어에서 많은 수의 노르만 프랑스말의 차용어들이 독일말의 기본 구조를 바꾸지 않았다. 루마니아말의 형태론은 거의 순수한 로만스이다. 그리고 비록 라틴 기원의 낱말이 아주 적음에도 루마니아말은 아직까지 로망스말로 여겨진다. 5,765개의 항목을 담은 최초의 Daco루마니아말 목록(약20%)이 라틴말로부터 왔다. 분석된 그 어휘는 슬라브적인 성격이 우세하다; 2361낱말 또는 약 41% 낱말이 슬라브말 원어이다. 그 나머지는 터키말, 헝가리말, 현대 그리스말 그리고 트라키아말이다.

차용어는 문화접촉의 중요한 지표이다. 그리고 우리가 본 것처럼 접촉 상황이 관련된 민족들의 역사의 어떤 양상을 재구하는 데 사용될 수 있다. 그렇지만 흔히 고유어는 차용어와 함께 나란히 존재한다. 더 오래된 낱말의 의미 영역이 좁혀질 수 있거나 두 낱말이 서로 다른 문체 가치를 가지기도 한다. 영어의 tell은 count의 도입으로 그 영역이 축소되었다. 그리고 그 본래 의미는 관용구 'telling one's beads'(염주알을 세다)에서나 'bank teller'(은행의 금전출납계원)와 같은 직업이름에 남아 있다. Read는 새로운 낱말인 peruse(정독하다)의 유입도 병행하여 왔으나 뒷 것은 엄숙함과 현학스런 문체에 대한 함축을 가지고 있다. 차용 낱말이 제나라말로서 같은 (말밑어원)을 가지고 있을 때 이 두 낱말을 어원적 이중어(etymological doublets)-같은 어원이면서 꼴이나 뜻이 다른 말이라 부른다.

예를 들어 토박이 영어의 shirt와 차용어 스칸디나비아말 skirt는 똑같이 게르만 조어(proto Germanic) 어원을 가지고 있다. 어원적 이중어는 차용하는 언어의 주된 전통 밖에서부터 온 것이 거의 대부분이다. 영어의 state와 estate는 중세 프랑스말에서 차용되어 분화되었는데 status는 라틴말의 status의 현대 차용어이고 이로부터 state는 중세 프랑스말에서 차용되어 분화되었는데 status는 라틴말의 status의 현대 차용어이고 이로부터 state와 estate가 파생되었다.

방언 차용의 영향

방언 차용의 경우는 이 장에서 이제까지 다루었던 다른 종류의 전개들과는 다소 차이가 있다. 방언차용은 가끔 언어 공동체의 입말의 핵심에 영향을 주기도 한다. 방언차용을 통해서 몇 부류 언어의 기본구조 체계에 영향을 미치는 변화가 가끔 일어날 수 있다. 긴밀히 연관되어 있는 방언이 외국어보다 더 중요하고 보다 쉽게 서로 영향을 주는 것은 놀랄만한 일이 아니다.

왜냐하면 문법과 어휘의 체계가 같은 둘 또는 그 이상의 그룹 사이의 비슷함이 차이를 쉽게 풀 수 있기 때문이다. 라보프를 비롯한 여러 학자들은 방언차용을 통해 언어의 모든 변화를 설명하려 했다.

문화적이고 직접 접촉을 갖는 상황에서 언어적 혁신을 주고받을 수 있는 주요한 수단은 단어이다. 언어의 한 방언이 다른 방언에 영향을 줄 때 음운의 발음, 형태, 통사적 형태, 단어의 의미와 같은 여러 가지의 언어적 특질이 차용된다. 한 방언에서 다른 방언에로의 언어 특질의 전파는 지리적, 사회적 경계를 넘어 진행된다.

방언차용의 범위가 지리적 지역일 때 그것은 문화적으로나 언어적으로 관련이 있는 사람들이 살고 있는 지역 안에서 전파가 일어나는 경우가 대부분이다. 한 도시나 지방이 정치적, 문화적 중심으로 발전할 수도 있는데 그것은 혁신이 확산되어 나오는 언어적 중심으로 기능한다. 지도에 그려진 어떠한 언어학적 특징이나 혁신이 전파되는 지리적 범위를 둘러싸는 선을 등어선(isogloss)이라 한다. 사회언어학자들은 사회적 계급 간의 혁신의 전파를 연구하고 있다.

이전에 언급했듯 언어학적 공동체가 새로운 언어를 대폭 수용할 때는 접촉을 통한 언어변화가 일어난다는 중요한 의미를 나타낸다. 이러한 상황에서 후속어(successor language)에 중요한 영향을 주는 것은 언제나 기층어(substratum L.)이다. 이것은 말할이가 자신의 언어에서 이미 익숙한 형태의 표현으로 새로운 언어의 형태를 해석하려 하는 사실에 터 잡는다. 이것은 어휘차용의 경우에 우리가 외국어 강세를 가진 사람의 말을 들을 때 이것을 느낄 수 있다.

특히 이러한 종류의 전개를 말해 주는 예는 Hiberno-English(H.-E)인 에이레의 영어에서 볼 수 있다. 영어는 수년 동안 에

이레의 모국어였던 언어에 사회적 정치적으로 우세했는데 아직도 에이레말은 몇 지역에 남아 있다. 에이레에서 사용된 영어의 독특한 형태를 특징짓는 성질의 대부분은 에이레 기층어의 영향으로부터 나온 것이다.

예를 들어 음운적 층위에서 H. E의 몇 방언은 이른바 개구음과 협치조자음(broad and sllender dental consonants) 사이의 이분법으로 표준영어의 t/a＝Θ/ð 대응을 대신했다. 이런 점에서 협자음은 좀 더 개구음에 가깝다고 말할 수 있다. 에이레어는 interdental frieatives가 없고 broader slender 자음 사이의 음운적 구별을 하고 있다.

이와 비슷하게 통사적 측면에서도 H. E의 특징적 성질은 거의 모든 문장에서 어떤 단어의 화제화(Topicalization)되거나 앞으로 옮겨지거나 관계절을 지닌 복문을 형성하는 것이다. 구어체의 HE에서, I'm going to Dublin tomorrow라는 문장은 거의 나타나지 않는다. 오히려 다음 문장 중 하나로 나타난다.

(9.3)

   a. It's me. That's going to Dublin tomorrow.

   b. It's going that I am to Dublin tomorrow.

   c. It's to Dublin that I'm going to tomorrow.

   d. It's Dublin that I'm going to tomorrow.

   e. It's tomorrow that I'm going to Dublin.

이러한 형태는 모든 켈트말의 규범인데 HE통사론의 독특한 성질과 아울러 에이레 기층어의 용어로 설명되어야 할 것이다. 에이레의 영어는 대부분이 에이레 문학 번역에 연속되고 있다.

기층어의 재구성

이미 알고 있는 언어접촉의 결과가 설명될 수 있고 관찰된 변화들은 접촉 상황과 관찰된 현상 간의 인과적 관계를 가정함으로써 설명되었다할지라도 만약 수반된 언어의 근본적 특징이 알려지지 않았다면 어느 정도로 그 과정이 재구될지를 확언하기는 힘들다. 이 절에서는 결론적으로 두 나라 말을 하는 말할이의 이차언어에 기층어가 미친 영향만으로 기층어를 재구조화하려는 시도의 결과를 간단히 요약하려 한다.

Halbdeutsch라 불리우는 언어는 19세기에 Estonian의 작은 도시의 중하류 계층에서도 쓰였다. 20세기의 Estonia의 작은 도시의 중하류 계층에서 쓰였다. 20세기의 Estonia의 사회적 정치적 삶의 변화를 Halbdeusch어의 소멸을 가져왔다. 그러나 19세기 동안 Halbdeutsch가 널리 쓰여지는 언어가 되었고 Estonia가 사라졌다는 것은 깊이 생각해 볼만한 것이었다.

글쓴이는 가설적 질문을 했다. 곧 에스토니아말이 사라졌다면 우리가 Halbdeutsch를 분석함으로써 Estonia어에 대해 얼마나 알 수 있을 것인가? 에스토니아말과 발트독일말 모두에 독자적인 증거가 있으므로 이런 분석이 기층어의 재구에 관련된 일반적인 문제에 대해 어떤 간섭들을 잡아내고 방법론들을 테스트하는 것을 가능하게 해 줄지도 모른다.

발트 독일말의 모음체계는 /i e ü ö u o a ə/의 8개의 단모음으로 구성되어 있고 이중 /ə/는 강세 없는 음절에만 제한되어 있다. 이러한 모음체계는 /ī ē ɛ̄ ū ȫ ū ō ā/ 8개의 장모음을 가지고 있는데 /ē/와 /ɛ/는 Beeren 'berries'와 Bären(bears)와 같은 단어에서만 대조된다. Estonia어는 9개의 모음을 가지고 있고 그것은 장모음 혹은 단모음 그리고 overlong quantity로 나타내는데 /i e ä u o a ö ü ŏ/중 마지막 것은 miacentral 평순 모음이다.

이것은 23개의 이중모음을 가지고 있고 대부분 overlong quantity를 가진 long quantity 대조되고 있다. Beltic German은 6개의 이중모음 중 /ei/와 /au/ 2개만이 Halbdeutsch에 나타난다. Estonia어의 이중모음의 목록이 극도로 풍부했다는 것을 추측할 길이 없다. 이 text도 에스토니아의 모음특성의 체계를 재구할 기본을 제시해 주지 않는다.

자유체계에서 에스토니아와 발릭게르만 사이의 주요 차이점은 에스토니아말 경우 유성 대 무성 대응이 없고 구개음화된 차조음의 무리들이 나타나며 /t n l s/가 /t'n'l's'/와 대조된다. 에스토니아에서는 치찰음의 한 종류만이 존재하고 에스토니아 자음의 세 가지 양의 대립이 있다.

Halbdeutsch 자료는 말머리에서 유성 대 무성 대립이 없다는 것을 재구할 수 있다. 게다가 /f/ 에 대한 /v/대용과 /b,d,g/에 대한 /p, t, k/의 대용이 수적으로 우세한 것은 기층어에서 /v/와 /p,t,k/의 존재(/f/와 /b, d, g의 부재)를 가정해 볼 수 있게 한다.

음운적 특질뿐 아니라 말머리의 /h/소실 /s/ 차찰음 하나가 나타난다는 것을 재구할 수 있다. 말머리떼의 명백한 단순화는 말머리떼의 결여라는 에스토니아말 형태소의 기본형의 성질을 재구해 볼 수 있다. 재구할 수 없는 것은 구개음화된 치조음 계열의 존재와 3가지 음량의 대조이다.

형태론과 통사론에 대해서는 기층어에서 관사와 문법적 성의 부재를 재구해 볼 수 있다. 동사체계에서는 소위 약변화를 일반화하는 경향에 주목해 볼 수 있다. 곧 어근 모음에서 변화 없이 강변화 동사를 활용하는 경향이다. 기층어가 규칙동사만을 가지고 있다는 추측을 해볼 수 있다. 이것은 지나친 단순화인데 에스토니아말의 동사체계(명사체계뿐 아니라)는 어간에서 복잡한 형태론적 변화로 특징지을 수 있다.

비록 게르만 모음변이가 에스토니아말에서 나타나지 않는다고 하더라도 Halbdeutsch에서 미래는 Werden 대신 조동사 wollen 으로 이루어져 있다. 에스토니아말이 미래 조동사로서 wollen의 동의어를 사용한다고 결론짓는 것은 전적으로 틀린 것이다. 에스토니아말은 미래 조동사가 없으며 사실상 미래 시제를 지칭하는 시간 부사의 사용을 제외하고 미래를 나타내는 어떠한 형태론적 장치도 없다.

그러나 그릇된 결론을 이끌어낼 수 있는 가장 큰 기회는 명사 굴곡체계일 것이다. 발트 독일말은 4개의 격을 가지고 있고 에스토니아말은 14개이다. 두 언어 모두 복수 묘지를 가지고 있기 때문에 발트 독일말은 8개의 격형태를 에스토니아말은 28개의 격형태를 띤다. Halbdeutsch 텍스트에는 한 개의 형태만이 나타난다. 9개 굴곡형이 실제로 완전하게 없다는 것은 28개의 다른 형태를 가진 에스토니아말의 14격이 있다고 의심해 보는 것조차 불가능하게 한다.

그래서 후속어에 대한 기층어의 영향은 새로운 맞선의 도입이라기보다 맞섬의 축소 또는 생략이 주가 되었다(hiberno- English 에서 주목했듯 대조의 재해석은 역시 가능하다). 그것은 우리가 successor L에서 불완전구별(underdifferentiation)의 기본에서 기층어에서의 특성이 없다는 것을 안다면 재구할 수 있다.

그러나 기층어가 차용언어 보다 실제로 더 복잡한 경우에 후속어에서 대조가 제거된 것과 이러한 경우를 구별할 방법이 없다. 그것은 에스토니아말에서 유성과 무성의 대립이 없는 것이 Halbdeutsch 에서 유성과 무성 사이의구별의 소실을 일으켰다고 결론짓는 것이 가능할 것 같다.

발트 독일말과 비교하여 Halbdeutsch에서 명사굴곡이 없는 것을 볼 때 에스토니아말에서 격의 굴곡이 없다는 가정에 대해 격굴곡이 소실되었다고 생각할 수도 있을 것이다. 이것은 에스토니아말이 실제로 격체제가 매우 풍부하고 복잡하기 때문에 매우 잘못된 것이다. 그래서 후속어에서의 명백한 대조의 손실은 기층어에서 이러한 대조를 없앴다고 가정해 보는 것이 언제나 정당하지는 않다.

Halbdeutsch의 언어학적 성질 중 몇몇은 피진말을 상기시켜 준다. 서로 이해할 수 없는 언어의 말할이 사이에 의사소통이 필요한 경우 말의 형태가 생략되는 이러한 언어를 제일 언어로서 배울 때 그것을 혼교어라 부르고 본래의 피진의 성질을 가진 언어가 더욱 발달하면 다른 것들은 고정된다. 새로운 크레올의 발달은 비정상적인 통시적 전개이며 아마 언어접촉에 터 잡은 언어변화의 가장 극단적 결과일 것이다.

다른 모든 통시적 전개와 달리 우리가 고려해야 할 것은 혼교어화가 하나의 구조적 측면이 다른 것에로의 언어 전개가 아니라는 점이다. 그것은 우리가 세계어의 대부분에 가정하는 일반 형태로 묶을 수 없는 새 언어의 탄생을 뜻한다.

언어 역사에서 '피진'어화와 '크레올어'화의 영향을 대단히 과소평가해 왔다. 이 사회언어학적 현상에 대한 보다 완전한 토의를 위해 Hymes(1971)을 보면 통시적 연구의 중요한 시각을 제공해 줄 수 있을 것이다.

참고 문헌

Bloomfield, I., (1933). Language, Holt, Rinehart and Winston, New York, chapters 25, 26, and 27.

Clyne, M., (1975). Forschungsbericht Sprachkontakt, Kronberg/Ts, Scriptor-verlag.

Clyne, M.., (1972). PERSPECTIVES ON LANGUAGE CONTACT, tHE hAWTHORN press, Melbourne.

Hall, R. A., (1965). Pidgin and Creole Languages. Cornell Universsity Press, Ithaca, New York.

Haugen, E., (1959). The Norwegian Language in America: A Study in Bilingual Behavior. 2nd ed., Indiana Universiry Press, Bloomington, Indiana.

Hymes, D., ed., (1971). Pidginization and Creolization of Languages, The University press, Cambridge, England.

Jakobson, R., (1931). "Über die phonologischen Sprachbunde," Travaux du Cercle Linguistique de prague 4, 234-240.

Jakobson, R., (1936). "Sur la theorie des affinites phonolgiques entre les langues," in Proceedings of the 4th International Congress of Linguists, Copenhagen, pp.277-287.

Lehiste, I., (1965). "A Poem in Halbdeutsch and Some Questions Concerning Substratum" Word 21, 55-69.

Sapir, E., (1921). Language, Harcourt, Brace and World, New York, chapter 9.

Weinreich, U., (1954). Languages in Contact. Linguistic Circle of New York New York.

10장 근 거

　재구를 위한 복잡한 기법들이 발달하여 언어의 변화를 관찰할 수 있는 시간의 폭이 상당히 넓어졌다고 하더라도 재구된 언어는 가설이지 기록이 아니다. 이 결과 재구된 언어에 기초한 통시적인 연구에서 오류의 여지가 남는다.

　그러나 표기에 대한 전통이 오랫동안 잘 유지된 문화에서는 문헌 자료가 보존되어 있어서 기록문헌의 존재가 역사언어학자들이 이들 언어의 변화에 관한 여러 학설의 자료로 이용할 수 있도록 하며, 문법의 통시적 모델에 근거한 변화 이론의 변화를 위하여 실증적으로 검증할 수 있도록 해준다. 이에 표기의 발전 과정을 간략히 살펴봄으로써 고대 언어 기록의 언어학적특성을 파악하고자 하며, 이것은 언어의 변화를 연구하는 이들에게 매우 중요한 자료가 될 것이다.

표기의 발달

　표기(writing)의 전조(precrusor)는 원시인들이 중요한 사건을 묘사하기 위해서 자신들이 거주하는 동굴의 벽이나 기타 장소에 그린 그림임이 분명하다. 최초의 그림은 스페인의 한 동굴에서 발견되었는데, 그 시기는 기원전 15,000년경으로 추정된다. 드디어

표현된 그림은 기억수단 또는 특정 개인, 사물 또는 사건, 특히 유명한 물건의 소유자 등을 연상시키는 그림 장면으로 대체되었다. 그림 장면들이 일관되게 유명한 사물, 사람 또는 사건 등과 관련된다는 점에서 볼 때(주어진 그림장면이 주어진 낱말을 나타내는 것일 때) 우리는 이제 표기체계를 논할 수 있다.

표기는 그림 모양의 제한된 수의 그리고 때로는 형태가 고도로 정형화된 상징의 체계로서 이는 언어의 요소를 나타낸다. 그러한 상징은 낱말, 형태소, 음절 또는 소리 등을 나타내는 것일 수도 있으나 일반적으로 상징과 상징된 것 간에는 규칙적인 일대일 대응관계가 존재한다.

최초의 표기체계는 상당히 그림 같은 단순한 것이었다. 수메리아에서 ⌒같은 상징은 '태양(sun)'이란 단어를 나타내는 것이었다. 그 후 상징들이 점차 불투명해지고 개념의 정의가 확대되어 갔다. 이러한 상징을 표의문자(ideographs)라고 한다. 점차 이와 똑같은 모양의 상징들은 특정 대상을 의미하는 것으로 발전하였으며 이를 어표(logographs)라고 한다.

물론 각 단어마다 상징이 하나씩 있는 표기체계는 곧 복잡해졌고 배우기가 또한 어려웠다. 표의 문자인 한자(Chinese)를 살펴보면, 근본 또는 기본이 되는 상징이 다른 상징과 결합하여 낱말을 구성하는 방식으로 사용되었으며. 이는 단어를 글로 표현하는데 있어서 무한한 다양성을 제한시키기 위한 것이다.

가장 오래된 유형의 표기로 알려진 고대 메소포타미아의 표기에서는 하나의 상징이 관련이 있는 여러 상이한 뜻을 의미하기도 하였다. 예를 들면, 가장 오래된 것으로 입증된 수메리아말(약 기원전 3000년경)을 살펴보면, ⊣이란 단어는 신(God)이란 뜻의 dingir, 그리고 하늘(Heaven)이란 뜻의 an으로 사용되었다.

표기의 단순화와 다양화에 있어서 가장 중요한 사건은 순수한

표의문자 또는 어표문자에서 속기문자(phonographic) 체계로의
전환이다. 표음문자 표기방식에서는 의미와는 관련 없이 소리 또
는 소리의 결과를 나타내는 상징이 이용된다. 그래서 수메리아말
에서 ─┤ 상징은 신과 하늘이란 의미뿐만 아니라 어떤 단어에서
는 음성의 결과인 -an-'로 나타나게 되었다. 마찬 가지로 Šu
'hand'에 대한 수메리아말에서 ᄇᆡ상징은 손이란 뜻의 낱말과 음
절 -Ŝu- 로 사용되었다.

상징이 음절을 나타내는 표기체계를 음절문자(syllabary)라고
한다. 수메리아말의 표기체계 및 수메리아말의 표기체계에 근거
한 아카디아말, 히타이트말과 같은 고대의 많은 언어들과 표기체
계 및 역사는 비슷하나 유래가 다른 고대 이집트어는 복잡한 음
절표기체계이다.

표기의 발전과정에서 마지막 단계는 자음표에서 알파벳으로의
전환이다. 알파벳은 각 상징들이 언어의 소리를 분명하게 표현하
는 이상적인 표기체계이다. 알파벳은 셈족의 언어로 사용되던 음
절표기체계에서 빌려온 것으로 기원전 9세기경에 고대 그리스에
서 최초로 개발되었다.

모음은 셈족 언어에서 상당히 예측 가능한 것이기 때문에 음
절 상징들은 자음-모음-자음 (CVC)의 순서로 결합되기 보다는
자음 단독으로 결합되었다. 표기체계가 유럽언어에서 유용하도록
수정되었을 때, 개개의 모음 상징들이 개발되었는데 그것이 알파
벳(alphabets)이 되었다.

고대 표기체계 발달의 가장 큰 특징은 연구자들이 초기의 표
기체계로 쓰여진 것을 판독, 분석하려고 할 때, 문제에 봉착한다
는 점이다. 문헌에 쓰여진 언어가 알려진 것이라고 하더라도 일
부 표의 문자적인 상징들과 결합된 여러 의미 가운데 어떤 의미
로 이해되어야 하는지, 주어진 상징이 표의문자로 또는 표음문자

로 사용되었는지, 그리고 기타 많은 문제들에 대해 판단 할 때 제기된다. 모든 서기(scribal)의 전통은 표기상징의 사용이란 관점에서 볼 때, 약속을 이용한 것이 라 할 수 있다. 그러나 그러한 약속은 거의 기록되거나 부호화 되어 있지 않아서 고대문헌을 연구하는 현재의 학자들이 어려움을 겪고 있다.

고대문헌을 분석, 해석 및 복원하는 것을 문헌학(phiology)이라고 한다. 엄격한 문헌학적 연구가 대부분 역사언어학 연구의 기초이다. 문헌에 대한 언어학적 분석에 보다 많은 근본적인 노력을 기울일 때 고대 표기체계를 해독할 수 있게 될 것이다.

소멸된 고대표기체의 해독

고대문헌 판독에 있어서 가장 주목할만한 진전은 19세기에 일어났다. 기념물에 쓰여진 신비스러운 이집트의 상형문자 비문(hieroglyphic inscriptions)과 쐐기(cuneiform)문자의 비문, 그리고 고대 근동지방과 중동지방에서 발견되는 진흙판 등이 아마추어 판독가뿐만 아니라 학자들의 관심도 사로잡았다.

상형이란 단어는 그리스에서 신성한 조각을 의미하는 것으로서 고대 이집트말 표기에 이용되었다. 이는 그림 같은 모양의 상징으로 구성된 표기체계에 연유한 것으로 그림-상징이 직접적이고 분명한 방식으로 관련된 사물을 나타내지 않을 수도 있다.

쐐기문자란 단어는(라틴말의 cuneis) 쐐기모양을 띤다는 것을 의미하는 것으로 이는 고대 아시리아, 페르시아 그리고 아나톨리아의 음절표기체계(logosyllabic)의 쐐기모양의 상징에서 연유한 것이다. 쐐기모양의 상징은 일반적으로 젖은 진흙판에 철필로 기록되었다.

고대표기 체계를 해독하는 데는 양 언어 또는 3개 언어를 병용한 문헌이 크게 도움이 되었다. 1899년 나일강 상류에서 발견된 유명한 로제타돌(Rosetta Stone)에는 하나의 내용이 3개 언어로 쓰여져 있었는데, 첫 번째는 고대 이집트의 상형문자, 두 번째는 표기 체계가 보다 단순화된 새 이집트말, 그리고 세 번째는 고대그리스말이었다. 로제타돌의 발견 당시, 그리스말은 해적되는 언어였기에 문헌의 의미는 곧 밝혀졌다. 문제는 이집트어판의 구조를 이해하는 것이었다.

판독에는 문헌에 있는 타원형 윤곽, 즉 왕족이나 신성한 이름을 나타내는 상형문자를 둘러싸고 있는 타원형 모양(cartouches)이 크게 도움이 되었다. 이름들이 로제타돌의 그리스어판에서는 확실하게 파악할 수 있는 것이었기 때문에, 음성학적 가치가 상형문자의 내용 가운데, 타원형 모양으로 표시된 클레오파트라(Cleopatra) 그리고 프톨레미(Ptolemy)와 같은 이름의 발음 근거로서 이집트어 상징에 부여 될 수 있었다.

쐐기문자의 판독에 있어서는 문제가 다소 복잡했다. 2개 언어 또는 3개 언어를 함께 사용한 문헌이 발견되었다고 하더라도 문헌은 모두 쐐기문자로 쓰여져 있었다. 해독이 가능했던 첫 번째 쐐기문자는 고대 페르시아말이었다.

기념비에 있는 비문의 대부분이 3개 언어를 함께 사용한 것이라고 하더라도(대부분의 비문에 사용된 나머지 2개 언어는 아카디아말(Akkadian)과 엘람말(Elamite)이었다. 어떤 문자도 판독 할 수 없는데 이는 비문의 수수께끼를 풀 수가 없었기 때문이었다. 정말로 그것이 어떠한 표기체계인지 또한 그것이 알파벳, 음절문자, 언어자음표(logosyllabary) 혹은 어떤 다른 것인지를 알 수 없었다.

1802년 프리드리히뮨터(Friedrich Münter)는 비문에 있는 규칙적인 패턴에 주목하고, 이 패턴이 후에 알려진 페르시아 왕족에 대한 규칙적인 형용어구에 대응된다는 뛰어난 추리를 하였다. 공식은 'X, King, great king, king of kings, son of Y, ...'의 형태였는데 X와 Y는 왕족이름이었다. 고대 페르시아 글자와 Pehlevi(중세 페르시아말)의 발음공식에 관한 정보를 이용함으써, 음성학적 가치는 개개의 쐐기 상징을 나타내는 것이었다.

그 가설은 옳았으며 자음표는 곧 정리되었다. 일단 고대 페르시아말이 판독되고 나서는 신비스러운 아카디아말과 엘랑말을 해결할 수 있게 되었는데, 이는 많은 3개 언어를 병용한 비문이 있었기 때문이었다. 더욱이 여러 아카디아말 수메리아말의 2개 언어 병용 문헌을 이용할 수 있었기에 아카디아말의 번역은 가장 오래 전에 기록된 언어, 즉 수메리아말을 해독할 수 있는 것이었다.

아직까지 해독하지 못한 언어로 쓰여진 문서가 많이 있다는 점을 지적하고자 한다. 예를 들면 멕시코의 마야말(Mayan) 상형문자(hieroglyphs)는 거의 유일하게 이해되지 못하고 있으며, 소위 고대 그레타의 Linear A 문헌도 분석을 하지 못한 채로 남아 있다. 아직까지 발견하지 못한 기록이 나타난다면 많은 새로운 수수께끼뿐만 아니라 과거의 수수께끼에 대해서도 새로운 통찰력을 얻을 수 있을지도 모른다.

비록 해독을 하였다고 하더라도 일반적으로 판독된 언어구조에 대한 지식에 있어서 차이가 남아 있다. 이러한 차이는 때때로 표기체계의 특성으로 인한 결과이지만 보다 많은 경우에 문헌자체 및 문헌의 특성을 반영하는 것이다.

히타이트말 표기체계는 부분적으로 어표적인 것이며 부분적으로는 표음문자이기도 하기 때문에, 예를 들면 '아들(son)'이 보통은 왕위계승문제를 상술한 많은 히타이트 문헌에 상징적으로 표현되었다고 하더라도 '아들'에 대한 히타이트말을 알지 못한다. 이러한 차이는 히타이트말 표기체계가 대체로 표의문자라고 하

더라도 히타이트말에는 관습적으로 아들이란 단어로 수메리아말
의 어표를 사용한다는 사실에 기인한다.

다른 단어를 살펴보면 때때로 어표가 사용되지만 다른 경우에
는 단어가 음절의 상징으로 쓰여진다. 매우 일반적인 단어 '아
들'에 대해 음성학적 표현을 할 경우가 없기 때문에 히타이트
어휘에 관한 우리의 지식에 차이가 남아 있다.

고대 페르시아말은 다른 문제이기는 하지만 매우 일반적인 유
형의 문제, 즉 설형음절로 쓰여졌다는 문제가 있다. 고대 페르시
아에서 사용된 상징들은 그 언어를 위해 개발된 것이 아니었다.
이는 수세기 동안 차용한 결과로써 수메리아말의 쐐기상징을 표
음문자에서 차용했었다.

그 결과 자신들의 음성학에는 적합하지 않은 고대 페르시아에
서의 자음표 사용의 결과를 가져왔다. 아래 유형의 여러 문제들
도 그러한 결과를 낳는다. 소리순서 ti와 tai는 언어에 있어서 둘
모두 일반적인 것이다. 그러나 자음표에는 음절 ti에 대한 상징
이 포함되어 있지 않다. 자음, 모음 순서로 된 상징이 없는데,
고대 페르시아말 표기관습에서는 2개의 상징(관련 자음에 대한
상징 더하기 a로서 모음에 대한 상징 다음에 위치한다)을 사용
한다. 그러므로 ti는 ta -i는 tai의 또 다른 부호이다.

불완전한 표기체계로 인한 정보의 차이가 어휘의 구성과 어휘
의 음성학적 측면으로 제한되지 않는다. 문법에 관해서도 명확하
지가 못하다. 공교롭게도 ti와 tai는 고대 페르시아에서 2개의 상
이한 그러나 관련된 형태소이다. ti는 제3인칭 단수 현재 능동에
대한 동사활용이며 tai는 제3인칭 단수 현재 medio-passive를 나
타낸다.

왜냐하면 2개의 어미는 동일한 방식으로 쓰여질 수 있기 때문에
어떤 주어진 고대 페르시아말 동사가 능동태인지 medio-passive인

지를 파악하는 것이 때때로 불가능하다.

문 헌 학

앞서서 고대문헌 내용의 협소함으로 인해 고대문헌이 사용된 언어의 문법과 어휘의 완전한 재생이 어렵다고 하였다. 많은 사어들이 오직 기념비의 비문을 통해서만 알려지고 있다. 고대 페르시아말이 그러한 언어인데 실제로 특히 정복자인 고대 페르시아왕의 개척을 자세히 기술한 기념비 비문의 언어를 통해서 알려져 있다.

그러한 문헌의 특성으로 인해 언어에 관한 유용한 정보의 양이 제한되고 있다. 기념물의 비문 외에도 고대세계의 기록 대부분이 종교, 또는 의식, 사업기록, 그리고 법이나 기타 정부서류 등이었다. 어떤 경우에는 오직 사업기록만이 재생된 것처럼 완전한 문장의 실례들을 갖고 있지 못하며 더욱이 입증된 언어의 구문론에 대해서는 거의 또는 전혀 알지 못하고 있다. 어떤 언어에 대한 지식이 지역이나 개인의 이름에 국한 된 경우도 있다. 이름에 대한 연구를 명칭학이라고 한다.

문헌을 이용할 수 있으며 문헌의 언어가 이해되는 것일 때, 이들 문헌의 질을 평가하려고 시도하는 사람이 문헌학자이다. 문헌학자가 하는 일은 주어진 언어의 표현에 있어서 얼마나 충실한가를 따지는 일이다. 수많은 다양한 요인들이 사어에 대한 정보의 유일한 원천으로 이용되는 문헌의 근거를 왜곡시키는 요인으로 작용한다. 문헌의 왜곡에 있어서 가장 반적인 요인은 필사의 오류이다. 고대 유적지에서 발견된 문헌이 몇 백 년 된 원본의 사본이거나 원본에서 여러 번 복사된 사본의 사본이라는 사실을 염두에 두는 것이 항상 필요하다.

인쇄기가 개발되기 전에는 필기용으로 사용된 진흙판, 파피루스, 양피지 및 기타 재료 등은 매우 깨지기 쉬운 것들이다. 그 결과 문헌을 많이 복사하는 전통이 일찍 확립되었는데, 문헌을 재복사함으로써 중요한 서류나 기록을 오랫동안 보존하려 함이다. 중요한 서류의 복사를 위임받은 서기가 원어와 다른 방언 또는 원어보다 몇 세기 후의 언어를 말했을지도 모른다.

복사되는 문헌에서 발생되는 오류보다는 서기에게서 발생되기 쉬운 부주의로 인해 형식이나 구성이 왜곡되었을 수도 있다. 문헌학자들은 방언 또는 연대에 비추어 부적합한 특징들을 문헌에서 찾아내며 변질된 문헌을 유사한 문헌 또는 매우 유사한 단락이 담긴 문헌을 이용하여 원상태로 회복시키려는 노력이 가능한지를 파악하려고 노력한다. 유사한 문헌이나 단락을 똑 같은 2개 또는 그 이상의 기록이거나 기록의 일부분이다.

언어가 원래 표현하고자 했던 바를 제대로 나타내지 못하는 경우가 발생되는 또 다른 경우는 문헌이 번역될 때이다. 가장 오래된 독일말로 입증된 고트말로 가장 먼저 쓰여진 서류, 그리고 가장 오래된 슬라브말로 입증된 고대 교회 슬라브말은 그리스어에서 번역된 것이다. 이들 두 언어의 문헌학과 형태론이 그리스말의 크나큰 영향으로 인해 손상되었다고 볼 수 있는 근거가 없다고 하더라도 성경문헌에서 고트말과 고대 교회 슬라브말의 문장구조에 그리스말적인 구문론적 패턴의 확실한 모방적인 요소가 많이 나타난다.

고대문헌에서 이러한 종류의 외부영향을 인식하는 것이 통시적 이론의 추리에 관한 문헌에 쓰여진 언어와의 관련성 평가에 있어 매우 유용하다. 분명히 사어로 된 문헌의 적절한 문헌학적 분석은 그 문헌들의 언어묘사의 근거에 대해 또는 그러한 문헌에서 나온 자료에 근거하여 주장되는 역사적 발견의 근거에 대해 언어학적 추론을 하려는 시도의 성공을 위해서는 매우 필수적인 것이다.

많은 경우에, 구술 전통을 통해 언어의 초기단계에 관한 귀중한 정보를 얻는다. 그 한 가지 예로써, 구술로 전해진 시를 통해 얻는 자료를 생각해 보자. 북독일말의 초기형태는 고대 북유럽의 비문에서 발견되었다. 그러나 초기의 비문은 수가 적었으며 그 후의 비문은 상당히 단순화 된 그리고 음성변화가 기록되기 어려운 고대 북유럽의 알파벳으로 쓰여져 있었다.

문화는 표면적으로 표기에 있어서 큰 변화가 없었지만 그것은 구술시와 상당히 일치하였다. 그리고 10,11세기에는 복잡한 운율과 매우 정교한 형식적인 시적 방법을 이용한 변형시가 쓰여진 시기보다 오래된 고대 노르웨이말 형식에서 발견되는 경우가 종종 있다. Egill skallagrimsson의 시가 구체적인 예로써 제시될 수 있다.

Egill은 약 서기 901년에서 982년까지 살았다. 그의 시는 시가 대하소설로 쓰여지기 전까지(방대한 원고는 14세기 중엽에 쓰여졌다) 구술로 전해졌다. Egill은 그의 시대에 가장 복잡한 시 가운데 하나의 그의 시에서 불규칙한 운을 사용하지 않았었다. 그러나 936년에 지어진 그의 시 가운데 하나에서 Q(u 〈 a의 움라우트의 결과)와 운이 맞는 a가 발견된다.

시의 창작 당시에는 수정되지 않은 a와 다음에 u로 수정된 a 간의 음성학적 차이는 원고가 쓰여질 때만큼 크지 않았다고 결론 내릴 수가 있는데, 이는 그 후에 상이한 글자들이 2개의 소리로 사용되었기 때문이다. 962년에 지어진 또 다른 그의 시에서 Egill은 3음절, 4음절의 시구를 변형시킨 운율을 사용하였다. 그가 2개 음절이 기대되는 운각에 단어 braa(눈썹 eye-brows)를 사용했기 때문에, 단음절인 brá에 braa의 단축형이 아직은 나타 나지 않았다고 결론지을 수 있다.

이와 유사한 종류의 근거를 민요에서 찾아볼 수 있다. 예를 들어 핀란드 민요와 에스토니아 민요는 기본단위가 8음절로 된 행으로 된 운율로 쓰여졌다. 민요의 운율이 에스토니아에서는 수 많은 단어에서 한 음절 또는 그 이상의 음절이 소멸되는 다양한 문헌학적 과정을 아직까지는 겪지 않은 시기에 생겨났다. 민요의 행이 8음절이어야 한다는 조건이 구어에서 사라진 이후 오랫동 안 초기 형태의 민요에 보존되었다.

구술전통을 통해 전해진 언어학적 기록에서 역사언어학자는 통시적인 기술과 이론의 근거가 되는 방대한 양의 다양한 자료 를 이용할 수 있지만, 자료의 성격과 다양성으로 인해 때때로 기록에서 거의 알려지지 않은 복잡한 유형이 나타나기도 한다. 문화에 의해서 수세기 동안 유지된 전통적인 구술문학의 대부분 은 문헌이 보다 간단하게 공식화되는 것을 보여 주고 있는데, 이는 장소와 시간의 다양성으로 인해 다양한 형태로 암송되거나 노래된다.

예를 들어, 고대 그리스(기원전 1000년에서 800년의 서사시에 는 그 당시 특수한 언어공동체의 연설자가 일반적으로 사용하는 응집되고 일관된 언어학적 체계와 같은 것이 보이지 않았다. 일리 아드와 오디세이의 저자가 전통적으로 한 개인, 즉 호머로 추정된 다고 하더라도 이들 시에는 통시적으로 모두 구별될 수 있는 여러 다양한 방언에서 유래한 형태와 구성들이 포함되어 있다.

호머의 시에 담긴 이야기는 다양한 여러 출처에 흩어져 있던 각각의 이야기가 각색되어 일리아드와 오디세이라고 부르는 2개 의 작품으로 모아지기 전까지 분명히 수세기 동안 고대 그리스 에서 방랑시인들에 의해 노래되었다. 이 2개의 위대한 시가 문학적 합성물인 것처럼 또한 언어학적 합성물인 것이다. 전체를 구성하는 부분들은 그 자체가 보다 짧은 이야기의 각색이며 특정 장소, 특정 시기에 각각 성문화 된 것이다.

이 결과가 혼합어라고 불릴 수도 있는 문헌이다. 시에서 발생하는 형태와 구성 모두가 고대 그리스의 연설자 집단에 잔존해 있었기에 시에서 볼 수 있는 모든 언어학적 구성을 통합시킨 방언을 이야기 한 사람이 아무도 없었다고 확신할 수가 있다. 방언과 통시적인 사실들을 분명히 하기 위해 호머의 시와 같은 문헌들을 분석하는 바로 문헌학자들의 임무이다. 고대 그리스말의 경우에 학자들은 일리아드와 오디세이에 표현된 언어에서 전해진 여러 방언으로 된 후세의 비문이나 문헌적 기록들을 이용하는 것이 크게 도움이 되었다.

고대 인도의 인구어의 경우가 이와 유사한 복잡한 상황이었다. 고대 인도 언어로 된 외견상 방대한 양의 자료가 전해진다고 하더라도, 이러한 유산은 대부분의 매우 잘 발달된 구술 전수 체계의 결과이다. 인도에서 구체적인 근거로써 확보한 가장 초기의 표기는 기원전 2세기 경으로 추정되는 것이었다. 불교도인 아소카왕은 법률의 운영을 인도 북부의 여러 곳의 기둥에 불교용어를 새기도록 하였다. 이들 비문의 언어는 중세 인도말라고 일컬어지는데, 이는 기원전 1000년 이후의 언어이다.

가장 오래된 인도문헌은 리그베다로써 유럽인들은 이를 발견한 후인 19세기에 처음 쓰게 되고 출판되었다. 문헌은 힌두신을 찬미하는 10개의 찬송가책으로 구성되었다. 이는 수세기동안 성직자 학교에서 전수되었는데, 때때로 자신이 외우는 고대시의 의미도 모르는 영창자에 의해 성스러운 내용을 기계적인 방법으로 암송되어 왔다. 호머의 시의 경우에서와 같이, 베다의 언어는 혼합체이다.

일련의 찬송가들이 여러 성직자 가족에 의해 밝혀졌다. 그 결과 개개의 찬송가 계열의 원천으로 북인도의 여러 종교가 포함되었는데, 오래된 언어란 점에서 상당한 다양성을 보이고 있다. 리그베다는 약 기원전 1000년경에 편찬되었을 것이라고 추정되며 언어학적 원칙들에 의하기보다는 다른 원칙에 따라 구성되었다.

일부 개개의 찬송가들은 시기가 다르거나 상이한 여러 방언으로 된 시로 구성되었다. 학자들이 리그베다의 연대에 대해 여러 측면에서 동의를 한다고 하더라도 많은 논란거리가 남아 있으며 문헌에 대한 문헌학적 분석도 중요연구 관심으로 남아 있다.

호머시나 베다의 찬송가와 같이 여러 언어로 되어 있는 문헌의 경우에, 형태와 구성의 상대적인 오래됨에 대한 가설이 역사 언어학자에게는 매우 중요한 관심사이다. 분석을 잘못한다면 자 구성이 잘못 인식되거나 잘못된 역사를 만들 수 있는 것이다. 이러한 경우에 언어변화에 관한 이론이 그러한 재구성 또는 제시되 통시적 과정의 타당성에 근거한다면 그것이 잘못된 것임을 증명할 수 있을 것이다. 시어를 다룰 때는 언제나 철저하고도 폭 넓은 문헌학적 분석이 언어학적 조사에 절대적으로 중요하다.

참고 문헌

Bloomfield, L., (1933). Language, Holt, Rinehart and Winston, New York, chapter 17.

Cleator, P. E., (1959). Lost Languages, Mentor Books, New York.

Friedrich, J., (1957). Extinct Languages, The Philosophical Library, New York.

Gelb, I. J., (1963). A Study of Writing, 2nd ed., University of Chicago Press, chicago, Illinois.

Parry, M., (1971). The Making of Homeric Verse, Clarendon Press, Oxford.

용어풀이 (GLOSSARY)

1. ablaut; 모음교체
Morphologically conditioned alternations of vowels within a paradigm.
: 한 어형변화에서 형태론적인 조건에 의한 모음들의 교체.

2. absolute merger: 절대 통합
Total loss of a phonological distiction. Compare absolute neutralization.
: 음운론적 변별성의 완전한 소실. "절대 중화"와 비교하시오.

3. absolute neutralization: 절대 중화
Total loss of a phonetic difference between two more phonologically distinct segments. Compare absolute merger.
: 둘 또는 그 이상의 음운론적으로 다른 분절음들 사이에서 음성 차이의 완전한 소실. "절대 통합"과 비교하시오.

4. actuation of sound change: 음변화의 시동
Initiation of the event of change
: 변화작용의 시작.

5. adjacent assimilation: 인접동화

Assimilation conditioned by an immediately preceding or following sound. 바로 앞 또는 뒤에 따르는 소리에 의해서 조건 된 동화.

6. adstratum: 방층

One of two (or more) languages spoken within an area by people who maintain their primary languages while receiving influences from the other languages involved in the contact situation.

: 두(또는 그 이상의) 언어가 말해지는 지역에서 다른 언어들에 싸여-접촉하는 상황으로부터 영향을 받아들이면서 그들의 1차 언어를 유지하는 민족의 한 언어.

7. analogic creation: 유추 창조

Introduction of new patterns into a language on the basis of pre-existing structural patterns.

: 한 언어 안에서 이미 있던 구조적 유형을 기초로 한 새로운 유형의 창출

8. analogic extension: 유추 확장

Replacement of old patterns in a language on the basis of preexisting structural patterns.

: 한 언어 안에서 이미 있던 구조적 유형을 기초로 한 재래 유형의 교체.

9. analogic restoration: 유추 복원

Restoration of older forms (which had undergone phonetic change through processes of analogy.

: 유추의 진행을 통한 더 오래된 형태 (이미 음운변화를 겪은)의 복원

10. analogy: 유추

A linguistic process involving generalization of a relationship form one set of conditions to another set of conditions.

: 일련의 조건들로부터 다른 조건들까지 관계의 일반화를 뜻하는 언어학적 과정.

11. anaptyxis: 모음삽입

Development of an epenthetic vowel that agrees in some feature with an adjacent sound.

: 어떤 자질을 인접소리와 일치시키는 삽입모음의 발현.

12. anticipatory assimilation: 선행동화

See regressive assimilation.

: "역행동화"를 보시오.

13. aphaeresis: 두음절생략

See aphesis.

: "어두모음소실"을 보시오.

14. aphesis: 두음절생략

Loss of an initial vowel.

: 어두모음의 소실

15. apocope: 어말모음소멸
: 마지막 모음의 소실.

16. assimilation: 동화
Process whereby two sounds in sequence become more similar to each other.
: 서로 더욱더 유사해지려는 연이은 두 소리의 작용.

17. back formation: 역형성
An analogic process involving reinterpretation of the morphological structure of a word
: 한 단어의 형태론적 구조의 재해석을 수반하는 유추과정.

18. Balkanisms: 발칸특징
Linguistic innovations shared by languages that are members of the Balkan Sprachbund.
: 발칸 언어연합을 구성하는 언어들이 공유하게 된 언어학적 새 경향.

19. bleeding order: 출혈순서
Application of two rules, A and B, so that the operation of A alters forms to which B might otherwise apply.
:두개의 규칙 A와 B의 적용에서, A가 작용을 함으로써 B를 다른 방식에서 적용하게 하는 변화형식.

20. blend: 혼합어
A new word resulting from the contraction of two existing words.

: 두개의 현존하는 낱말의 단축으로 생겨난 새 낱말.

21. borrowing: 차용

    Language change due to language contact.
    : 언어접촉으로 인한 언어변화.

22. coalescence: 연합

    See merger.: "통합"을 보시오.

23. code switching: 부호전환

    A situation in which speakers shift from one language or language variety to another depending on the situation.
    : 화자가 한 언어 또는 변이언어로부터 상황에 따라서 또 다른 언어로 옮겨가는 경우.

24. coefficients sonantiques: 유성계수음

    Segments reconstructed by Ferdinand de Saussure to account for the presence and quality of long vowels that occur in some Indo-European roots in the normal grade. Now called laryngeals.
    : 보통 정도의 (통상적으로) 인도유럽어 어근들에서 가끔 나타나는 장모음의 존재와 자질을 설명할 수 있는 F.de S. 에 의해 재구된 분절음. "후두음"

25. cognates: 동계어

    Words that have descended from one and the same word of the protolanguage.

: 하나의, 또한 같은 조어로부터 내려오는 낱말들.

26. coinage: 신조어

Creation of new words.

: 새로운 낱말들의 창조

27. common innovations: 공통개신

See shared innovations.

: "공유된 개신"을 보시오.

28. common language: 공통언어

That stage in the historical development of a language that immediately precedes dialectal differentiation.

: 한 언어의 역사적인 발전단계에서 파생언어로 분화되기 바로직전의 언어

29. comparative reconstruction: 비교재구

Procedure for reconstructing a protolanguage by comparing cognate Words in daughter languages.

: 딸(관계)어의 동계어들의 비교에 의해 조어를 재구해내기 위한 절차.

30. compensatory lengthening: 보상장음화

Lengthening of a sound associated with the loss of a subsequent sound

: 후속음의 소실과 관련된 음의 장음화.

31. complete merger: 완전통합

See absolute neutralization.

: "절대적 중화"를 보시오.

32. conditioned sound change: 조건적 음변화

Sound change that affects sound in certain identifiable phonetic environments.

: 어떤 인접음의 환경들이 음에 영향을 미치는 음성변화.

33. contamination: 혼성

Leveling within a semantic paradigm, that is, leveling within a set of words or morphemes that belong to a class that is defined by some close semantic relationship.

: 의미의 어형변화에서의 수평화로, 즉 일련의 낱말들 또는 형태소들이 어떤 밀접한 의미상의 관계에 의해 규정되어 한 부류에 속하게 되는 수평.

34. context-free sound change: 문맥자유 음변화

See unconditioned sound change.

: "조건 없이 된 음성변화"를 보시오.

35. context-sensitive sound change: 문맥의존 음변화

See conditioned sound change.

: "조건 된 음성변화"를 보시오.

36. correspondences: 대응

See sound correspondences.

: "음성대응"을 보시오.

37. counter-bleeding order: 역출혈 순서

Application of two rules, A and B, so that the operation of A alters forms to which B might otherwise apply, but the reverse order(B preceding A) does not result in B feed ing A. Compare feeding order.

: 두개의 규칙 A와 B의 작용은 A가 작용을 하므로써 B를 다른 방식에서 적용하게 하는 변화 형식이다. 그러나 역순 (B가 A에 앞서면)은 B에서 A를 급여작용하는 결과가 아니 다. "급여순서"와 비교하시오.

38. counter-feeding order: 역급여 순서

Application of two rules, A and B, so that the output of A produces a form to which B will apply, but the reverse order (B preceding A) does not result in B bleeding A. compare bleeding order.

: 두개의 규칙 A와 B의 작용은 A결과의 산출을 B에 적용 할 수 있는 형식이다. 그러나 역순(B가 A에 앞서면)은 B에 서 A를 출혈작용하는 결과가 아니다.

"출혈순서"와 비교하시오.

39. creole: 혼교어

A pidgin learned as a primary language, in which some features of the original pidgin are developmented further, while others are stabilized

: 제1차 언어로서 배우게 된 피진말로서, 다른 요소들이 정

착되면서도 원래의 피진말 요소가 더욱 발전된 것.

40. coltural borrowing: 문화적 차용

Adoption of linguistic forms (usually words) referring to notions and objects newly introduced to one cultural group from the language of the cultural group providing the new objects.

: 새로운 물건을 주는 문화집단의 언어로부터 어떤 문화집단에 개념과 물건이 새로이 소개 되면서 지시하는 언어형식 (보통낱말들)이 차용됨.

41. cuneiform: 쐐기문자

Term referring to wedge-shaped symbols, generally made with a stylus in wet clay tablets, used in the writing systems of ancient Assyria, Persia, and Anatolia.

: 쐐기모양의 기호들을 지시하는 용어로, 일반적으로 진흙판에 철필로 쓰여진 것인데 고대 아시리아, 페르시아, 아나톨리아의 표기체계로 쓰였다.

42. daughter language: 딸언어

A language descended from a protolanguage.

:조어로부터 내려온 언어.

43. dephonlogization: 비음운화

Loss of a contrast and/or loss of a correlation. compare merger.

: 대립의 소실과 혹은 상관관계의 소실. "통합"과 비교하시오.

44. desinence: 접미사

    Inflectional ending.

    : 굴곡의 어미.

45. diachronic: 통시적

    Term used to characterize linguistic processes continuing through time.

    : 시간적으로 계속하여 이어지는 언어발전 과정들의 특성을 기술하는 태도에 관한 용어.

46. diachronic correspondence: 통시적 대응

    Relationship between two grammars such that the later gramma is derived from an earlier grammar by change in grammation rules.

    : 문법규칙에서 변화에 의해 이전 문법으로부터 유출되어진 이후 문법이 있을 때 이 같은 두 문법들 사이의 관계.

47. dialect brrowing: 방언차용

    Adoption of lingusitic features associated with speakers of a different form of the language of the recipient.

    : 들을이들의 언어와는 다른 형태의 언어를 사용하는 화자들과 결합된 언어적 특성의 차용.

48. dissimilation: 이화

    Process whereby a sound becomes less like another in its vicinity.

    : 한 음이 그 음과 근접한 다른 한 음과 달라지는 과정.

49. distant assimilation: 간격동화

Assimilation conditioned by a segment removed by at least one sound from the affected segment.

: 영향을 받은 분절음으로부터 적어도 한음 이상에 의해 분리된 어떤 분절에 의해 조건 된 동화.

50. drag chain: 끌기연쇄

A form of sound shift in which a sound changes to fill a gapin the sound system and another sound begins to change in order to fill the gap created by the earlier change.

: 음성체계 내에서의 음의 추이형태로서, 그 음성체계내의 공백을 메꾸기 위해 한음이 이동 한다. 그리고 다른 음이 먼저변화에 의해 만들어진 공백을 메우기 위해 이동하기 시작한다.

51. epenthesis: (어중음)첨가

Insertion of vowels between consonants to facilitate pronunciation of articulatorily difficult consonant clusters. Also called svarabhakti.

: 음절상으로 어려운 자음군들의 발음을 쉽게 하기 위해서 자음들 사이에 모음을 삽입하는 것. "svarabhakti"라고도 불린다.

52. etymological doublets: 어원적 이중어

Two different words in one language having an identical etymological source.

: 같은 어원을 가진 한 언어 내의 두개의 다른 말.

53. etymology: 어원론

Term referring to the study of the history of words.

: 단어의 역사연구를 지시하는 용어.

54. false analogy: 가유추

Term used (inappropriately) to characterize all types of linguistion change that find their motivation in mor- phological associations. see also analogy, leveling.

: 형태론적인 관련 속에서 그 동기를 찾을 수 있는 모든 언어변화의 유형을 (부적절하게) 기술하는데 쓰이는 용어. "유추", "수평화"를 보시오.

55. family tree hypothesis: 계통수설

Application of the hypothesis concerning the development of different species to the evolution of daughter languages form ancestor language.

: 조상어로부터 딸어의 진화에 대해 각각 언어들의 발전과 관련한 가설의 적용.

56. feeding order: 급여순서

Application of two rules, A and B, so that the output of A produces a form to which B will apply.

: B가 적용될 수 있는 형태를 A가 산출해 내는, A와 B 두 규칙의 관계.

57. folk etymology: 민간어원

Reinterpretation of words whose surface morphology has become synchnnicaly opaque using words or morphemes that are more familiar.

: 낯선 형태가 보다 친숙한, 동시에 분명치 않게 쓰이는 단어 또는 낱말이 되는 단어의 재해석.

58. funtional load: 기능부담량

See funtional yield.

"기능배당량"을 보시오.

59. functional yield: 기능부담량

Term referring to the frequency with which a phonect distiction is used in a language to keep morphemes apart.

: 한 언어에서 형태소 분리를 위해 쓰이는 음소적 변별의 수를 지시하는 용어

60. glottochronological constant: 언어연대학적 유지비율

The percent of cognates assumed to remain in two languages after a thousand years of divergent development.

: 1000년 동안 각자 다르게 발전된 이후 두 언어 속에 남아있을 것으로 추측되는 동족어의 비율.

61. glottochronology: 언어연대학

Method of lexicostartistics for deterniming degrees of relationship between languages, based on counting the number of cognates in a particular set of vocabulary items.

: 어떤 특정한 어휘 항목들의 묶음 속에 있는 동족어의 숫
자를 기초로 하여 두 언어 사이의 관계등급을 결정하는 언
어통계학적 방법.

62. Grassmann'Law: 그라스만의 법칙

Change of an aspirated stop into a plain (unaspirated) stop
before another aspirated stop in the following syllable.

: 연이은 음절 안에 있는 기음의 정지 앞에서 다른 한 기음
의 정지가 평범한(비기음의) 정지로 변화되는 것.

63. haplology: 어중유사음생략

Loss of a syllable in a sequence of identical or nearly
identicall syllables.

: 연이은 동일한 또한 거의 비슷한 음절들 안에서 한 음절
이 탈락되는 것.

64. hieroglyphic: 상형문자

Writing system consisting of picturelike symbols, where the
symbols do not correspond in some direct and obvious
fashion to the things to which they refer.

: 그림 같은 부호들로 이루어진 문자체계로서, 그 부호들은
그것들이 지시하는 사물의 직접 적이고 명료한 형태와는
일치하지 않는다.

65. hypercorrection: 지나친 정확어법, 과정확어법

Use of a historically unmotivated form for reasons of
prestige.

: 위신 때문에 역사적으로 동기가 없는 형태를 사용함.

66. ideographs: 표의문자

　　Symbols referring b broadly defined notions.

　　: 널리 정의되어진 관념들을 지시하는 부호.

67. Interference: 간섭

　　In referring to the effects of language contact between the languages used by a bilingual speaker.

　　: 개의 언어를 사용하는 화자에 의해 쓰이는 두 언어 사이의 언어접촉의 효과를 지시하는 용어.

68. internal reconstruction: 내적 재구

　　Procedure for inferring part of the history of a language from material available for a synchronic description of the language.

　　: 언어의 공시적 기술을 위한 유용한 자료로부터 한 언어의 역사의 부분을 추론해 내는 절 차.

69. intimate borrowing: 밀접차용

　　Transfer of linguistic features between two languages spoken within a single community.

　　: 단일 사회 안에서 말해지는 두개의 언어 사이의 언어적 특성의 전파.

70. isogloss: 등어선

　　Line drawn on a map to surround the geographic area within which a linguistic feature may be found.

　　: 어떤 언어적 특성에 근거하여 지리적 지역을 두르는 지도 상에 그려진 선

71. laryngeals: 후두음

    See coefficients sonantiques.

    : "유성계수음"을 보시오.

72. lenition: 연음화

    Term used to refer to a sound change in Pre-Irish whereby voiceless stops become fric atives.

    : Pre-Irish에서 무성파열음이 마찰음으로 되는 음성변화를 지시하는데 쓰이는 용어.

73. leveling: 수평화

    A historical process that reduces or completely eliminates allomorphy within a paradigm, usually achieved by generali-zation of one allomkorphic variant.

    : 한 어형변화 안에서 약해지거나 완전히 소멸된 변이형태의 역사적 진행과정으로, 보통 한 이형태의 변형과 같은 일반화에 의해 이루어진다.

74. lexical change: 어휘변화

    Changes in the meaning of words.

    : 단어의 의미에 있어서의 변화.

75. lexical diffusion: 어휘확산

    Assumption that sound change is phonetically abrupt, but lexically gradual: sound change dies not affect an morphemes simultaneous1 but spreads gradually through the lexicon.

    : 음성변화는 음성으론 갑작스럽지만 어휘적으로 점진적이라

는 가설로 음성변화는 모든 형태소에 일제히 영향을 미치지 않는다. 그러나 어휘집을 통해 단계적으로 확산되어 간다.

76. lexicostatistics: 어휘통계학

Study of vocabulary statistically for historically inference. One method used is glottochronology.

: 역사적인 추정을 위한 어휘통계상의 연구, "언어연대학"의 한 방법으로 쓰인다.

77. linguistic affinity: 언어적 동족

Relationship between two language in contact leading to the adoption of structural elements by one of the languages from the other when they corresponding to its own tendencies of development.

: 그 고유한 발전의 추이가 서로 대응될 때 다른 언어로부터 하나의 언어에 의해 구성요소가 차용이 되는 접촉하는 두 언어사이의 관계

78. linguistic alliance: 언어동맹

See Sprachbunt.

: "언어연합"을 보시오.

79. linguistic paleontology: 언어화석학

Study of the meaning of words in a reconstructed language for the purpose of making social.

: 재구된 언어에서 단어의 의미를 연구함으로써, 그 언어가 쓰였을 것으로 생각되는 언어공동체의 사회적, 문화적, 지리적 상황을 연구하는 것을 목적으로 하는 학문.

80. loan translation: 번역차용

A type of cultural borrowing in which the model in the language of origain is translated, morpheme by morpheme, in the recipient language.

: 형태소 대 형태소로 원래어가 받아들이는 언어로 번역되는 모형에서 문화적 차용의 유형.

81. logogoraphs: 어표

Symbols with a specific lexical referent.

: 특별한 어휘적 지시를 가진 기호.

82. markedness: 유표성

The property that provides one member in a pair of oppositions with a dishnguishing characteristic or 'mark'.

: 구별되는 특성 또는 '표지'를 가진 대립쌍에 있어서 하나의 항에 주어지는 자질.

83. merger: 통합

Replacement of two or more contrastive segments by a single segment. Also called coalescence. Compare dephono-logization.

: 하나의 분절음에 의한 둘 이상의 대립되는 분절음의 대치. "연합"이라고도 부른다. "비음운화"와 비교하시오.

84. metathesis: 음운자리바꿈

Reversal of the other of adjacent segments in specific lexical item or in a class of forms that show specific sequences of segments.

: 특정한 어휘항목에서 또는 특정한 연속음절음 형태에서 보는, 인접한 분절음의 순서의 바뀜.

85. morphological reanalysis: 형태론적 재분석

Reinterpretation of a sequence of morphemes either by reassignmen of morpheme boundaries or by change in the identification of their function.

: 형태소 경계의 재구분에 의하거나 그 가능성에 있어 동일성의 변화에 의하거나 따른 일련의 형태소의 재해석.

86. morphological reinterpretation: 형태론적 재구

See morphological reanalysis.

: "형태론적 재분석"을 보시오.

87. morphologization: 형태화

Develpment of new grammatical categories as a result of sematic differentiation of a allomorphs.

: 이 형태들의 의미적 차이의 결과로서 새로운 문법범주로의 발전.

88. murmur: 기식음

A state of the glottis during which the vocal folds vibrate, while a considerable amount of air is escaping through the glottis.

: 성문을 통해 상당한 양의 공기가 새면서 성대주름이 떨리는 동안의 성문의 단계.

89. Neogrammarian: 소장문법학파

Term used to refer to memgers of a group of linguistic scholars working in Leipzig in the second half of the nineteenth century.

: 19세기 후반에 Leipzig에서 연구하던 언어학자 그룹의 구성원들을 지시하는데 쓰이는 용어.

90. Neogramkmarian theory of sound change: 음성변화에 대한 소장문법학자이론

See regularity hypothesis.

: "규칙가설"을 보시오.

91. normal grade: 정상계제

The form of Indo-European roots in which the root vowel is e

: 어근 모음이 e인 인동유럽어 어근의 형태.

92. oblique cases: 사격

Cases other than the nunminative (and accusative).

: 주격(과 대격)과 다른 격.

93. onomastics: 명칭학

The study of names.

: 이름에 관한 연구.

94. overdifferentiation: 과도구별

Imposition of phonemic distictions from a bilingual speaker's primary system to the sound of his secondary system where they are not required.

: 이중어 사용 화자의 제1언어체계로부터 제2언어체계의 음에 불필요한 음소 변별의 부과.

95. palatalization: 구개음화

An assimilatory sound change whereby a sound acquires a more palatal point of articulation.

: 더욱 더 확실한 경구개점이 되려는 음 실현에 의한 동화의 음성변화.

96. paradigm: 어형변화(계열)

A set of inflected forms derived from the same root or stem.

: 같은 어구 또는 어간으로부터 굴절된 일련의 형태들.

97. paradigmatic leveling: 어형변화적 수평화

A historical process that reduces or complpates allomorphy under specific paradigmatic conditions.

: 특정한 어형변화의 조건하에서 감소 또는 완전히 소멸되는 변이형태의 역사적 과정.

98. paragoge: 어말음첨가

Development of word-final vowels.

: 어말모음들의 발전

99. parallel development: 평행발전

Change common to more than one language that is not due to inheritance from a common ancestor.

: 공통조어에서부터 계승됨이 없는 한 언어 이상에서의 공통변화.

100. partial merger: 부분적 통합

The loss of one or more phonological distinctions in some specifiable phonetic environment.

: 어떤 특정한 음성 환경에서 하나 이상의 음운적 변별력의 소실.

101. philology: 문헌학

Science concerned with the analysis, interpretation, and restoration of archaic texts.

: 고자료의 분석, 해석과 복원과 관련된 학문.

102. phone substitution: 음운 단음 대치

Transfer of phonetic realizations of identically defined phonemes from a bilingual speaker's primary language into his secondary language.

: 이중어 사용 화자의 제1언어로부터 제2언어로 동일하게 정의되는 음소의 음성 실현의 전이.

103. Phonetic correspondence: 음성대응

The relationship between a sound at one point in the history of a language and the sound that is its direct descendent at any subsequent point in the his tory of that language.

: 어떤 언어의 역사적인 한 시점의 음과 그 언어의 역사에서 어느 후속시점의 직접 자손인 음 사이의 관계.

104. phonetic process: 음성작용

Replacement of a sound or a sequence of sounds that presents son articulator y difficulty by another sound or sequence that lacks this difficulty.

: 다른 음 또는 이러한 어려움이 없는 연속음에 의한 현재하는 어떠한 분절상 어려움에 대한 음의 대치 또는 음의 연속.

105. phonetic interference: 음성 간섭

The manner in which a speaker perceives and reproduces the sound of his secondary language in terms of the system of his priman language.

: 화자가 그의 제1언어체계의 입장에서 그의 제2언어체계의 음을 지각하여 재생산하는 태도.

106. phonographic writing system: 속기문자체계

System using symbols to represent sounds or sequences of sounds without regard to meaning.

: 의미의 고려 없이 음 또는 음의 연속을 표시하는데 쓰이는 부호체계.

107. phonological contrast: 음운대비

System of distinctive phonological oppositions.

: 변별적인 음운론적 대립의 체계.

108. phonological correlation: 음운상관

System of relationships that hold between features that characterize classes of sounds.

: 음들의 특성을 기술하는 자질들 사이에 가지고 있는 관계의 체계.

109. phonological restructuring: 음운론적 재구화

Any type of structural reorganization in the sound system of a language re sulting in the loss of old contrasts, introduction of new contrasts, or realignment of elements within the system.

: 어떤 언어의 소리체계가 기존 대립의 소멸, 새로운 대립의 도입, 또는 체계 안에서의 음소 재배치에 의해서 구조적으로 재조직되는 것.

110. phonological reversion: 음운론적 복귀

A hypothetical situation involving reversal of phonological restructuring such as reintroduction of contrast after a complete kmerger in all and only those lexical contexts where the contrast existed before the merger.

: 단순히 통합되기 이전에 존재하는 대립의 어휘적 전후 관계와 전체의 완전한 통합 후 대립의 재소개와 같은 음운론적 재구화의 포함하는 가정적 상황

111. phonologization: 음운화

Change in the sound system of a language involving the development of conditioned allophones into separate phonenes as a result of loss of a conditioning fact or. Compare secondary split.

: 조건의 요소가 소실됨으로써 다른 음소로 분리되는, 조건된 변이음소의 발전을 포함하는 한 언어의 음운 체계상의 변화. "이차분화"와 비교하시오.

112. pidgin: 피진말

A language form arising from the need for communication among speakers of mutually unintelligible languages, characterized by highly simplified structure.

: 화자들 사이의 서로 이해하기 어려운 언어의 소통을 위한 필요로부터 생겨난 언어형태로, 매우 간단한 구조를 특색으로 한다.

113. pidginization: 피진말화

Process whereby a pidgin is created using elements of some language as primary source.

: 어떤 언어의 요소로 사용되어 사용되는 제1원천으로서의 피진말에 의한 진행 과정.

114. prelanguage: 선언어

Term used to refer to a period in the history of a language associated with a certain feature reconstructible through internal reconstruction.

: 한 언어의 역사에서 어느 시기를 지시하는 용어로, 내적 재구에 의해 재구성될 수 있는 어떤 자질로 구성되는 언어.

115. primary split: 일차분화
Sound change affecting some allophones of a phoneme, which merge with another phoneme. No new phonemes are added to the sound system
: 한 음소의 어떤 변이음들에 영향을 미치는 음성변화로서, 이 변이음들이 다른 음소와 통합되는 것이다. 음체계에 새로운 음소가 도입되지는 않음.

116. primary split from reassignment: 재배치로부터의 일차분화
Change in the phonological system involving phonological reinterpretation unchanged segments.
: 변화되지 않은 분절음의 음운론적 재해석을 포함하는 음운체계의 변화

117. progressive assimilation: 순행동화
Process whereby a sound acquires some features of a preceding end.
: 선행하는 음의 어떤 자질을 획득하는 음에 의한 진행과정.

118. prothetic vowel: 어두음첨가 모음
Vowel developing in initial position in words originally beginning with a cons onant.
: 원래 자음으로 시작되는 단어의 앞에서 모음의 발달.

119. protolanguage: 조어

Term used to refer to the earliest form of a language established by means of the comparative method of reconstruction.

: 비교 재구의 방법을 사용하며 세운 어떤 언어의 초기 형태를 지시하는 용어.

120. push chain: 밀기(연쇄)

A form of sound shift in which a change in one phoneme appears to cause a change in the same direction in another phoneme, so that merger may be avoided.

: 한 음소가 다른 음소의 같은 장소로 변화함에 따라 나타나는 음운 이동의 형태로 분리하여 통합을 회피하게 된다.

121. quantitative metathesis: 음량전환

Change in the ordering of distinctive length as a feature of adjacent segments-for example, a change of type VV $>$ VV.

: 밀접한 분절음의 자질로서 변별되는 길이의 순서에 따른 변화-예를 들어, VV $>$ VV와 같은 유형의 변화.

122. reflex: 반사형

A sound occupying a specific position in a particular morpheme which appears to be a continuation of an earlier sound occupying the same position in the sa me morpheme at an earlier stage.

: 어떤 형태소의 특정한 위치를 차지하는 소리로, 이 소리는 그 이전 단계에 같은 형태소의 같은 위치를 차지했던 소리를 이어받아 나는 것이다.

123. regrammatization: 재문법화
An alternation in the grammatical function of a morpheme.
: 형태소의 문법적 직능에 있어서의 교체.

124. regressive assimilation: 역행동화
Process whereby a sound acquires some of the features
of a following sound. Compare anticipatory assimilation.
: 뒤따르는 음의 어떤 자질을 획득하는 음에 의한 진행과
정. "선행동화"와 비교하시오.

125. regularity hypothesis: 규칙가설
Assumption that each sound of a given language will be
changed similarly at every occurrence in like circumstances,
if it is changed at all.
: 모든 변화에 있어서 어떤 주어진 언어의 각 음이 같은 환
경에서 매 경우에 유사하게 변화한다는 가설.

126. reinterpretation of distinctions: 변별 재구
Process whereby a bilingual speaker distinguishes phonemes
in his secondary system by features that are concomitant or
redundant in the secondary system but th at are relevant in
his primary system.
: 이중어 사용 화자가 제2체계 속에 부수적으로 따르거나
풍부히 존재하는 자질들(이들은 제1체계와 관련 있다)에 의
해 제2체계의 음소를 구별해 내는 과정.

127. relatedness hypothesis: 동계가설

Hypothesis according to which obvious similarities between words belonging t o different languages can be explained by assuming that the languages are descended from a common ancestor.

: 다른 언어들에 속한 단어들 사이에 뚜렷한 유사성은 그 언어들이 공통 조상으로부터 유래되었다는 가정에 의해 설명 가능하다는 가설.

128. relexicalization: 재어휘화

Changes in the phonological structure of mnorphemes.

: 형태소들의 음운론적 구조에 있어서의 변화.

129. rephonologization: 재음운화

Change involving reorganization in the system of correlations without any change in the manner of distinctive oppositions.

: 변별적 대립의 방법에 있어서는 아무런 변화 없이 상관성의 체계에서의 재조직을 수반하는 변화.

130. restructuring: 재구

Changes in the makeup of the phonological system.

: 음운론적 체계의 구성에 있어서의 변화.

131. rhotacism: 로타시즘

A historical process involving the change of s or z to r, usually in intervocalic position.

: s 또는 z가 r로 변화하는 역사적 과정을 포함하는 것으로,
대개 모음 사이에 위치할 때 생긴다.

132. rule inversion: 규칙도치

Process whereby surface representations come to be reinter-
prted as underlying representations, and forms consistent
with the earlier underlying representations come to be
derived by rule.

: 표면 표현이 심층표현으로 재해석되고, 이전의 심층표현과
일치하는 형태들은 규칙에 의해 파생되어지는 과정.

133 sandhi: 연성

Pahonetic change whose domain is more extensive than the
individual word, loss, introduction, or alternation of a sound in
the context of transition from one word to another.

: 한 단어가 다르게 변하는 문맥 속에서 어떤 음의 소멸,
개입, 교체, 각 개별적 단어의 영역보다는 훨씬 변화폭이
넓은 음변화.

134. secondary split: 이차분화

Sound change whereby conditioned allophones of a phoneme
become independent phonemes as a result of a change in the
environment that served to condition the occurrence of the
allophones.

: 한 음소의 조건 된 변이음들이 환경변화의 결과로써 독립
음소로 되는 음성변화로 그 환경은 변이음들의 발생을 제
한하는 역할을 한다.

135. semantic paradigm: 의미적 어형변화

A set of words or morphemes belonging to a class that is defined by some close semantic relationship.

: 의미관계의 밀접한 정도에 따라 분류되어진 한 부류에 속하는 단어나 형태소의 묶음.

136. shared innovation: 공유된 개신

Innovations characterizing the period of common development of languages t hat later evolve into separate languages.

: 나중에 독립된 언어들로 진화하게 되는 언어들의 공통 발전기간을 설명하는 혁신.

137. shortening: 단축

Abbreviated form replacing an older longer version of the source word.

: 오래되고 긴 본래 단어를 대체하는 단축된 형태.

138. simplification(in syntactic change): 단순화(통사변화에서의)

The tendency to change surface structures so as to make the semantic structure they represent more accessible to hearers.

: 의미론적 구조로 만들기 위해 표면구조를 변경시키는 경향으로 들을이들이 훨씬 가까이 할 수 있게 표현된다.

139. sister languages: 자매어

Related languages descended from a common ancestor.

: 공통 조상으로부터 계승된 관련 있는 언어들.

140. sound change: 음변화

Alterations in the phonetic shape of segments and suprase-gmental features, which are the result of the operation of phonological processes.

: 분절음의 음성형태의 변화와 초분절적 자질들이 바뀌는 것으로 음성학적 진행과 정의 작용 결과이다.

141. sound correspondences: 음성 대응

Sounds occurring in a particular place in a particular morpheme in cognate words found in related dialects or languages.

: 관련된 방언들 또는 언어들에서 발견되어지는 동족 단어들의 특정 형태소에 있어서 특정 자리에서 발생하는 소리들.

142. sound shift: 음추이

Unconditioned sound changes affecting entire classes of sounds in a language.

한 언어의 소리계층 전체에 영향을 주는 조건되지 않은 음변화.

143. split(in historical phonology): 분화(역사음운론에서의)

Replacement of a single distinctive segment by two or more segments in differen t phonetic contexts. Compare phonologization.

: 하나의 변별적 분절음이 서로 다른 음성 문맥에서 둘 이상의 분절음으로 대치되는 것. "음운화"와 비교하시오.

144. split(in relation to the family tree hypothesis): 분화(계통
수설에서)
Start of divergent developments whereby a fairly homogeneous
earlier stage is replaced by successor branches evolving into
separate entities.
: 하나의 동족의 초기단계가 각각 독립된 개체들로 진화하
게 되는 연결가지로 대체되어지는 분리 발전의 개시.

145. spontaneous sound change: 자발적 음변화
See unconditiones sound change.
: "무조건적 음성변화"를 보시오.

146. spoonerism: 스푸너라즘
Also callled distant metahesis, shift of order affecting segments
in identical positions in different syllables or words.
: "먼 자리바꿈"이라고도 하며, 다른 음절 또는 단어들에서
비슷한 위치의 분절음들에 영향을 미치는 순서의 이동.

147. Sprachbund: 언어연합
of a group of languages in contact, characterized by a
development toward typological homogeneity regardless of
gentic heterogeneity.
: 접촉에 의해, 발생의 이질성에는 관계없이 유형론적 동질
성을 가지게 발전함에 따른 한 그룹의 언어들의 언어학적
관련성.

148. substratum: 기층(언어)

Former primary language of a group of speakers who have
shifted to their formerly secondary language.

: 그들의 이전의 제2언어로 전이되어버린 화자집단의 이전
의 제1언어.

149. superstratum: 상층(언어)

Former primary language of a group of speakers who have
entered a linguistic community and have been absorbed by
that community giving up their former primary language.

: 언어공동체에 들어와서 그들의 제1언어를 포기하여 공동
체에 흡수된 화자집단의 이전의 제1언어.

150. svarabhakti: 어중음첨가

See epenthesis.

: "첨가"를 보시오.

151. syllabary: 음절문자

Writing system in which the symbols represent syllables.

: 음절들의 나타내는 부호들의 표기체계.

152. synchronic: 공시적

Term used to characterize linguistic processes and states
describable at a given moment in time.

: 언어학적 진행과정과 시간적으로 주어진 한 순간을 서술
하는 단계를 기술하는 태도에 관한 용어.

153. syncope: 어중음소실

Loss of vowels within a word

: 한 단어 안에서의 모음의 소실.

154. syncretism: 통합

Developments whereby grammatical distinctions are eliminated, either through phonetic change or through analogical processes.

: 음성변화 또는 유추과정을 통한, 문법적인 변별력의 소멸에 의한 발달.

155. syntactic analogy: 통사유추

Changes in syntax due to transfer of patterns on the basis of perceived formal relationships between pairs of sentence types.

: 문장유형들 사이에서 지각되는 형식관계에 기초를 둔 형식의 전이에 기인하는 통사상의 변화.

156. syntagmatic: 결합

Termk referring to relationships between elements in a linear sequence.

: 선형의 연속적 요소들 사이의 관계를 지시하는 용어.

157. taboo word: 금기어

Word that is avoided becayse if sacred status of its referent or because of fear inspired by the referent.

: 신성한 계급을 지시하는 이유 또는 지시에 의해 영감을 갖게 되는 불안감의 이유를 피하게 되는 단어.

158. thematic conjugation: 어간 활용

Conjugation of a class of verbs in which a thematic vowel
is introduced between the root and the desinence.

: 어근과 어미사이에서 어간 모음이 개입한 동사류의 활용.

159. thematic vowel: 어간모음

Vowel introduced between the root and the desinence in
certain classes of nouns and verbs.

: 어떠한 명사류와 동사류의 어근과 어미 사이에 개입된 모음.

160. umlaut: 움라우트

Change in the quality of a vowel due to the anticipated
influence of a subsequent vowel.

: 후속 모음으로부터 예상되는 영향으로 인한 선행모음의
특질의 변화.

161. unconditioned sound change: 무조건적 음변화

Sound change affecting every occurrence of a sound so
that no conditioning factor can k identified.

: 한 음의 모든 발생에 영향을 미치는 음성변화로서 어떤
제한요인도 발견할 수 없다.

162. underdifferentiation: 불완전구별

Confusion of two sounds in a bilingual speaker's secondary
system due to a lack of distinction between these two
sounds in his primary system.

: 이중어 사용화자의 제2체계 속에 있는 두 음의 혼동으로, 이는 그 화자의 제1체계 속에 있는 이들 두 음을 구별하지 못하는데 기인한다.

163. vowel harmony: 모음조화

A type of progressive assimilation, in which the first vowel in a sequence constitutes the conditioning factor for subsequent vowels.

: 순행동화의 한 형태로, 일련의 순서 속에서 첫 모음은 후속모음들을 제한하는 요인을 구성한다.

164. wave theory: 파동설

Spread of linguistic innovations through language contact.

: 언어접촉을 통한 언어 혁신의 전파.

165. zero grade: 영계제

The form of Indo-European roots in which the root vowel is absent. Compare nor mal grade.

: 어근모음이 부재하는 인도유럽계 어근의 형태. "정상계제"와 비교하시오.

참고문헌

Andersen, H., (1973). "Abductive and Deductive Change," Language 49.4, 765-794.

Andersen, H., (1976). "Towards a Typology of Change:Anlogy," in *Proceedings of the Second International Conference on Historical Linguistics*. Tucson, Arizona. w. christie, ed. *Current Progress in Historiacl Linguistics*. North Holland, Amsterdam.

Anttila, R., (1968). "The Relation between Internal Reconstruction and the Comparative Method," *Ural-Altaische Jahrbucher* 40, 159-173.

Anttila, R., (1974). Analogy, Department of General Linguistics, University of Helsinki.

Benveniste, E., (1968). "Mutations of Linguistic Categories," in W. P. Lehmann and Y. Malkiel, eds., *Diretions for Historical Linguistics*, University of Texas Press, Austin, Texas, pp.83-94.

Bergsland, K, and H. Vogt., (1962). "On the Validity of Glottochronology" *Current Anthropology* 3, 115-153.

Bever, T., and D. T. langendoen, (1972). "The Interaction of Speech Perception and Grammatical Structure in the Evolution of Language," in R. Stockwell and R. Macaulay, des., *Linguistic Change and Generative Theory*, Indiana University Press, Bloomington, Indiana, pp.32-95.

Bloomfied, L., (1933). *Language*. Holt, Rinehart and Winston, New York.

Chafe, W. L., (1959). "Interanl Reconstruction in Seneca," *Language* 35, 477-495.

Chen, M., and W. S. Y Wang, (1975). "Sound Change: Actuation and Implementation," *Language* 51, 255-281.

Civ'jan, T. V., (1965). *Imja suscestivitel'noe v balkanskix jazykax*, Nauka, Moskva.

Cleator, P. E., (1959). *Lost Languages*. Mentor Books, New York.

Closs Traugoot, E., (1965). "Diachronic Syntax and Generative Grammar," *Language* 41, 402-405.

Closs, E., (1969). "Toward a Grammar of Syntactic Change," *Lingua* 23, 1-27.

Clyne, M., (1972). *Perspectives on Language Contact*. The Hawthorn Press, Melbourne, Australia.

Clyne, M., (1975). *Forschungsbericht Sprachkongtakt*, Scriptor- Verlag, Kronberg/Ts.

Diebold, A. R., (1976). "Contributions to the Indo-European Salmon Problem," in W. Christie, ed., *Current Progress in Historical Linguistics*, North-Holland, Amsterdam, pp.341-388.

Friedrich, J., (1957). *Extinct Languages*, The Philosophical Library, New York.

Gelb, I. J., (1963). *A Sludy of Writing*, 2nd ed., University of Chicago Press, Chicago, Illinois.

Givon, T., (1971). "Historical Syntax and Synchronic Morphology," *in Proceedings of the 7th Regional Meeting of the Chicago Linguistic*

Society, Chicago Linguistic Society, chicago, Illinois, pp.394-415.

Greenber, J., (1966). "Some Universals of Grammar with Particular Reference to the Order of Meaningful Elements," in J. Greenberg, ed., *Universals of Language*, 2nd de., MIT Press, Cambridge, Massachusetts, pp.73-113.

Haas, M. R., (1966). "Historical Linguistics and Genetic Relationship," in *Current Trends in Linguistics*, vol. 3, Mouton, The Hague, pp.113-153.

Hall, R. A., (1950). "The Reconstruction of Proto-Romance," *Language* 26, 6-27.

Hall, R. A., (1965). *Pidgin and Creole Languages*, Cornell Universsity Press, Ithaca, New York.

Haugen, E., (1969). *The Norwegian Language in America: A Study in Bilingual Behavior*, 2nd ed., Indiana University Press, Bloomington, Indiana.

Hockett, C. F., (1948). "Implications of Bloomfield's Algonquian Studies," *Language* 24, 117-131.

Hockett, C. F., (1965). "Sound Change,"*Language* 41, 185-215.

Hoenigswald, H. M., (1944). "Internal Reconstruction," *Studies in Liguistics* 2, 78-87.

Hoenigswald, H. M., (1946). "Sound Change and Linguistic Structure," *Language* 22, 138-143.

Hoenigswald, H. M., (1950). "The Principal Step in Comparative Grammar," *Language* 26, 357-364.

Hoenigswald, H. M., (1960). *Language Change and Linguistic Reconstruction*, University of Chicago Press, Chicago, Illinois.

Hoenigswald, H. M., (1963). "Criteria for Sub-grouping Languages," in H. Birnbaum and J. Puhvel, eds., *Ancient Indo-European Diulects*, University of California Press, Berkeley, California, pp.1-12.

Hopper, p. j., (1973). "Glottalized and Murmured Occlusives in Indo-European," *Glossa* 7.2, 141-166.

Hymes, D., (1960). "Lexicostatistics So Far," *Current Antthropology* 1, 3-44.

Hymes, D., (1971). *Pidguinization and Creolization of Languages*, University Press, Cambridge, England.

Jakobson, R., (1931). "Uber die phonologischen Sprachbunde," *Travaux du Cercle Linguistique de Prague* 4, 234-240.

Jakobson, R., (1931). "Prinzipien der historischen Phonologie," *Travaux du Cercle Linguistique du Prague* 4, 227-287.

Jakobson, R., (1938). "Sur la theorie des affinites phonolgiques entre les langues," *in Proceedings of the 4th International Congress of Linguists*, Copenhagen, pp.48-59.

Jeffers, R. J., (1975). "On the Notion 'Explanation' in the Historical Linguistics," in J. Anderson and C. Jones, eds., *Historical Linguistics*, North-Holland, Amsterdam, pp.231-255.

Jeffers, R. J., (1976). "Syntactic Change and Syntactic Reconstruchon," in W. Christie, ed., *Current Progress in Historical Linguistics*, North-Holland, Amsterdam, pp.1-15.

Jeffers, R. J., (1976). "Restructuring, Rephonologization and Reversion in Historical Phonology," in J. Fisiak, ed., *Recent Developments in Historical Phonology*, Mouton, The Hague.

Jeffers, R. J., (1977). "Morphological Reanalysis and Analogy: Two

Case Histories from Latin and Greek," *Lingua* 41, 13-41

King, R. D., (1969). *Historical Liguistics and Generarive Grammar*, Prentice-Hall, Englewood Cliffs, New Jersey.

King, R. D., (1973). "Rule Insertion," *Language* 49, 551-576.

Kiparsky, P., (1968). "Linguistic Universals and Linguistic Change," in E. Bach and R. Harms, eds., *Universals in Linguistic Theory*, Holt, Rinehart and Winston, New York, pp.171-204.

Klima, E., (1964). "Relations between Grammatical Systems," *Language* 40, 1-20.

Klima, E., (1965). *Studies in Diachronic Transformational Syntax*, unpublished dissertation, Harvard University, Cambridge, Massachusetts.

Kurylowicz, J., (1945-1959). "La nature des proces dits 'analogiques'." *Acta Linguitica* 5, 15-37.

Labov, W., (1972). *Sociolinguistic Patterns*, University of Pennsylvania Press, Philadelphia, Pennsylvania.

Lehiste, I., (1965). "A Poem in *Halbdeutsch* and Some Questions Concerning Substratum," Word 21, 55-69.

Lehmann, W. P., (1973). "A Structural Principle of Language and Its Implications," *Language* 49, 47-66.

Mallory, J., (1973). "A Short History of the Indo-European Problem," *Journal of Indo-Eyrioeab stydues* 1, 21-65.

Martinet, A., (1953). "Function, Structure, and Sound Change," *Word* 8, 1-32.

Meillet, A., (1970). *Le methode comparative en linguistique historique*, H. Champion, Paris.

Parry, M., (1971). *The Making of Homeric Verse*, Clarendon Press, Oxford.

Paul, H., (1920). *Prinzipien der Sprachgeschichte*, 5th ed., Niemeyer, Halle.

Postal, P. M., (1968). *Aspects of Phonological Theory*, Harper and Row, New York.

Sapir, E., (1921). *Language*, Harcourt, Brace and World, New York.

Schleicher, A., (1871). *Compendium der vergleichenden Grammatik der indogermanischen Sprachen*, Herman Bohlen, Weimar.

Schmidt, J., (1872). *Die Verwantschaftsverhaltnisse der indogermanischen Sprachen*.

Stampe, D., (1969). "The Acquisition of Phonetic Representation" CLS 5, 443-454.

Stampe D., (1973). *A Dissertation on Natural Phonology* Unpublished doctoral dissertation, University of Chicago.

Sturtevant, E. H., (1917). *Linguistic Change* lst ed., University of Chicago Press, Chicago, Illinois.

Swadesh, M., (1950). "Salish Internal Relationships," *IJAL*, 16, 157-167.

Szemerenyi, O., (1962). "Principles of Etymological Research in the Indo-European Languages." 2. Fachtagung fur indogermanische und allgemeine Sparchwissenschaft. *Innsbrucker Beitrage zur Kulturwissenschaft* 15, 175-212.

Venneman T., (1972). "Rule Inversion," Lingua 29, 209-242.

Vennenman, T., (1974) "An Explanation of Drift," in C.Li, ed., *Word Order and Word Order Change*, University of Texas Press, Austin,

Texas, pp.269-306.

Wang, W. S. Y., (1969). "Competing Changes as a Cause of Residue." *Language* 45, 9-25.

Watkins, C., (1962). "Indo-European *Origins of the Celtic Verb*. Dublin Institute for Advanced Study, Dublin.

Watkins. C., (1962). "Preliminaries to a historical and comparative Analysis of the Syntax of the Irish verb," *Celtica* 5, 1-149.

Watkins, c., (1970). "A Further Remark on Lachmann's Law." *Harvard Studies in Classical Philology* 74, 55-66.

Weinrerch, U., (1953). *Languages in Contact*. Linguistic Circle of New York, New York.

Weinreich, U., M. Herzog, and W. Labov, (1968). "Empirical Foundations for a Theory of Language Change," in W. Lehmann and Y. Malkiel, eds., *Directions for Historical Linguistics*, University of Texas Press, Austin, Texas, pp.95-188.

찾아보기

● 옮긴이 ●

최기호   연세대학교 국어국문학과 졸업
동 대학원 석사, 박사학위 취득
동경외국어대학교 몽골어학 석사과정 수료 한글학회 이사
세종대왕기념사업회 이사, 한국몽골학회 회장 역임
(현) 상명대학교 교수, 국제동북아시아학회장

• 주요 저서 •

『역사언어학의 원리와 방법』, 『몽골어 문법과 회화』
『국어학서설』, 『고운말사전 -당신은 우리말을 얼마나 아십니까?』
『한국어변천사』, 『몽어노걸대 연구』, 『사전에 없는 토박이 말 2400』
『언어와 사회』 『토박이 말 쓰임사전』 외 다수

역사언어학의 원리와 방법

• 초판 인쇄	2006년 1월 3일
• 초판 발행	2006년 1월 3일
• 지 은 이	Jeffors and Lehiste
• 옮 긴 이	최기호
• 펴 낸 이	채종준
• 펴 낸 곳	한국학술정보㈜
	경기도 파주시 교하읍 문발리 526-2
	전화 031) 908-3181(대표)·팩스 031) 908-3189
	홈페이지 http://www.kstudy.com
	e-mail(e-Book사업부) ebook@kstudy.com
• 등 록	제일산-115호(2000. 6. 19)
• 가 격	16,000원

ISBN   89-534-4208-7 93700 (paper book)
89-534-4209-5 98700 (e-book)